통쾌한
동양학

통쾌한
동양학

동양 고전의 눈으로 오늘의 현실을 읽어내다

김덕균 지음

글항아리

즐거운 동양학을 위하여

　　　　　　　　　　동양학이라고 하면 아직까지 많은 사람들
이 고리타분한 학문, 신비한 학문이라고 생각한다. 여기엔 서구화를 근
대화로 인식하는 선입견뿐만 아니라 한문이라는 넘기 힘든 언어적 단절
도 한몫한다. 언어로 인한 장벽이 옛사람들이 사유한 기록을 쉽게 따라
갈 수 없게 만든 것이다. 거기에다 시대에 뒤처진 전근대적인 사고방식이
라는 선입견도 강하게 작용하고 있다. 충忠, 효孝, 인仁, 의義, 예禮, 지智,
신信, 성誠, 도道 등은 동양학의 가장 기본적인 개념들이지만, 개념으로만
머물러 있을 뿐 그 실체를 현실에서 체감하는 사람은 많지 않다.
　하지만 동양학이 이 땅의 삶, 요소요소에 스며들어 있는 문화적 바탕
임은 분명하다. 가족이나 친구, 직장 동료 등 어디를 가고 누구를 만나도
엄연히 작동하고 있는 동양적 문화의 논리와 방식이 있다는 것이다. 그럼
에도 불구하고 우리 문화의 기초가 되는 사상과 역사에 대해 말을 건네
면 어렵고 고리타분하다고 손을 내젓는 경우가 숱하다.

많은 이유가 있겠지만, 동양학에 대한 접근 방법에 가장 큰 문제가 있지 않을까 생각한다. 하나의 학문 체계로서 동양학을 공부하는 방식의 문제다. 몸과 마음, 곧 감성적인 접근으로 풀어가야 할 때와 머리, 곧 이성적인 접근으로 풀어야 할 때를 구분하자는 것이다. 동양학이란 동양적인 문화와 환경에서 성립되었기 때문에 동양적으로 풀어야 한다. 서구적인 논리로 재단할 수 없는 경우가 있다는 것이다. 이때 중요한 것은 직관이고, 직관의 중심에는 몸과 마음이 있다. 잘 정리된 학문으로서의 동양학에 대한 이미지가 오히려 생활 속에서 작동하는 살아 있는 동양학을 보지 못하게 만드는 경우가 있는데, 이를 해소하자는 것이다. 틀지어진 이론으로서의 동양학이 실제와 따로 가거나 이해가 불가능할 때 대중에게서 멀어진다. 동양학이라는 높은 학문의 벽에 대중들이 부딪힌 것이다.

이 책을 구상한 목적과 이유는 이를 깨는 데 있다. 대중과 소통하며 이런 벽을 깨려 했다. 연구나 답사차 여행을 많이 다니는 나로서는 중국과 일본, 대만에서 보고 들었던 것들을 토대로 한국인과 중국인, 일본인이 어떻게 차이 나고 또 무엇이 통하는지를 설명하려고 했다. 예를 들어 중국의 '삭혀 먹는 문화'와 한국의 '비벼 먹는 문화'는 단순히 젓갈류나 발효식품을 좋아하고 비빔밥을 좋아하는 그 나라의 음식문화에 국한되지 않는다. 깊게는 모든 타문화를 끌어들여 오랜 시간 은근히 자기 것으로 소화해내는 중국인의 뿌리 깊은 중화의식과 맞닿아 있고, 그 어떤 종교나 문화적 관습도 특유의 공동체주의로 버무려내는 한국인들의 집단의식과 직결되어 있다. 이런 식의 접근을 하다보니 학생들과 소통이 이뤄지기 시작했다. 이 책에는 그러한 흔적이 많이 담겨 있다. 동양학이라는 이론이 실제 삶 속에 어떻게 녹아 있는가를 찾아본 것이다. 가장 대표적인 예가 충효사상 문제이다. 일반적으로 충효사상 하면 복종과 순종을 강요한 지배 이데올로기로 생각하지만 정반대의 경우도 숱하고, 또 그것이 이념과는 거리가 먼 일상적인 감동을 주는 내용들임을 확인하게 된다.

그리고 옛 전적典籍들을 들추다보면 이러한 상황을 많이 만나게 된다. 말이라는 것은 살아 있는 생명체와도 같아서 끊임없이 보살피고 원기를 회복시켜줘야 하는 측면이 있다. 제사를 지낼 때의 제祭라든지, 예의를 차리라고 할 때의 예禮와 같은 말들도 마찬가지다. 이 책에서는 이처럼 동양학의 뼈대라고 할 만한 말들의 옛 흔적을 찾아보았다. 고대문화 여행을 통해 여러 개념들의 본래 의미를 찾아 갈라진 종교와 흩어진 대중을 소통시켜보려는 의도에서다.

더 넓은 의미에서 이 책에는 동아시아 문화의 본질과 그 속에서 한국이 차지하는 위치 등에 대한 고민과 나름대로의 해법도 담았다. 이 책은 이것을 크게 네 가지 다른 각도에서 정리했다. 첫째, 생활 속에 남아 있는 전통문화의 긍부정적인 측면을 살피고, 혹 주변에서 갖고 있던 선입견을 해소하려 했다. 둘째, 한국 문화의 저력이 결코 만만치 않음을 전통 가치 속에서 확인하고 재조명했다. 특히 가족주의와 효사상이 갖는 강한 한국적인 힘을 역사적 사실들을 통해 증명해보았다. 셋째, 우리 주변의 잘 알려지지 않았거나 잘못 알려진 역사적인 사실들을 새로운 각도에서 밝혀보았다. 마지막으로 세계 패권국을 꿈꾸는 우리와 이웃한 중국의 야망을 되짚어보고, 동아시아 시대에 우리가 어떤 채비를 해야 할지 문화적으로 점검해보았다.

제목을 '통쾌한 동양학'이라고 한 것은 동양학을 알아나가는 과정에서 과거와 현재가 서로 '통'했으면 하는 바람과, 그리고 그 과정이 즐거웠으면 하는 마음에서다. 그래서 시원하고 즐겁게 동양의 문화적 유산을 재발견하고 그것이 나의 앎으로 받아들였으면 하는 의도가 담겨 있다. 이 책은 그간 언론이나 잡지에 기고했던 글들과 대학에서 강의했던 것들을 한데 묶어 만든 것이다. 시차를 달리해서 썼던 글들인 만큼 앞뒤 어색한 부분이 없을 수 없고, 반복되는 느낌 또한 떨치지 못했다. 정말로 송구스럽고 부끄러운 일이다. 하지만 끝까지 필자를 독려하며 글의 완성도를 높여준 분들이 있다. 막힘없는 충언과 고언을 해준 동학 노승현 선생과 글항아리 강성민 대표다. 이 자리를 빌려 감사드린다.

그리고 늘 일에 매달려 바깥일에 빠져 있는 남편을 끝까지 믿고 따라주는 사랑하는 아내 김혜선과 아들 용훈, 딸 용주에게도 고마운 마음을 표한다.

2011년 4월
성산 연구실에서
김덕균

제 1 부

오래된 말들의 부활

공부를
무기로 삼는 사회

『논어』의 첫 문장은 '배움[學]'으로 시작
한다. 그 배움은 끊임없는 반복 '훈련[習]'을 통해 터득할 수 있다. 그렇게
얻은 배움은 인생의 '즐거움[樂]'을 가져온다. 우러나오는 마음속의 즐거움
이기도 하지만 더 나은 내일을 기약하기 때문이다. 배움이 출세로 이어진
다는 것이다. 물론 그것이 학문의 본래 목적은 아니지만 말이다. 전국시
대 순자는 「권학[勸學]」이라는 글에서 학문의 목적과 내용을 말했다.

"학문은 중단해서는 안 된다. 푸른색은 남초[藍草]에서 얻지만, 남초보다
더 푸르다. 얼음은 물이 변해서 된 것이지만 물보다 차갑다. 나무가
곧아서 먹줄에 맞더라도 바퀴 테로 구부려 수레바퀴를 만들면 동그랗
게 되어 비록 말리더라도 다시 펴지지 않는다. 이것은 바퀴 테가 그렇
게 만든 것이다. 따라서 나무는 먹줄을 받으면 곧아지고, 쇠는 숫돌에
갈면 날카로워진다. 군자가 널리 배우고 날마다 세 가지로 자신을 반

성한다면 지혜가 밝아지고 행동에 허물이 없을 것이다."(『순자』 「권학」)

공부의 목적과 내용을 설명한 글이다. 청색이 청색의 원료보다 푸르고, 얼음이 물보다 차다고 한 것은 공부의 결과를 말해준다. 곧은 나무를 굽혀놓는 것처럼 사람의 성격과 행동을 변화시키는 것이 공부다. 태어날 때에는 같더라도 공부를 하면 완전히 다른 사람으로 자라난다. 유용한 재료를 만들려면 나무에는 먹줄이 필요하고 무쇠에는 숫돌이 필요하다. 먹줄과 숫돌이 인간에겐 공부가 된다. 공부를 통해서 필요한 인간이 되기에 공부를 그칠 수 없다. 이를 깨우친 군자는 스스로 반성하며 지혜를 깨닫고 행동에 허물이 없게 한다. 그런데 처음부터 군자가 남다른 것은 아니다. 사물의 원리를 알아서 이용할 줄 아는 이를 군자라 한 것이다.

"수레와 말을 빌리면 발이 빠르지 않아도 천 리에 도달할 수 있다. 배와 노를 빌리면 물에 능한 것이 아니어도 강을 건널 수 있다. 군자는 태어날 때부터 특별한 것이 아니라 사물을 잘 이용한 것이다."(「권학」)

군자가 군자인 것은 사물의 힘을 이용할 줄 아는 지혜를 갖춰서이다. 사물의 장단을 쓰면 자신의 부족함을 채울 수 있다. 아무리 좋은 재료가 있어도 사용할 줄 모르면 무용지물이다. 군자는 처음부터 특별나게 태어나지 않았다. 그는 사물의 원리를 알아서 잘 활용할 줄 아는 사람이다. 그리고 보면 순자가 말한 군자란 전문가인 셈이다. 사물의 원리를 적절히 이용하여 인간을 이롭게 하는 기술 인력이다. 먼 하늘 쳐다보며 천리天理

를 구하고, 먼 산 바라보며 미사여구로 수식하기 좋아하는 이들이 아닌, 일상의 도구를 적절히 이용할 줄 아는 이가 군자인 것이다. 못 하나 박지 못하는 고상한 샌님도 일상과 떨어진 문사철文史哲에 뛰어난 선비도 군자와는 거리가 있다. 그리고 보면 우리가 통상 생각하던 군자는 소인이고, 소인은 군자인 것 같다. 군자의 기준을 유가적 도덕성에 두지 않고 전문기술 인력에 두었기 때문이다.

이러한 전문가가 사회 지도층으로 대두한 것은 춘추시대 이후다. 하夏·은殷·주周 제정일치 사회에서는 하늘과 땅을 소통하는 종교 지도자들이 최고의 지위를 점했다. 종교적 신비주의가 현실사회를 지배한 것이다. 하지만 춘추시대로 접어들면서 정치와 종교가 나뉘고, 지식인들의 지위가 부상되었다. 전문가 집단인 사인士人들이 득세한 것이다.

중국의 가장 오래된 자전인 『설문해자』에는 '사士'를 "일을 맡는다"는 뜻으로 기록했다. 글자는 십十과 일一의 결합(회의문자)으로 본다. 보통 수는 일에서 시작해서 십으로 끝난다. 공자는 "열 가지十 사항을 정리하여 한 가지一 일로 귀납시키면 사士가 된다"고 했다. 행정실무 담당자를 말한 것이다. 하지만 본래 '사士'는 남성의 심벌, 혹은 도끼를 상징하는 상형문자에서 출발했다. 서주西周 때만 하더라도 사인은 단순히 남자이거나 귀족계급이라도 낮은 계급, 무사武士를 가리켰다. 우리나라에서는 사대부 하면 보통 문사文士를 가리키지만 일본은 무사를 뜻한다. 이것으로 본다면 일본의 용례가 일견 전통적인 의미에 가까운 것 같다. 하지만 춘추시대 사인들의 필수과목이었던 예악사어서수禮樂射御書數 여섯 과목六藝을 살펴보면 꼭 그런 것만도 아니다. 사인이란 문무를 겸비했던 이들이다.

'사士'라는 글자를 쓰기 전에는 붓을 들고 일을 기록한다는 의미의 '사史'를 썼다. 『설문해자』에 나타난 '사史'는 오른손으로 '중中'을 잡고 있는 모양인 '사史'로 표현했다. 중中이 바르다는 뜻이므로 일을 바르게 기록하는 사람을 사史라 한 것이다. 이로부터 사史 계층은 종교 지도자인 '무巫' 계층으로서의 '축관祝官'을 보좌했던 전문 지식인이었음을 알 수 있다. 사관史官은 주로 전문 분야의 일을 맡아보았는데, 『주례』에 태사太史·소사小史·좌사左史·우사右史·내사內史·외사外史란 직책이 그런 것이다. 이런 전문 지식인들을 나중에 '사士'로 통칭했다. 아무튼 사인들이 사회 지도층으로 부각된 것은 춘추전국시대의 혼란기로 접어들면서부터다. 이들은 앞서 말한 육예를 필수과목으로 했다.

예절은 사회질서의 기본이요, 음악은 긴장된 질서를 완화하고 조화시킨다. 활쏘기와 말타기는 혼란한 사회를 다스리는 데 없어서는 안 되었고, 글쓰기와 셈하기는 행정관리의 기본 소양이었다. 따라서 이 여섯 가지는 지도자가 마땅히 갖추어야 할 요소였고, 이를 겸비한 사람들이 관리자로서 환영받았다. 특히 전쟁이 잦은 사회에서는 더욱 그랬다.

전쟁의 와중에서 제후들은 훌륭한 군사참모를 얻는 데 심혈을 기울였다. 부국강병을 위해서 현명한 재상과 관리가 필요했던 것이다. 당연히 사인들은 그 사회에서 주목받는 대상이 될 수밖에 없었다.

제후가 사인을 뽑을 때에는 개별적으로 선택하기도 했지만 때로는 성향이 비슷한 조직에서 추천받기도 했다. 이들 사인이 조직화할 수 있었던 것은 당시 사회의 필요에 의해서 그들이 중용되었고, 그들의 지위가 날로 확고해졌기 때문이다. 이때 사상적으로나 정치적으로 성향이 비슷한 조직들이 만들어졌는데, 일명 제자백가가 그들이다.

춘추전국시대의 사상가들을 분류한 최초의 학자는 사마천의 아버지 사마담司馬談이다. 그는 음양가·유가·묵가·명가·법가·도덕가 혹은 도가 등 여섯 학파로 구분했다. 이후 유흠劉歆은 여기에 종횡가·잡가·농가·소설가를 더해 열 개의 학파로 구분했다.

이들 학파에서 활동한 학자들은 대개가 중앙 관청에서 사무를 맡아보던 말단 관리였다. 이들은 자유롭게 활동할 수 있었고, 각 분야의 전문가를 우대하던 풍토가 싹트면서 좀더 적극적으로 사회활동을 펼쳐나갔다.

주나라의 봉건적 질서 속에서는 특정 부서의 관리와 교사가 분리되지 않았다. 부서의 관리자가 교육을 함께 담당했던 것이다. 또 그 직위는 세습되었다. 따라서 관학은 존재했어도 사학私學은 없었다. 주나라 정권이 점차 약해지자 전문 분야의 지식인들은 독립하기 시작했다. 그들이 중심이 되어 새로이 세워진 것이 사학이고, 이들을 제자백가라 한 것이다.

유흠의 『전한서』 「예문지」에 따르면, 유가는 사도司徒 출신들이 중심이 되어 요·순·문왕·무왕을 모범으로 삼았고, 그 대표가 공자라 했다. 도가는 사관史官에서 기원하여 청백清白·허심虚心·소박素朴·유약柔弱을 강조했으며, 음양가는 천문관天文官에서, 법가는 이관理官에서, 명가는 예관禮官에서, 묵가는 청묘清廟의 수위에서, 종횡가는 행인行人의 관리에서, 잡가는 의관議官에서, 농가는 농직農稷의 관리에서, 소설가는 하급관리인 패관稗官에서 나왔다고 고증했다.

이로부터 수많은 지식인이 사학을 통해 배출되었고, 그들이 춘추전국시대의 사회 지도층으로 점차 부상했다. 그런데 제후국 간의 혼란한 갈등

양상은 제자백가 사상을 크게 세 부류로 갈라놓았다. 정치 지향적이고 사회 참여적인 성향의 유가 계열과 현실 도피적이고 사회 비판적인 성향의 도가 계열, 그리고 내세 지향적이고 평등·박애주의적 성향의 묵가 계열로 나뉜 것이다.

치열한 경쟁에서 살아남아야 하는 제후의 입장에서는 세 부류 가운데 유가 계열의 학자들을 중용할 수밖에 없었다. 이로부터 유가는 더욱더 현실정치에 깊이 관여하는 이론으로 무장했고, 급기야 정치의 필수인 법 이론을 세웠다. 그 대표적인 경우가 순자 계열의 법가 학자들이다.

물론 정통 유가의 도덕정치론과 법가의 법치론은 대립한 측면이 없지 않지만, 두 계열의 정치 이론은 진한秦漢대 이후 중국 사회를 이끌어갔다. 이때 『대학』의 '수신제가치국평천하修身齊家治國平天下'는 유가 정치론의 핵심이 되었고, 『논어』「헌문」 편의 '수기이안백성修己以安百姓'은 학문의 궁극적인 목표가 되었다.

유가적 공부의 근본은 '수신'과 자기를 위해 공부한다는 '위기지학爲己之學'이지만, 궁극적으로는 치국과 평천하의 꿈을 실현하는 것이다. 남을 위한 것, 곧 '위인爲人'이 공부의 궁극적인 목표인 셈이다. 공자가 '위인지학爲人之學'을 비판한 것은 남에게 보이려는 부정적인 의미의 공부를 경계한 것이지 '치국평천하'를 비판한 것은 아니다.

이후로 공부의 목적이 남을 관리하고 다스리는 것으로 귀결되었다. 관리자가 가장 각광받는 직종이 된 것이다. 그 전통이 이어지면서 동아시아에서는 공무원을 철밥통에 비유해왔다. 지위와 권력은 물론 경제적인 안정도 누릴 수 있는 직종이란 것이다. 아마도 이것은 유교문화가 의식을 지배하는 한 지속될 것이다.

그렇기 때문에 지도자로서의 가능성을 지닌 학생은 존중될 수밖에 없었다. 공부하는 사람은 당장 경제적인 자립은 불가능해도 최고의 신분을 보장받았다. 공부를 무기로 삼아 목적을 실현하는 것도 이런 분위기를 반영한다. 어린 시절, 자신의 뜻에 맞지 않을 때 "나 공부 안 해!"라는 강력한 무기가 통할 수 있었던 이유다. 국가적인 중대사에 자신들의 주장을 관철시키고자 할 때, 동맹휴학과 수업 거부가 힘을 발휘했던 것도 같은 맥락이다.

평생 관직에 오르지 못한 영령을 '학생學生○○○'란 묘표로 기리는 것도 공부를 존중했던 사회 풍토를 대변한다. 아무리 자린고비 같은 생활을 한다 해도 학비만은 인색하지 않았고, 농민의 생명과도 같은 소와 땅을 팔아가면서 공부를 시켰던 열정도 이 땅의 사람들이 공부를 얼마나 소중하게 생각했는가를 알게 한다.

|둘|
몸과 마음으로
하는 공부

　　　　　　　　　　　　　　동양사상은 몸과 마음으로 하는 공부
다. 한마디로 기학氣學이며, 심학心學이다. 몸과 마음은 나눌 수 없는 관계
다. 몸에서 가장 중요한 것은 심장이고 심장은 마음이 머무는 곳이다. 몸
으로 느낀 것이 마음에 와 닿고 그것이 두뇌로 전달되어 지식으로 쌓인
다. 그리고 쌓인 지식은 행동으로 이어진다. 실천하지 않는 지식은 무의미
하다. 한마디로 이성적 지식보다는 감성적 지식이 중심이다. 이론적 지식
보다는 실천적 지식이다.

몸의 체화氣化 •마음의 깨달음心得 •지식의 축적知 •삶에서의 실
천行

　　『논어』「학이」편 첫머리에 "배우고 시시때때로 연습하면 즐겁지 아니한
가!"라고 했다. 여기에 학문하는 방법이 잘 나타나 있다. 배움은 스승의

모든 것을 본받는 것[學─效]이며, 그것을 새의 새끼가 날 때까지 쉬지 않고 날갯짓을 되풀이하는 것처럼 하는 것이 연습[習]이고, 이런 과정을 반복하면서 하나하나 습득해나갈 때 마음으로부터 기쁨을 맛볼 수 있다는 것이다.

기어 다니던 갓난아이가 어느 날 자리에서 일어나 반복된 연습을 통해 한 발짝 내딛는 순간을 상상해보자. 어린아이 자신은 물론 아이를 바라보는 부모의 마음도 매우 기쁠 것이다. 이처럼 연습해서 성취한 기쁨은 이루 말할 수 없다. 그 기쁨은 마음속에서 우러나는 기쁨이다. 몸과 마음은 항상 같이 있기 때문이다.

왕양명은 『전습록』에서 깊은 산속에서 스스로 폈다가 스스로 지는 꽃에 대한 이야기를 했다.

> "네가 이 꽃을 보지 못했을 때 이 꽃과 네 마음은 모두 관계가 없었다. 그런데 네가 와서 이 꽃을 보았을 때 이 꽃의 빛깔은 일시에 밝게 드러날 것이며, 이 꽃이 너의 마음 밖에 있는 것이 아니라는 것을 알게 될 것이다."

몸으로 느끼는 것은 곧 마음이 주체가 되고, 마음이 주체가 되어 지각되는 것은 마음을 떠날 수 없다는 것이다. 객관세계의 존재 유무는 곧 마음을 통해서 경험되어질 때에만 그 가치가 드러난다. 그런데 마음속에서 우러나는 기쁨은 몸의 반복된 단련을 통해서 가능하다. 그렇기 때문에 이것은 합리적·객관적·논리적·분석적인 공부 방법만을 고집할 수 없다.

오히려 직관적·경험적·체험적인 방법에 의존하게 된다. 이것이 바로 서양철학과 동양철학을 공부하는 방법의 차이다.

의학을 예로 들어보자. 한의학은 환자의 표정과 맥을 통해 진단한다. 시각과 촉각과 같은 감각을 이용한다. 이것은 철저히 데이터에 의존하며, 환자에게 눈길 한번 주지 않는 서양의학과는 구별된다. 객관적인 자료를 통해 진단하는 서양의학의 입장에서 보면 한의학은 과학이 아니다. 그러나 비과학적이고, 비논리적이고, 비합리적인 한의학의 치료 효과는 그 어느 의학 못지않다.

인간의 몸은 과학적으로 알아낸 것보다 알려지지 않은 것이 더 많다. 자연도 마찬가지다. 자연과 인간의 몸은 자체가 신비한 하나의 덩어리[氣]다. 이미 분석된 부분만으로 자연과 인간을 말한다면 그것은 자연과 인간의 전체를 잘못 이해한 것이다. 과학은 사실의 일부분이다. 일부분으로 전체를 재단할 수는 없다. 우리의 공부는 과학이지만 때로는 사실에 대한 무한한 탐구과정이며 이를 과학화하는 노력이다. 그래서 과학적 규명은 불가능하더라도 사실만을 근거로 사실대로 기술할 때도 있다. 이런 점에서 동양학은 과학적이기보다는 경험적이고 때로는 신비롭다.

간혹 종교적 체험과 신비한 현상을 과학적으로 증명하려는 시도를 보게 된다. 이것은 감각의 영역을 잘못 이해한 데서 나온 어처구니없는 발상이다. 증명하려는 사람의 의도에 따라 그 결과는 마구잡이로 해석될 수밖에 없다. 여기서 때로는 마찰과 갈등을 유발하기도 한다. 분명히 종교적 현상과 신비한 체험을 한 사람에게서는 그것이 과학적으로 증명이 안 된다 하더라도 사실이란 것을 의심하지 않기 때문이다.

동양철학도 마찬가지다. 서양철학의 입장에서 보면 동양철학은 논리적이지 못하고 불합리하다. 오랜 기간 직관·체험·경험에 의해 이루어진 극히 자의적인 모순 덩어리의 학문이다. 그러나 이것은 서양 학문의 공부 방법으로 동양철학을 대했기 때문에 나온 결론이다. 동양학의 공부 방법으로 접근한다면 문제는 달라진다. 동양철학을 인식론이나 논리학의 관점에서 바라보면 때로는 궁색함에 빠진다. 그러나 윤리도덕과 정치사상의 측면에서 바라보면 이보다 더 풍부한 학문도 없다.

윤리도덕이나 정치사상의 문제도 두뇌를 이용하기보다는 자신의 몸과 마음을 근간으로 점차 확장해가는 과정을 밟는다. 확장하고 다시 확장된 것을 자신의 몸으로 끌어들인다. 그래서 모든 만물을 자신의 몸속에서 수렴하고 이해한다. 그런 가운데 인간과 자연, 인간과 시간, 인간과 인간이 하나됨을 깨닫는다. 천인합일의 경지를 말한다. 그러나 서로 다른 둘이 하나가 된다는 것은 불가능하다. 여기서 하나가 된다는 것은 조화와 통일을 꾀하며 충돌과 마찰을 피한다는 의미다. 동양에서는 인간과 자연의 조화를 꾀하며 풍수사상이 나왔다. 인간과 시간의 조화를 꾀하며 사주팔자가 나왔다. 인간과 인간의 조화를 꾀하며 예절의식이 나왔다.

바로 이것을 깨닫는 것이 공부의 방법이다. 이것은 두뇌를 이용하는 이성적인 방법보다 몸을 이용하는 직관적인 방법이 더 적합하다. 그렇다고 단순히 무의식적으로 반복되는 몸동작만을 상상한다면 잘못이다. 되풀이하는 몸동작과 더불어 깊이 사고하는 것은 필수다.

『논어』「위정」편에 "배우기만 하고 사고하지 않으면 얻는 것이 없고, 생각만 하면서 학문하지 않는다면 위태롭다"고 했다. 배움과 생각이 동반되어야 함을 말한다. 그래서 공자는 말한다.

"어떻게 할까? 어떻게 할까? 라고 고민하지 않는 사람에 대해서는 나도 어떻게 할 수 없다."(『논어』「위령공」)

"하루 종일 먹지도 않고 자지도 않고 생각만 했는데 아무런 도움이 되지 못했다. 그래도 배우는 것 만한 것이 없다."(『논어』「위령공」)

"하루 종일 마음 쓰는 일 없이 먹기만 하면서 소일하는 것보다는 바둑이나 장기를 두며 뭔가를 생각하면서 사는 것이 낫다."(『논어』「양화」)

열심히 공부했지만 아무 생각 없이 했다면 전혀 일상에 응용할 수 없다. 밤새 고민하며 궁리하면 무엇하겠는가! 다음날 머리만 아플 것이다. 그래서 공자는 "배우고자 하는 열정이 없으면 가르치지 않았고, 표현하고자 애쓰는 모습이 보이지 않으면 이끌어주지 않았고, 한 모퉁이를 알려주었는데도 나머지 세 모퉁이를 알아차리지 못하면 두 번 다시 반복하지 않았다"고 했다.

이 땅에서는 애당초 공부의 내용과 방법을 '글 배우는 것[學文]'에 두지 않고, '널리 배우고 절실히 질문하는 것[博學審問]'이라고 했다. 질문은 궁리의 결과다. 배우며 궁금한 것을 묻는 것은 사고의 결실이란 것이다.

『논어』「자장」편에 "배우기를 널리 하고, 뜻을 독실하게 하며, 절실하게 묻고 현실에 필요한 것을 생각하면 인은 그 가운데 있다"고 한 것은 이것을 대변한다. 그런데 그 질문을 아랫사람에게 한다고 부끄러워한다면 진정으로 학문하는 자세가 아니다. 모르는 것을 배울 때에는 상하 수직관계가 개입되어서는 안 된다. 또 이런 공부는 사물을 분간하고 거기서 해야 할 일을 실천하는 것을 궁극적인 목표로 삼아야 한다. 앎의 단계에서 머문다면 아무런 의미가 없기 때문이다. 여기서 아는 것은 반드시 실천되어야 한다는 '지행합일'의 경지가 요청된다. 이것이 올바른 학자의 근본 덕목이다.

장례의
기원

부모 공경을 십계명의 대인계명 첫 번째로 여기는 기독교를 불효의 종교라고 낙인찍은 가장 큰 이유는 기독교가 전통적인 제사와 충돌했기 때문이다. 전통적으로 우리 사회는 부모 봉양과 조상 제사를 포괄해서 효도라고 했기 때문에 제사를 지내지 않는 기독교를 불효의 종교라 한 것이다.

기독교는 제사를 우상숭배로 여긴다. 이것은 전래 초기의 천주교 역시도 마찬가지여서 이로 인한 수많은 희생자가 나왔다. 비록 오늘날의 천주교가 제사를 우상숭배가 아닌 전통문화이자 한국 고유의 예법으로 여기며 허용하고 있지만, 기독교인 상당수는 여전히 이 문제로 고민하고 가족 간에 갈등이 있는 실정이다.

기독교인과 비기독교인의 제사에 대한 인식 차이 때문에 즐거워야 할 명절이 가족 간의 갈등으로 얼룩지는 경우도 허다하다. 아무리 성경에서 형제간의 화목을 강조하며 "예물을 제단에 드리려다가 거기서 네 형제에게 원망 들을 만한 일이 있는 것이 생각나거든 예물을 제단 앞에 두고 가서 형제와 화목하고 그 후에 와서 예물을 드리라"(마5:23~24)고 했어도, 또 가족의 소중함을 말하며 "누구든지 자기 친족 특히 가족을 돌아보지 아니하면 믿음을 배반한 자요 불신자보다 더 악한 자니라"(딤전5:8)고 했어도, 제사 문제에 관해서는 형제간의 양보 없는 전쟁이 명절 때마다 벌어지고 있는 것이다.

"진실로 너희에게 이르노니 무엇이든지 너희가 땅에서 매면 하늘에서도 매일 것이요 무엇이든지 땅에서 풀면 하늘에서도 풀리리라."(마 18:18)

그렇다면 제사 문제로 얽힌 가족 간의 갈등은 더이상 회피할 문제가 아닐 것이다. 만약 제사가 우상숭배가 아닌 단지 추모 의식이라는 단서가 있다면, 기독교계에서도 새로운 논의가 가능하지 않을까 생각해본다.

『춘추』 양공 24년 조에 제사의 또다른 의미를 확인할 수 있는 기사가 보인다. 노魯나라의 상경上卿 숙손표가 진晉나라에 사신으로 갔을 때, 진나라 상경 범선자와 토론한 내용이다. 범선자가 "옛말에 죽어도 영원불멸할 수 있다고 했는데 무슨 말입니까?"라고 질문하자, 숙손표가 영원불멸에 대해 세 가지로 답했다. 덕을 세우는 것[立德], 공을 세우는 것[立功], 말을 세우는 것[立言]. 이 세 가지를 영원불멸의 내용으로 지목한 것이다. 바로 이 항목들은 다름 아닌 고대 동양인의 인생철학이요 목적이었다.

중국의 근대 사상가 첸무錢穆(1895~1990)는 이것을 『중국역사정신』에서 기독교인과 비교했다. "예수를 믿는 사람들은 '우리들은 하나님의 마음속에서 살고 있다'고 말한다." 하나님의 마음속에서 살고 있기 때문에 영원불멸한다는 것이다. 같은 방법으로 숙손표의 말을 해석하면 "사람은 다른 사람의 마음속에서 살아야 한다"는 것이라 말할 수 있다.

만일 타인의 마음에 자신이 항상 존재한다면 그 사람의 인생은 영원불멸한 것이 된다는 것이다. "마치 자식들의 마음속에 아버지가 없다면 아버지는 아버지로서 존재하지 않는 것과 같다"는 해석이다.

현세적 동양인의 인생철학을 잘 표현한 내용이다. 첸무의 결론은 그렇기 때문에 "인생의 영원함은 현실세계에서의 영원함만 있을 뿐, 인간세상을 초월한 다른 어떠한 영원함은 없다"며 동양인의 현세 지향적 세계관을 설파했다. 이 같은 동양인의 인생철학에서 배태된 것이 효도이고, 효도란 첸무의 표현을 빌리면, 마음속에서 우러나오는 자연스러운 행위이며, 그렇기 때문에 효도하고, 또 효도를 받는 것은 하나의 삶의 즐거움인 것이다.

생전의 효도도 그렇고 돌아가신 후의 효도 역시도 마찬가지이기 때문에 첸무는 "장사·제사의 예는 결코 사람이 죽으면 귀신이 된다는 입장에서 드리는 게 아니고, 또한 풍속이 사람을 강압해서 그렇게 하는 것도 아니고, 이것 역시도 인류 효심의 한 자연적인 요구이며 경향인 것이다"라고 주장했다. 유교의 제사가 효심의 발로일 뿐 기독교에서 말하는 우상과 거리 있음을 확인해준다.

장례의 기원을 알려주는 『맹자』「등문공 상」의 내용도 흥미롭다. 옛날에는 사람이 죽으면 장례가 있다는 것을 몰랐기 때문에 시체를 들판에 버렸다. 어느 날 우연히 길을 가다가 온갖 짐승과 벌레가 시체를 파먹고 있는 것을 보았다. 자세히 보니 그 시신이 바로 자신의 부모인 것을 알고는 온몸에 식은땀이 나고 마음이 편치 않았다. 그래서 부모의 시신을 땅에 깊게 묻어 다시는 그런 일이 없도록 했다는 이야기다. 그 후 무덤의 이상 유무를 확인하기 위해 정기적으로 찾아가는 것은 당연한 일이 되었다. 무덤을 보살핀다는 성묘省墓다. 성묘 역시 무덤을 둘러보는 의미에 가깝지 숭배 행위와는 거리가 있다는 것이다.

장례와 제례의 기원을 상징하는 이야기다. 이렇듯 동양적인 장례와 제례는 극히 자연스러운 인간의 감정에서 우러나온 것이다. 거기에 어떤 종교적 혹은 윤리적 의식이나 절차가 가해진 것은 훗날이었다. 물론 그것도 누구나, 아무나 그렇게 한 것도 아니고 공덕이 있는 사람만 제사를 지냈으니 오늘날 우리가 알고 있는 제사와는 한참 달랐다. 제사가 귀신(우상) 숭배가 아닌 덕德·공功·언言에 대한 추모이자 찬양이라는 내용은 여러 군데 있다. 하나만 더 들어보자. 아래는 『췌어贅語』「천인질」의 내용이다.

"보본반시의 도, 즉 조상의 은혜에 보답하는 길은 넓다. 다만 천지의 신기에 대해서만도 아니고, 자기 조상에 대해서만도 아니다. 공덕이 있는 것은 자신의 혈육이 아니더라도 제사를 지낸다. 커다란 재난을 막았던 사람들에게는 나라 전체가 제사를 지내는 것이다. 제사를 지내는 대상은 사람뿐만이 아니다. 호구나 우물, 부뚜막에서 고양이나 호랑이에 이르기까지 공덕이 있는 것이면, 모두 제사 지내는 것이다."

기독교에서는 제사를 우상숭배라고 해서 그 대신 추도식을 추천하고 있다. '추도'의 '도悼'가 '슬퍼한다'는 뜻이므로 '그리워한다'는 '추모'로 바꿔야 한다는 주장도 있긴 하지만, 큰 틀에서 그 의미는 돌아가신 분을 기린다는 점에서 추모와 맥락을 같이한다. 그렇다면 조상에 대한 공경과 추모의 정을 기본으로 하는 동양적인 제사 의식과 역시 맥락상 다를 수 없고, 또 같은 마음으로 행해지는 예식이라면 절을 하고 안 하고는 오히려 부차적인 문제가 될 것이다.

제사를 지내는
진짜 이유

　　유교문화에서 '돌아간다'는 표현은 곧 죽음을 뜻한다. 『설문해자』에서는 귀鬼를 귀歸로 풀이했다. 단옥재段玉裁(1735~1815)는 "옛날에는 죽은 사람을 돌아간 사람|歸人|이라고 했다"고 말했다. 『예기』「제의」편에도 공자의 제자 재아가 귀신에 대해 묻자, 공자는 "살아 있는 것은 반드시 죽으며, 죽으면 반드시 흙으로 돌아가는데, 이것이 귀다"라고 했다. 이때의 귀는 귀신·인귀人鬼를 말한다. 곧 죽은 사람이다. 『서경』「반경」편에는 "나는 나의 돌아가신 왕|先神后|께서 그보다 먼저 돌아가신 선조를 수고롭게 했음을 생각한다"라는 기록이 있다. 여기서 선신후란 은나라의 선왕을 말한다. 이미 돌아간 은왕殷王을 신이라 한 것이다.

　　결국 선진유가가 말하는 신이란 절대 유일신도 선험적 절대자도 초월자도 아니다. 선진유가의 신은 사람이 죽어서 된 것이다. 따라서 신은 인류가 출현한 뒤에 비로소 존재한 것이다. 그렇기 때문에 신은 현실적이며 세계의 한 부분에 속한다. 돌아간 것(歸=鬼)이 곧 죽음(死=神)이므로 혼과 신은 특별히 구분하지 않았던 것이다.

고대인들은 사람이 죽으면 육체는 썩어서 흙으로 돌아가지만, 영혼(귀신)은 살아 움직인다고 생각했다. 귀신 관념이 통용되면서부터 고대사회는 점복과 제사 의식이 발달했다. 돌아간 조상의 영혼을 숭배하고 기도의 대상으로 삼은 것이다.

제사에 대한 문헌상의 기록은 상당히 오래전으로 올라간다. 『설문해자』에는 "제祭는 제사다"라고 했다. '제'란 글자의 '기示'는 신격神格을 표시하는 말이다. 신 앞에서 사람이 고기肉를 잡고 있는 형상이 '제祭'자다.

『예기』「제통」편에는 "무릇 사람을 다스리는 방법에는 예보다 중요한 것이 없으며, 예에는 오경五經이 있는데 제사보다 중요한 것이 없다. 제사라

팔일무. 종횡으로 8줄, 모두 64명이 추는 의전용 춤. 천자는 8줄, 제후는 6줄, 대부는 4줄, 사士는 2줄로 규정한다.

고 하는 것은 사물 외적인 것으로부터 오는 것이 아니라 마음 중심에서 우러나오는 것이다"라고 했다. 『좌전』「성공」 13년에는 "국가의 대사는 사祀와 융戎에 있다"고 했다. 제는 당연히 제사이고, 융은 군사 문제다. 그 후로도 국가의 안위를 논할 때에 보통 종묘사직을 거론하는데, 이 종묘사직 역시도 제사 행위와 직결된다. 또한 『주례』「대종백직」에도 국가 대사로서의 제사에 대한 실례를 장황하게 설명했다. 거기에서는 대신大神(천신)·대귀大鬼(조상신)·대기大示(토지신)에 사祀·향享·제祭함을 기록했다.

요약해보면 제사의 대상은 하늘과 땅 그리고 조상신이다. 집집마다 사당이 있고 나라에서도 국가가 직접 관리하는 사당이 있다. 이곳에서 하늘·땅·조상에게 제사를 지내는 것이다. 따라서 유가적 전통사회에서는 하늘에 제사 지내는 천단과 땅과 곡식의 신에게 제사 지내는 사직단이 있다. 또한 왕과 가문의 선조를 모신 종묘와 가묘가 있다. 이곳을 그들은 성전처럼 받들었다. 조상에게 제사 지내는 것과 하늘과 땅에 제사 지내는 것 등이 모두 유가적 전통사회의 골간이었고, 사회활동과 조직 구성의 중요한 요소였다. 예컨대 이들 대상에 제사 지낼 때 초헌관·아헌관·종헌관의 제관과 이를 돕는 집사·유사는 당시 사회조직의 주요 멤버로 구성되었다. 이들은 명예와 부를 함께 누리는 특권층이기도 했다.

그런데 이런 제사 의식의 이면에는 기복적인 요소가 짙게 깔려 있다. 제사 의식을 통해 복을 받는다는 기복적인 생각이 그 내면을 지배하고 있는 것이다. 국가적인 행사로 하늘과 땅, 그리고 종묘에서 지내는 제사는 나라의 안녕과 평안을 비는 의도가 강했다. 각각의 가정에서 죽은 조상을 제사하는 것은 자손과 가문의 복을 비는 행위였다. 그렇기 때문에 죽은 조상의 무덤과 그를 기리는 사당을 아예 살아 있는 후손의 한 집 울타리 안에 모시고 집안의 대소사가 있을 때마다 산 자에게 보고하듯 매번 고했다. 철따라 음식을 차리고 경건하게 제사를 지내며 살아 계신 분을 모시듯 정성을 다했다. 그렇게 하면 돌아가신 조상이 후손들의 정성을 흠향하고 복을 내려준다고 믿었던 것이다.

그러나 제사의 이런 행태와 의도는 처음부터 그랬던 것은 아니다. 단적으로 조상신에 대한 제사만을 놓고 본다면, 어느 집안 누구나가 제사의 대상이 되었던 것은 아니다. 조상에 대한 제사는 혈통을 기준으로 제사의 대상이 결정된 것이 아니라, 죽은 사람의 공덕을 기준으로 결정되었다.

"유우有虞씨는 황제黃帝를 하늘에 배향配享하고 남교南郊에서 곡嚳을 제사 지냈으며, 전욱顓頊을 조종祖宗하고 요를 섬겼다. 하후夏后씨도 또한 황제를 제사 지내고, 남교南郊에서 곤鯀을 배향하고, 전욱을 조종하고 우禹를 섬겼다. 은나라 사람들은 곡을 제사 지내고 남교에서 명冥을 배향하고, 설契을 조종하고 탕湯을 섬겼다. 주나라 사람들은 곡을 하늘에 배향하고 남교에서 직稷을 제사 지냈으며, 문왕을 조종하고 무왕을 섬겼다."(예기, 「제법」)

여기서 유우씨는 순舜의 나라이며, 체禘는 호천상제昊天上帝를 원구圓丘에서 제사 지내는 것을 말하고, 호천상제란 상제 중에서도 최고위에 있는 것을 말한다. 또한 남교의 교郊는 역시 일종의 제사를 말하는데, 여기서는 호천상제 이외의 것을 제사 지냈다. 조종祖宗도 역시 제사 행위로서,

엄밀히 조는 도덕의 처음이란 뜻이고, 종은 덕이 있는 사람을 존숭한다는 뜻이다. 조와 종은 비슷한 뜻이지만 덕이 더 큰 자를 상위에 두어 배치했으므로 조와 종은 구별된다. 그렇다면 이 내용은 상위자로부터 하위자로 내려오면서 배치하고 제사 지낸다는 뜻이다. 이를 정현鄭玄(127~200)은 다음과 같이 풀이했다.

"유우씨 이전에는 덕을 숭상하여 체禘·교郊·조祖·종宗의 제사 때에는 덕이 있는 자에게만 제사를 지냈다. (그러나) 하나라 이후에는 점점 그 성씨의 선후에 따라 제사를 지내게 되었다."

순임금(유우씨) 이전에는 공덕이 있는 사람만이 제사의 대상이었다가 하나라 이후로 성씨(혈통)의 선후를 기준해서 제사 지냈다는 내용이다. 그렇다면 제사는 적어도 처음에는 혈통을 기준으로 지낸 것은 아니었다. 죽은 사람의 공덕을 기준으로 해서 제사를 지내다가 하후씨 이후로 비로소 혈통을 기준으로 한 제사 의식이 발달했다는 것이다.

그런데 훗날 조상에 대한 제사가 발전하게 된 배후에는 조상의 공덕에 대한 예찬보다는 기복적인 의미가 더 큰 비중을 차지했다. 그렇다 하더라도 제사는 혈족 간의 단합은 물론 종족 내 기틀과 위계질서를 위한 중요한 행위로 정착되어 갔다. 제사가 후손들의 유대를 공고히 하면서 가정과 사회 전반의 구조적 틀로 발전하게 된 것이다.

차례인가,
다례인가, 주례인가

우리나라는 새해 인사를 두 번 한다. 양력이 일상화되었어도 새해 명절만큼만은 음력을 기준으로 하기 때문에 생긴 일이다. 설은 한 해를 시작하는 날이다. 우두머리, 시작이란 뜻을 담고 있는 으뜸 원 자를 써서 원단元旦이라 하기도 하고 정월正月 초하루라고도 한다. 어찌 됐든 1월 1일 아침이다.

그런데 역사 속의 원단은 꼭 1월을 기준하진 않았다. 하나라는 음력 1월, 은나라는 12월, 주나라는 11월, 진秦나라는 10월을 정월로 삼았다. 현재처럼 음력 1월을 정월로 삼은 것은 한무제 이후다.

한나라의 월력 체계가 우리에게 영향을 주면서 오늘날의 정월 초하루가 새해의 시작으로 정착되었다. 시대마다 달랐던 원단이 부동의 음력 1월 1일로 고착된 것이다. 한때 '이중과세방지'라는 명목 때문에 새해를 양력 1월 1일로 통일하기도 했지만 명절로서의 정월 초하루 개념은 바꿔놓지 못했다.

새해를 두 번 치르게 된 것이다. 그러나 새해가 언제인지는 중요하지 않다. 경건하게 맞이하고 새로운 계획과 포부로 한 해를 설계하며 우리를 낳아준 조상과 부모님께 감사하고 가족 간의 친목을 다지는 것이 중요하기 때문이다.

여기서 조상에게 예를 올리는 차례상이 흥미롭다. 차례茶禮란 글자 그대로 차로써 조상에게 예를 표하는 의식이다. 하지만 붕어빵에 붕어가 없듯이 차례상에 차가 없다. 차 대신 술이 오르면서 주례酒禮가 된 것이다.

중국에서 전래된 차례가 우리나라에 와서 차 대신 술로 바뀌었기 때문이다. 차에 익숙하지 않은 우리의 생활 습관도 그 한 이유다. 茶禮라 써 놓고 '다례'라 읽지 않고 '차례'라 읽는 것도, 茶道를 '차도'라 하지 않고 '다도'라 하는 것도 재미있다. 국한문을 섞어 쓰면서 역전驛前보다는 '역전앞'이 편해진 것처럼 때로는 한글로 때로는 한자로 때로는 둘 다 혼용하면서 생긴 일이 아닐까 생각한다. 중국의 영향은 받았으되 우리 식으로 받아들인 현상이다.

중국인들에게 차는 제사 의식뿐만 아니라 고관들의 만남이나 결혼식과 같은 중요한 자리에서 빼놓을 수 없는 의전용 음료였다. 그들이 늘 마시는 것이 차지만, 실제 의식에 사용되는 차는 일상적인 차와는 비교할 수도 없다. 중국의 가정이나 다관茶館에서 고급 차를 대접받는 것은 대단한 영광이다. 맛도 가격도 평소 마시는 것과 의전용 차는 천양지차다.

얼마나 차를 소중히 했으면 차의 경전인 다경茶經이 나오고, 족보를 기록한 다보茶譜가 나오고, 그에 따른 다도茶道가 나왔을까?

차가 빠진 차례상에 우리는 차 대신 술을 올렸다. 그러곤 "술이 없으면 모임이 성립하지 않고, 술이 없으면 의식을 치를 수 없다[無酒不成席, 無酒不成禮]"는 말을 회자시켰다. 모임과 의전에서 술은 필수가 되었고, 다도 대신 주도酒道가 자리 잡았다.

특별한 모임과 의식에서의 음료가 차에서 술로 바뀐 것이라면 차례의 형식적 의미는 이미 희석된 셈이다. 그렇다면 모두가 함께 마실 수 있는 수정과나 식혜 같은 우리의 전통 음료로 대신하는 것도 잘못은 아닐 것 같다. 오랜만에 만난 가족과 화목을 나누는 자리에서 주류酒類, 비주류非酒類, 주당酒黨, 비주당非酒黨 나눌 것도 없이 말이다. 술판으로 인한 후유증 걱정도 필요 없을 것이다.

군주는 배,
서민은 물

요즘 말하는 선거제도와 민주주의는
모두 동양적인 의미와는 거리가 있다. 선거의 유래는 2000년 전 한(漢)나라
로 거슬러 올라간다. 지방관리가 유능한 인재를 뽑아[選] 중앙에 추천하
여 임용[擧]하는 것을 선거選擧라고 했으니 오늘날 선거와는 많이 다르다.
민주[民主] 역시도 주권재민과는 전혀 다른 백성의 주인[民之主]인 천자를 가
리켰다. 『서경』에 나오는 것으로 보아 모름지기 3000년 전 일이다. 선거와
민주라는 글자만을 놓고 본다면 동양이 서양보다 유구한 셈이다.

　지금이야 정치 지망생들의 자진 출마로 선거가 이뤄지지만, 옛날에는
지방관리들의 추천을 선거라고 했다. 출마出馬라 함도 직역하면 "말을 내
온다"는 뜻이니 우리가 생각하는 출마의 뜻과는 역시 달랐다. 하지만 말
을 내와 탄다는 것은 특별한 목적과 이유가 있을 때였으니, 요즘 선거에
출마하는 것과 맥락상으로는 다를 바가 없다. 옛날에는 임지로 부임할 때
나 전쟁터에 나갈 때 등 국가 대사를 책임진 사람들의 최초 행위가 출마

였던 것이다.

지방관리가 인재를 뽑아 추천할 때에는 일정한 자격 요건을 갖춘 자를 대상으로 했다. 능력도 뛰어나야 하지만 품성도 남달라야 했다. 인륜을 강조했던 송宋나라 때에는 효자가 많이 추천되었다. 효자를 관리로 추천하는 풍토가 생기자 가짜 효자들도 속출했다. 할고단지割股斷指하는 젊은이, 오래전 돌아가신 부모님 묘소 앞에 묘막 짓고 삼년상을 치르는 사람 등 출세에 눈먼 자들의 가짜 효행이 백태를 이룬 것이다. 형평성을 잃은 지방관리의 추천권도 심각한 부정부패를 낳았다. 결국 선거는 폐단만 양산하는 제도가 되고 말았다. 과거시험이 관리 선발의 가장 객관적인 기준이 될 수밖에 없었던 것도 이 때문이다.

그런데 막상 관리로 선발되면 고단한 나날을 보내야 했다. 지금이야 명절과 공휴일은 물론 닷새 일하고 이틀 쉬는 제도가 정착되었지만, 옛날의

전남 화순 효자정려

관리들은 휴일은커녕 조회가 있는 날에는 인시寅時(오전 3~5시)에 출근하고, 평시에는 묘시卯時(오전 5~7시)에 출근하여 유시酉時(오후 5~7시)에 퇴근하는 등 꼬박 12시간 이상을 근무했다. 거기에다 처음엔 봉급도 제대로 책정되지 않았다.

그럼에도 불구하고 서로 경쟁적으로 관리가 되려고 혈안이 되었던 이유는 다른 데 있었다. 옛날부터 관리가 되면 권력과 명예는 물론 재부까지도 덩달아 가질 수 있었다. 구태여 봉급을 책정하지 않아도 되는 이유가 여기에 있다. 말단 관리였던 아전들의 경우 더욱 심했다. 무급제도는 알아서 적당히 챙기라는 정책적인 배려였다. 예로부터 정경유착이 심화될 수밖에 없는 풍토와 탐관오리가 양산되는 제도적인 문제점을 여기서 찾게 된다.

순자는 "임금은 배이고 서민은 물이다. 물은 배를 띄우기도 하고 배를 엎기도 한다"고 했다. 지도자와 백성의 관계를 잘 비유한 말이다. 배는 잔잔한 물 위를 순항하지만, 이 물이 어느 순간 성난 파도로 돌변한다면 배는 뒤집힐 수도 있다. 백성들에 의해 선출된 이들이 언제 낙마落馬할지 모르니 늘 조심해야 하는 이유다.

옛날부터 신언서판身言書判이란 말이 있다. 올바른 몸가짐, 신중한 언행, 준수한 필적, 공정한 판단력 등 관리가 지녀야 할 네 가지 덕목이다. 어느 것 하나라도 소홀히 할 수 없지만 올바른 몸가짐과 신중한 언행이야말로 특히 유념해야 할 사항이다. 지도자는 "말은 적게 하고 듣기는 많이 하라[寡言多聞]" "행동은 민첩하게 하고 말은 신중히 하라[敏行愼言]"고 했다.

중국 수나라 장수 하돈賀敦은 임금에게 말 한마디 잘못하여 사형선고를 받았다. 사형이 집행되기 전 그는 아들 하약필에게 유언을 남겼다. "내 평생 후회할 일을 한 적이 없는데, 그만 혀를 잘못 놀려 이제 형장의 이슬로 사라지게 되었다. 이 애비가 당부하노니 부디 입을 함부로 놀리지 말라. 내가 죽음에 이르러 당부하는 말이니 평생토록 잊지 말고 명심하거라"라는 말을 마치고 가슴속에 감춰두었던 송곳으로 아들의 혀를 찔러 경계했다. 그 후 아들 하약필은 각별히 조심하여 명장이 되었다는 이야기다.

그동안 우리는 "좁은 입으로 말하고 넓은 치맛자락으로 못 막는 일"들을 많이 경험했다. "곰은 쓸개 때문에 죽고 사람은 혀 때문에 죽는다"는 속담은 늘 되새겨도 지나침이 없다. "사적 이익에 둔감하고 공적 이익에 민첩하라"는 옛사람들의 교훈을 깊이 돌아보아야 할 때다.

빗나간
충성

충忠이란 소리 요소인 중中과 의미 요
소인 심心으로 이루어진 형성문자다. 『설문해자』에서는 "충은 경敬이다"라
고 했다. 단옥재는 "경이란 공경하는 것이다. 아직 마음을 다하지 않으
면 공경하지 않는 자이다. '이것은 삼가다'는 뜻의 신愼이나 근謹과 같다"
고 해석했다.

『논어』에서는 충을 경충敬忠·충신忠信·충서忠恕로 설명했고, 『춘추좌전』
과 『국어』에서는 "마음을 다한다"는 진심盡心으로 썼다. 이렇듯 본래 충의
개념은 자신과 타자에 대한 진실과 진심의 표현이었다. 그렇다면 『논어』
「팔일」 편의 '사군이충事君以忠'은 "군주를 충(성)으로 섬긴다"가 아니라 "군
주를 진심으로 섬긴다"로 해석해야 한다.

진심으로 섬기는 것은 무조건적인 복종이나 순종과는 다르다. 양심에
따른 바름과 떳떳함으로 섬기는 것이다. 다시 말해 충이란 권력에 대한
무조건적 복종을 의미하는 게 아니다. 정치권력 앞에 무조건 복종하는

것은 진심이 아닌 자신의 이기적인 욕구를 충족하기 위한 사심私心·사심邪心의 발로일 뿐이다. 욕구가 충족되지 않는다면 복종도 없다.

이것은 송대 주희에게 계승되었다. 주희는 충을 중심中心·진기盡己로 설명했다. 국가에 대한 복종과 순종이 아니라 개인의 내적인 충실이 충이라는 것이다.

『춘추좌전』의 환공 6년에는 "군주가 백성을 어떻게 하면 이롭게 할 수 있을까 생각하는 것이 충이다"라고 했다. 충을 군주에 대한 백성과 신하의 도리라 하지 않고, 백성에 대한 군주의 도리를 충이라 한 것이다. 충을 상호 배려의 개념으로 사용한 경우로 일방적이고 수직적인 개념으로서의 충성과는 다른 차원이라 하겠다.

하지만 전국시대 순자에 이르러 충이 충성 개념으로 사용된 용례를 보게 된다. 『순자』「신도」편에 "명령을 따름으로써 군주를 이롭게 하는 것을 순종이라 이르고, 명령을 따름으로써 군주를 이롭지 못하게 하는 것을 아첨이라 이르며, 명령을 거스름으로써 군주를 이롭게 하는 것을 충성이라 이르고, 명령을 거스름으로써 군주를 이롭지 못하게 하는 것을 찬탈이라 이른다"고 했다. 군주에 대한 본격적인 충성을 거론한 것이다. 그런데 여기서는 진정한 충은 반드시 명령을 따르는 데에만 있지 않다는 점을 알 수 있다. 비록 명령을 거역한다 해도 군주를 이롭게 하면 충이라는 것이다. 충에도 정도의 차이가 있다는 말이다.

"덕으로써 군주에게 아뢰어 변화시키는 것이 가장 큰 충이요, 덕으로써 군주를 조절하며 보필하는 것이 그다음 충이요, 옳은 것으로 그릇을

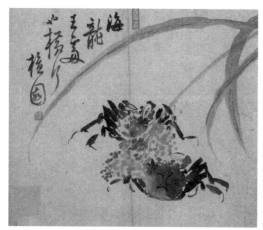

김홍도의 「해탐노화도」. 꽃게
두 마리는 소과와 대과를, 갈대
꽃을 물고 있는 것은 과거 합격
을 상징한다. 원폭 위에 "용왕
님이 계신 곳에서도 (선비로서)
지조를 굽히지 말고 옆으로 걸
으라[海龍王處也橫行]"는 문
구가 인상적이다.

간하다가 노여움을 일으키는 것이 그다음 충이다. 군주의 영예와 치욕
을 가리지 않고 나라의 흥망을 돌보지 않으며 오직 알랑거리면서 봉록
을 지키고 사교를 넓혀갈 뿐인 것은 나라의 도적이다." (『순자』「신도」)

군주에 대한 충성을 충이라 해도 무조건 복종하는 것이 충이 아니란
얘기다. 용기 있게 군주의 잘못을 간언하여 바른길로 인도하는 것이 진
정한 충이다. 무조건 주인에게 복종만 하는 충견忠犬과 사리 판단을 통해
군주를 바른길로 인도하는 충신忠臣은 구별되어야 한다.

명당明堂에 대한
오해

인간은 자연에서 태어나 살면서 자연을 숭배하기도 하고 지배하기도 했다. 자연은 무한한 혜택을 베푸는 존재이면서 동시에 생명을 빼앗는 존재이기도 하다. 오랫동안 농경사회를 이루며 살아온 우리에게는 더더욱 그러했다.

그래서 이 땅에 사는 사람들은 자연의 변화에 민감했고, 순응적이었다. 『역易』을 중요하게 생각한 이유다. 『역』은 자연의 변화 원리를 밝혀준 책이다. 영어로는 '변화의 책The Book of Change'이다. 이 책은 우주의 기원을 태극太極이라 했다. 태극에서 음양陰陽이 나오고, 이것이 분화되어 사상四象이 나오고, 이것이 분화되어 팔괘八卦가 나오고, 이것이 분화되어 64괘가 나온다. 왜 이런 식으로 기호를 정밀하게 나누었을까? 이런 기호는 무엇을 상징하는가?

서양철학자 라이프니츠는 일찍이 선교사로부터 전해 받은 『역』의 음양이론에 관심을 기울였다. 음양은 명제를 대신하는 일종의 상징적인 기호라는 것이다. 이로부터 그는 음(--)은 0에 해당하고 양(-)은 1에 해당하는 숫자로 파악했다. 음양 기호는 수학과 같은 명료성과 확실성을 갖고 있다고 하면서 여기서 논리대수학을 구상했다.

세계적인 역사학자 아놀드 토인비는 음양이론을 통해 역사를 설명했다. '도전과 응전'으로 표현되는 그의 역사이론에는 음양이론이 숨겨져 있다. 토인비는 이를 궁금하게 여기는 한국의 철학자 박종홍에게 대답했다.(『한국의 사상』, 1978) 헤겔의 변증법은 "생의 일부분과 정신적인 경험을 커버하는 데 불과한 한갓된 지적인 것"이기 때문에 한계가 분명하지만, 음양이론은 "자율적인 과정에 의하여 황금의 중용을 보유"하고 있고, 또 "음과 양의 어느 것이나 그것이 극단화하는 경우에는 리듬으로 조절하는 운동으로 변하는 것"이라고 했다. 토인비의 역사관이 서양 사상보다도 동양사상에 기반하고 있음을 알게 하는 내용이다.

그러나 기호로 표현된 『역』의 원리는 추상적 원리나 관념적 가치보다 인간의 생명과 직결된다. 태극은 인류 만물의 근원을 밝힌 것이고, 음양은 인류 만물이 나오는 가장 기본적인 요소다. 절대자로부터 남녀와 암수가 나와 인류와 만물을 낳았고, 그것이 확대되어가는 과정을 설명한 것이다. 또 확대 재생산되는 과정 속에서 인류가 추구해야 할 삶의 가치와 선택을 자연스럽게 펼쳐 놓은 것이다.

이 땅은 사시사철이 뚜렷한 냉·온대 기후에 걸쳐있다. 계절이 분명한 풍토는 사람들로 하여금 계절의 요구에 순응하도록 만들었다. 계절에 역행하면 삶을 유지할 수 없기 때문이다. 봄철은 파종하고, 여름철은 가꾸고, 가을철은 수확하고, 겨울철은 저장하며 다음 봄을 준비한다. 만일 조금이라도 이 원리를 거역하면 이 땅에서 살 수 없다. 예컨대 봄에 뿌려야할 씨앗을 여름에 뿌렸다면 열매 맺기 전에 시들고 만다. 맹자는 "자연에순응하는 사람은 살고, 거스르는 사람은 죽는다"(「이루 상」)고 단언했다.

그래서 사람들은 자연의 변화에 민감하게 반응했고 그 자연을 세분화했다. 1년 사계절을 24절기로 나눈 것이다. 이것은 자연의 변화에 좀더 적극적으로 순응하려는 의지의 표현이었다.

인간을 자연의 일부라고 생각한 사람들은 인간의 삶도 자연의 운행처럼 변한다고 여겼다. 그것을 기호 체계로 확립한 것이 『역』의 원리다.

자연을 도가 학자들은 자연 그대로 이해했고, 유가 학자들은 도덕적으로 해석했다. 도가는 자연이 끊임없이 낳으면서 소유하거나 지배하지 않는다고 했다. 유가는 자연을 법칙성과 도덕적인 행위와 연관 지으려고 했다. 하지만 『역』은 유가와 도가 모두의 경전이었다. 자연에서 인간의 삶의방식을 찾으려는 데 공통점을 두고 있기 때문이다.

이렇게 볼 때 『역』은 그렇게 신비한 것만도 아니다. 자연이 봄 → 여름→ 가을 → 겨울 → 봄의 반복되는 시스템 속에서 움직이듯, 인간도 뭔가일정한 틀 속에서 움직일 것이라는 소박한 생각이다. 이를 신비하게 여긴다면 봄에서 여름이 되는 것을 신비하게 여기는 것과 같다. 혹 생활 속에서 가해진 재난이 있다면 그것은 도덕적 행위로 말미암은 당연한 귀결이고, 그것은 신비랄 것도 없다. 극히 자연스럽고 소박한 삶 속에서의 최소한의 도덕적 요청을 하고 있을 따름이다. 재앙을 피하기 위해서는 착하게살아야 한다는 것이다.

문제는 이것을 상업적으로 활용하는 이들의 비역학적·비자연적·비도덕적인 행위다. 아무리 초능력을 지닌 사람이라도 봄을 겨울로 겨울을 여름으로 돌릴 수는 없다. 그러나 이들은 이것이 가능하다고 혹세무민하고 있다. 곧 역학을 하면서 비역학적인 논리를 말하는 것이다. 자연주의 철학을 자연에 반하는 철학으로 매도하는 것이다.

사시사철이 뚜렷한 지역에서 자연주의 철학이 발달한 것은 자연스럽다. 삶 속에서 삶의 지혜가 그렇게 표현된 것이다. 여기서 풍수론도 나왔다. 살기 좋은 땅과 살기 힘든 땅의 구별은 그저 체험과 직관을 통해서 가려질 뿐, 엄청난 지식이나 기력氣力을 요구하지 않는다.

북반구에 위치한 한반도는 냉·온대 기후의 특성상 겨울철에는 매서운 북서풍을 피해야 하고, 여름철에는 고온다습한 더위를 피해야 한다. 이 조건을 두루 갖춘 곳이 건강한 삶의 필수조건이다. 특히 과학이 덜 발달한 옛날에는 이런 곳을 선점한 사람이 그렇지 못한 사람보다 건강한 삶을 살 수 있었다. 또 그런 사람이 사회 진출의 기회도 더 많았다.

그러나 이제는 인간이 자연의 기운까지도 움직일 수 있는 시대가 되었다. 그럼에도 불구하고 아직도 극히 자연스러운 이치를 엄청나게 신비한 현상으로 몰아가면서 재미를 톡톡히 보는 사람들이 있다. 극소수 몰지각한 지도층 인사들이 이에 속수무책일 때도 있다. 문제가 많은 장묘문화는 이런 위정자들이 각성하지 않는 한 절대로 사라지지 않을 것이다.

자연 친화적이고 살기 좋은 명당에 대한 이론이 뿌리 깊은 토템사상과 어우러지면서 이 땅을 더욱 신비하게 만들었다. 우리의 산하를 용龍, 호랑이虎, 소牛, 닭鷄, 거북이龜 등으로 만든 것이다. 그러나 산은 산이요, 물은 물이요, 돌은 돌일 뿐이다.

얼마나 신비주의 풍수론에 약점을 보였기에 일본인들이 이 땅을 지배하면서 그것을 이용했을까? 얼마나 속설이 영험했기에 모두가 잠든 한밤중에 숨죽이며 남의 무덤에 칼침을 꽂았을까? 명산대천의 정기精氣를 꺾겠다고 기를 쓰고 쇠말뚝을 박은 사람이나, 정기를 회복한다고 기를 쓰며 뽑는 사람이나, 개인적인 안녕을 위해 무덤에 칼침 놓은 사람이나, 금속탐지기로 그것을 찾아내려는 사람이나, 신비화된 풍수론에 푹 빠져서 그랬다면 모두가 안타까운 일이 아닐 수 없다.

산업화를 촉진시킨 고속도로 건설에서의 명당론은 훗날 도시의 명암을 바꿔놓기도 했다. 명당인 공주를 비켜 드넓은 밭, 한밭으로 향한 경부고속도로는 충남의 변두리였던 대전을 교통의 중심지로 만들었다. 역시 명당인 고창을 피해 정읍으로 뚫린 호남고속도로는 정읍을 살기 좋은 고장으로 만들었다. 도로가 명당이 아닌 곳을 명당으로 만든 것이다. 요즘 잘나가는 신도시와 기존의 구도심도 마찬가지다. 대개 신도시가 들어선 곳은 논밭이었거나 아니면 길도 없는 그야말로 버려진 땅이었다. 하지만 그곳은 현대판 최고의 명당이 되었다.

자연이 보존되어야 인간이 살 수 있다. 이것은 어디까지나 생태학적 결론이지 신비화된 풍수론과는 거리가 있다. 명당이란 본래 세상을 밝혀준다는 의미였지, 풍수론과는 무관했다. 정치와 교화로 세상을 밝혀주는 궁궐터가 명당이었다. 윤리를 밝혀주는 곳이 명륜당이고 보면 명당이란 그 기능이 중요한 것이지 풍수적인 지세는 중요하지 않다. 다시 말해 궁궐이나 학교가 있는 곳이 명당이었다. 이것을 오늘날 환경에 맞게 응용한다면 청와대와 국회의사당은 당연히 명당이다. 하지만 그곳에서 하는 일들이 내내 세상을 밝혀주기보다는 어둡게 한다면 명당일 수 없다. 그것이 비록 지하실에 있을 지라도 세상을 향한 빛의 역할을 한다면 최고의 명당인 것이다.

역易에 숨겨진
뜻

동양의 역사와 문화는 역易을 모르고
서는 이해할 수 없다. 가장 방대한 한자사전 가운데 하나인 모로하시의
『대한화사전』에 소개된 역의 의미는 28가지나 된다. 그 가운데 가장 대표
적인 뜻을 간추리면 크게 네 가지로 말할 수 있다. "바꾸다, 바뀌다, 쉽다,
평안하다." 전혀 다른 네 가지 의미이지만, 보기에 따라서 전혀 다른 것도
아니다.

동양사회는 전통적으로 농업을 주로 하면서 살아왔다. 농경사회에서
가장 중요한 문제는 자연의 변화다. 자연의 변화에 민감했고, 그 변화에
능동적으로 대처하지 못하면 생존할 수 없었다. 변화무쌍한 자연은 봄,
여름, 가을, 겨울처럼 정해진 이치에 따라 변하기도 하지만 이상기후나 자
연재해처럼 전혀 예측할 수 없는 경우도 있다. 따라서 인간은 정해진 변
화에 능동적으로 대처하면서 동시에 예측 불가능한 변화에도 신경을 곤
두세우지 않으면 안 되었다.

변화의 철학으로 역을 탄생시킨 배경이다. 역은 자연의 변화에 능동적으로 대처하기 위한 동양인의 삶의 지혜가 온축된 작품이다. 자연이 변한다는 사실을 알았기 때문에 인생사도 가변적임을 알았고, 또 그것을 알기 때문에 평안할 수 있었다.

이 원리를 발견하는 것은 쉽지 않았지만, 원리를 안 뒤 삶의 방식을 거기에 맞춰나간다면 세상사가 그리 어려운 것만도 아니란 사실도 알았다. 변한다는 사실을 인정하고 순응하면 세상사는 손바닥 뒤집듯 쉽다고 한 것도 이 때문이다.

왜 변할까에 대한 고민보다는 당연히 변하는 이치에 어떻게 대처할 것인가에 대한 관심이 더 컸다는 것이다. 변한다는 사실[易]을 이해하면 세상만사의 이치가 어렵지 않고 쉽게 이해되며[簡易], 그 이치를 깨달으면 평안할 수 있다는 것이다.

변화에 따른 능동적인 대처가 평안의 주된 요소가 된다는 것이다. 한 번 태평하면 다음엔 혼란이 찾아오고 혼란하면 또다시 평화가 온다는 맹자의 일치일란[一治一亂]이나 변방 노인의 삶을 대변한 새옹지마[塞翁之馬]의 고사도 같은 맥락에서 나왔다.

그렇다보니 역을 이용하여 점치는 일만큼 쉬운 것도 없다. 봄·여름·가을·겨울이 차례대로 이어지듯 인생사의 원리도 같은 이치로 보면 되기 때문이다. 아무리 변화무쌍한 기상이변일지라도 계절을 거역할 수 없기 때문에 큰 흐름만 알면 앞날을 점치는 것은 어렵지 않다는 것이다. 매서운 꽃샘추위가 아무리 봄을 시샘한다고 해도 봄에서 겨울로 다시 돌아가는 것은 아니다.

어려울 때 점집을 찾는 이들이 늘고 있다고 한다. 안타까운 일이 아닐 수 없다. 어렵다는 것은 계절적으로 매서운 겨울을 보내는 것과도 같다. 하지만 아무리 추운 겨울일지라도 영원히 지속되는 것은 아니다. 비록 어렵고 힘들더라도 인내하면 따뜻한 봄날은 어김없이 찾아올 것이다. 그것이 자연의 이치이고 역은 이것을 말해주고 있는 것이다.

세계경제가 심한 몸살을 앓고 있다. 세계경제의 호황을 선도하던 국가들이 너나할것없이 호된 겨울을 맞이한 것이다. 대외 의존도가 어느 나라보다 높은 우리의 경우 더욱 힘든 상황이다. 매일매일 오르락내리락하는 주식과 환율 시세에 일희일비하는 것도 일상이 되었다. 예측 불허의 상황에 불안해하고 있는 것이다. 하지만 세상만사가 늘 변화를 수반하고, 또 그럴 수밖에 없다는 사실을 터득한 우리 선조의 지혜를 생각한다면 그렇게까지 불안에 떨 필요는 없을 것 같다.

경제를 심리心理에 비유하는 것은 의미 있는 일이다. 불안 심리가 더 큰 경제 불안을 조장하기 때문이다. 가뜩이나 혹독한 겨울을 체험하는 이들에게 그것도 가능성만을 갖고 불안 심리를 조장한다면, 그것은 더 큰 추위로 몰아가는 일이다. 조금만 인내하면 반드시 따뜻한 봄날이 올 것이고, 이를 위해 지금은 기초 체력을 다질 때라는 긍정적이고 희망적인 메시지가 변화의 책 『역』이 알려주는 지혜가 아닐까 생각한다.

한자는
왜 계속 늘어날까

얼마 전 산둥성 쩌우핑현|鄒平縣| 룽산|龍山|문화(또는 흑도문화) 유적지에서 갑골문보다 900년이나 앞선 시대의 도기문자가 발굴되어 화제가 되었다. 그동안 갑골문을 기원전 1400년경의 문자라고 공인했는데, 이보다 900년 앞선 문자라면 기원전 2300년경에 해당된다. 그러나 발굴 자료에 대한 정확한 조사와 분석이 아직 남아 있기 때문에 진위는 좀더 지켜보아야 한다.

지금까지 한자의 원형으로 알려진 갑골문은 허난성 뤄양 주변 은허라는 상나라 유적에서 발굴되었다. 발굴 당시 주변 농민들은 마구 쏟아지는 그 거북껍질과 동물 뼈로 용봉탕을 끓여 먹었다. 엄청난 인류 문화유산을 몸보신용으로 먹어치운 셈이다. 다 먹어치우기 전 그 가치를 알게 된 것은 천만다행이다.

상나라는 동이족 정권이 세웠다. 그러므로 한자는 한족의 글자가 아니라, 동이족의 글자다. 상나라는 정권을 빼앗기며 글자도 문명도 함께 빼앗

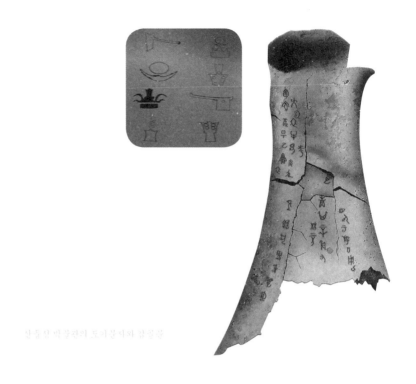

산둥성 다원커우 토기문자와 갑골문

긴 것이다. 물론 여기서 동이족은 한민족이 아니다. 당시 동이족은 한족을 중심으로 동쪽에 거주하는 민족을 통칭했다. 따라서 한민족은 동이족의 일부일 뿐이다.

한자는 처음 상형문자 형태로 시작되었지만, 뜻글자의 속성상 새로운 뜻이 필요할 때마다 새롭게 글자를 만들 수밖에 없다. 문자로서 대단히 난해하게 된 이유다. 어려운 것은 쉬운 것을 만나면 쉬운 것으로 대체된다. 하지만 한자는 새로운 문명과의 만남이 거의 없었다. 고립된 상태에서 수천 년을 이어온 것이다.

보통 세계 고대문명 지역을 말하면, 이집트의 나일 강, 메소포타미아의 유프라테스 강과 티그리스 강, 인도의 갠지스 강, 그리고 중국의 황허를 든다. 그런데 이들 문명은 중국의 황허를 제외하곤 모두 연결선상에 있다. 문명과 문명의 대화가 가능했다는 말이다. 문명 간의 충돌이든 만남이든 그것이 가능하다면 문명은 더 유리한 쪽으로 발전하게 마련이다. 그런데 한자문명만은 고립된 상태에서 수천 년을 지속했다. 동쪽으로는 드넓은 대양이, 서쪽으로는 황량한 사막이, 남쪽으로는 세계의 지붕 히말라야 산맥이, 북쪽으로는 사막과 툰드라 지대가 가로막고 있다. 결국 한자는 고립된 상태에서 발전할 수밖에 없었고, 그대로 성숙했다.

한편으로는 한자가 어렵더라도 굳이 쉬운 글자로 바꿀 필요가 없었을 수도 있다. 대단위 영토와 수많은 백성들을 다스리는 데 높은 문맹률은 오히려 유리할 수도 있기 때문이다. 막상 도가 계열의 지식인들은 백성을 알게 하는 것을 경계했다. 대개 불만은 앎에서 비롯하고 반란으로 이어진다. 일부 식자층만 터득할 수 있는 한자는 그런 점에서 유용했다. "아는 건 힘이고, 모르는 건 약"이란 말도 이 때문에 자연스러운지 모르겠다.

한자의 생명력은 뜻에 있다. 적은 글자로도 많은 내용을 전달할 수 있다. 한문을 한글로 번역하면 보통 1.5배 더 늘어난다. 뜻글자를 소리글자로 푸는 데 따른 결과다. 한자는 비록 비슷한 뜻 같아도 전혀 다르다. '강江'과 '하河'는 모두 물을 뜻하지만 하나는 양쯔 강을 하나는 황허 강을 가리키는 고유명사다. 황허와 양쯔 강은 물줄기도 위치도 다르다. 다름을 글자로 구별한 것이다. 이렇듯 한자는 끊임없이 새로운 글자를 탄생시킨다.

청나라 시절 만들어진 중국 최대의 사전인 『강희자전』에는 모두 4만

9030자가 수록되었다. 1986년 일본에서 출판된 세계 최대의 한문사전인 모로하시 데쓰지諸橋轍次의 『대한화사전』에는 4만 8902자가 수록되었다.

글자 수가 늘어나는 데에는 그만한 이유가 있다. 뜻이 있으면 그에 따른 글자가 필요했기 때문이다. 하늘을 뜻하는 '천天' 자 아래 새를 뜻하는 '조鳥'가 합쳐진 것을 '궉鳥'이라고 한다. 궉은 한국에만 있는 글자다. 한국에서 생겨난 성씨다. 18세기 실학자 이덕무의 고증에 따르면 순창이 본관인 궉씨 자손들에게 사대부가 적지 않았다고 한다. 옛날에 성이 없이 사는 사람에게 지방관리가 성이 무엇이냐고 따져 물었다. 그때 그 사람은 어머니가 밭에서 김을 매고 있는데 난데없이 폭한이 나타나 겁탈을 해서 태어난 몸이라 아버지가 누구인지 몰라 성을 모른다고 했다. 봉변당하고 정신을 차려보니 폭한은 간데없고 큰 새 한 마리가 "궉~궉~" 소리 내며 날고 있었다는 어머니 말을 전하자 관리는 그에게 하늘 '천' 자와 새 '조' 자를 합해서 성을 만들어주었다는 이야기다.

한자가 어떻게 만들어지는가를 잘 알려주는 이야기다. 필요하면 기존의 글자를 조합해서 만들 수 있는 게 한자다. 물 '수水' 아래 밭 '전田'을 조합하면, 논 '답畓'이 되는 이치다. 논 답도 한국에서 만든 글자다. 밭농사보다는 논농사가 중심이었기 때문에 한자의 생명력을 최대한 살려 한 글자로 표현한 것 같다. 막상 중국에서는 논을 '수전水田'이라 썼다. 한자의 생명은 단어보다는 한 글자로 표현하는 데 있다. 따라서 논을 상징하는 '답'은 '수전'보다 한자의 특징을 잘 표현한 것이다.

막상 한자는 뜻과 뜻이 만나 이뤄진 회의글자와 음과 뜻이 만나 이뤄진 형성문자가 대부분이다. 이것으로 봐서도 새로운 글자는 글자의 조합으로 얼마든지 만들 수 있다. 새로운 뜻이 필요하면 한자는 이런 조합에 의해 글자를 만든다. 이렇게 하다보니 수만 자가 생겨났다. 그것도 사전에 기록된 것만 5만 자 이상이고 사라진 글자도 엄청날 것이다. 그래서 중국 사람들 본인도 모르는 것이 인구와 글자 수, 두 가지라는 이야기도 나왔다.

그런데 아무리 글자 수가 많아도 1500자 정도만 알면 일상생활에 불편함 없이 오히려 풍족한 문화생활을 누릴 수 있다. 3000자 정도를 알면 작품도 쓸 수 있다. 5만 자 정도 되는 글자 가운데 막상 사용하는 글자는 10퍼센트가 한참 못 되는 셈이다.

정보화 사회 속에서 자판으로 해결할 수 없는 글자가 한자이지만 새로이 개발된 프로그램은 자음 몇 글자로 한자 표기를 가능케 했다. 한자가 더이상 현대사회에 어울리지 않는 글자라고 할 수 없게 됐다. 비록 제한된 글자이긴 하지만 자음과 간단한 모음으로 타자할 수 있는 프로그램이 개발되면서 소리글자인 영어나 한글보다도 입력 속도가 더 빨라졌다. 거기에다 뜻글자의 속성을 최대한 살리면 적은 수의 글자로도 많은 내용을 알릴 수 있으니, 비록 글자는 복잡해도 그런대로 쓸모 있는 글자가 한자 아닐까 생각한다.

|열하나|
가난함이
공자를 만들었다

　　자타가 공인하는 인류의 위대한 스승들에게는 항상 숱한 전설과 일화가 따라다닌다. 수많은 세월이 흐르면서 그들의 삶과 사상은 각색 또는 포장되었다. 한번 위대한 스승의 반열에 오르게 되면 그를 추종하는 무리들은 시대를 초월해가며 그를 포장하고 확대 재생산한다. 한편으로는 종교적으로, 다른 한편으로는 사상적으로 절대적인 권위를 부여하며 보통 사람들과 거리를 벌려놓는다. 여기에 공자도 예외일 수 없다.

　　거기에는 신성한 내용도 있고, 비난하는 내용도 있다. 추종자들이야 더 신성해지길 원할 것이고, 경쟁관계에 있다면 좀더 비난하고 깔아뭉개고 싶은 충동이 일 것이다. 그런데 둘 다 사실의 왜곡이란 점에서는 마찬가지다. 사실에 대한 왜곡은 위대한 사상가의 진면목을 가리는 행위일 뿐이다. 그나마 믿을 만한 역사 기록이 남아 있어 취사선택할 수 있다면 다행스러운 일이다.

누구나 감추고 싶은 부끄러운 과거가 있다. 그러나 장기적인 안목에서 그 부끄러움은 더 인간적이고 친밀함을 더해주는 요소가 된다. 인간이 바라고 추구하는 것은 이상적인 인간이지만, 그래도 인간미 넘치는 것보다 소중한 건 없다. 위대한 성인으로 비춰지는, 그래서 가까이 갈 수 없는 공자보다는 일상적인 인간 공자의 모습이 더 친숙하게 느껴질 것이다.

공자에 대한 전설과 일화는 극과 극을 달리며 2500년간 이 땅의 중심 문화로 뿌리내렸다. 그렇다면 공자는 진위 여부를 떠나 2500년간 포장된 것이다.

공자의 아버지는 숙량흘이고 어머니는 안징재이다. 그의 조상들은 대대로 송宋나라의 귀족으로 있다가 할아버지 공방숙 이후로 노魯나라에 정착했고, 아버지 숙량흘은 추읍鄹邑의 대부가 되었다고 한다. 공자의 조상들은 멸족 왕조인 은나라의 후예가 세운 송나라에서 살았고, 공자는 주나라 후손이 세운 노나라에서 태어난 것이다.

그리고 보면 공자는 은나라와 주나라의 후손들이 세운 양대 세력의 갈등을 직·간접적으로 체험하며 살았던 것이다. 증조 때 노나라로 이사한 것은 송나라 귀족 출신으로서는 대단한 결단이었다. 이사한 사유는 알 수 없지만, 아마도 정치적인 이유 때문이 아닐까 생각된다. 은을 멸한 주나라, 그리고 주나라 직계가 세운 노나라라고 했을 때, 멸족 왕조 은나라의 후예인 송나라 귀족으로서 원수와도 같았을 노나라로 이사한 것은 새로운 정권에 대한 강한 열망이 없고서는 불가능했을 것이다. 막상 노나라로 이사한 공자의 부친은 대부의 자리에 올랐으니 이런 정치적인 모험은 성공한 셈이다.

산둥성 공묘 입구 만인궁장. 자공은
자신을 일반 집 담장높이에 비유하고
공자를 만 길이나 되는 높은 담장에 비
유하며 공자를 기렸다.

산둥성 취푸曲阜의 공자 탄생지 니산.
언덕 위로 니산서원. 아래 물이 고인
곳은 공자 어머니 안징재가 기도했다
는 부자동. 정비사업 중 큰 비가 내려
그만 물이 고였다.

　이렇듯 공자의 선조들은 멸망한 왕조든 새로운 왕조든 시대에 잘 적응
하며 살았던 것이다. 그런 가운데 공자는 태어났고, 그의 역사관 속에서
는 은나라와 주나라의 관계를 대립이 아닌 보완과 계승으로 설명했다. 이
것은 그가 주장한 중용 논리의 산물일 것이다.

　공자의 아버지 숙량흘은 어찌 보면 적대국일 수도 있는 노나라에서 성
공했으니, 처세에 능했다고 할 수 있다. 덕분에 공자는 노나라 명문대가
의 유복한 집안에서 자라날 수 있었다. 그런데 공자는 어린 시절 매우 가
난했다고 말한다.

제자들이 공자의 재주가 좋음에 감탄하며 군자는 "재주가 좋아야 하는가?"라고 물었을 때, "(나는) 어린 시절 너무 가난해서 재주가 많게 되었다"(『논어』 「자한」)고 답했던 것이다.

명문대가의 다복한 집안 출신인 공자가 왜 가난했을까? 그의 연보에는 부친 숙량흘이 공자 나이 세 살 때 돌아가셨다고 전한다. 일찍 부친을 여읜 공자는 생활의 부담을 크게 받았던 것 같다. 아니면 기울어가는 귀족 가문의 운명을 공자 당대에 와서 경험했을 수도 있다. 또 대부의 지위에 있던 공자의 부친이 축재와는 담을 쌓은 청백리였을 수도 있다. 물론 다른 속사정도 가능하다. 그 속사정이 있다면 아마도 사마천의 기록에 남아 있지 않을까?

사마천의 「공자세가」에 따르면 공자는 숙량흘의 세 번째 부인 안씨에게서 나왔다. 숙량흘은 첫 번째 부인 시씨에게서 아홉 명의 딸만 두었고, 둘째 부인에게서는 맹피라는 아들을 얻었지만 건강하지 못했다. 이를 아쉽게 생각하고 셋째 부인 안씨를 통해서 공자를 낳았던 것이다. 공자의 자가 중니仲尼인 걸로 보아 공자가 둘째였음은 분명하다.

그렇다면 공자는 적어도 아버지가 돌아가시기 전 세 살까지는 귀염둥이였을 것이다. 하지만 세 살 이후부터는 애물단지로 전락했을 것도 같다. 본부인의 아들도 아니고, 장남도 아니었으니 서자로서의 설움을 톡톡히 받았을 것이기 때문이다. 공부가 늦어진 것도 아마 이 때문이 아니었을까? 본인 스스로 학문에 뜻을 둔 때가 열다섯이라 했는데, 결코 이른 나이가 아니다. 서른 살에 자립自立했다는 것도 한참 늦은 나이이다. 어린 시절의 가난 때문이었을 것이다.

그러나 공자가 가난을 통해 보통 사람들이 겪는 삶의 고통을 몸소 체험했다는 데 의미가 있다. 사상가로서 가난이 부끄러움이나 약점이 될 수는 없다. 오히려 생을 풍요롭게 할 수 있는 계기가 될 수도 있다. 그래서 공자는 "적은 것을 걱정하지 않고, 고르지 못함을 걱정하며, 가난함을 걱정하지 않고, 편안하지 않음을 근심한다"(『논어』 「계씨」)고 했던 것이다.

오늘날에도 나이 많은 학생들이 있는 학과의 수업 분위기는 갓 고등학교를 졸업한 학생들이 주로 모인 학과와 비교된다. 나이가 들어 학교에 입학한 사람들은 각기 사연이 있다. 대개는 넉넉하지 못했던 가정환경이 그 원인이다. 학업을 중단할 수밖에 없었던 기구한 사연이 경제 문제에 있다는 것이다. 공부가 싫어서 그만둔 것이 아니기 때문에 훗날 다시 공부할 수 있는 기회가 주어졌을 때 남다른 결의와 열망을 보이는 것이다. 아마도 공자가 보여준 학문에 대한 열정도 이렇지 않았을까? 스스로 타고난 천재[生而知之]라기보다는 공부해서 지식을 터득했다[學而知之]고 한 것은 보통 사람들에게는 위안이 아닐 수 없다. 물론 꽉 막혀 있으면서도 공부할 줄 모르는 사람[困而不學]들이 아닌, 그래도 학문의 즐거움을 아는 보통 사람들이다.

청소년 시절 곤궁했던 공자가 처음 직업을 갖게 된 것은 20대의 일이다. 그가 맡은 일은 창고 관리[委吏]와 목장 관리[乘田] 등의 극히 말단직이었다. 비록 하급관리였지만 그는 최선을 다했다. 그로 인한 결실도 매우 좋았다고 기록한다.(『맹자』 「만장하」) 말단직에 충실한 것은 작은 일이라도 최선을 다하는 인간의 바람직한 모습이다. 동시에 낮은 자리에 처한 이들의 삶을 몸소 체험할 수 있는 절호의 기회이기도 하다. 그가 위대한 사상가로 클 수 있었던 것은 결국 가난한 백성들 가까이에서 호흡할 수 있는 기회가 있었기 때문이다.

만일 그가 왕조의 후예이고 남부럽지 않은 문벌 귀족의 자손으로 신분이 지속되었다면 그의 사상은 서민과 괴리되었을 것이다. 그가 중시한 것도 타고난 집안의 내력이나 천부적 소질보다는 후천적 노력과 충실한 삶이었다.

그는 교육자로서 사람들을 가르칠 때에는 신분을 가리지 않았다. 일명 "유교무류有教無類"다. 제자들의 면면을 보더라도 귀족 출신부터 부유한 자, 가난한 자 모두 있었다. 다만 그가 학문을 가르치며 중요하게 생각한 것은 "배우는 것에 싫증내지 않고, 가르치는 것을 게을리 하지 않는 것"(『논어』「술이」)이었다.

공부하는 데에는 여러 종류의 사람들이 있다. 어떤 사람은 나면서부터 천재적인 소질을 갖고 태어나고, 어떤 사람은 배워서 일정한 경지에 이르고, 어떤 사람은 불통不通하면서도 배우려 들지 않는다. 여기서 중요한 것은 배우려고 하는 의지와 자세다. 타고난 것을 기준으로 한다면 공자는 평범한 사람이었지만, 인류의 대스승이 될 수 있었던 것은 부단한 노력과 헌신이 뒷받침되었기 때문이다.

벌목과 사냥이
효와 무슨 관계인가

"우산牛山은 전국시대 제나라 남쪽에 있던 산 이름이다. 우산에는 아름다운 나무들이 가득했다. 그런데 주변에 큰 도읍이 들어서면서 아름다운 나무들은 하나둘 땔감으로 잘려나갔다. 소나 양을 방목하면서 우산의 초목은 사라지기 시작했다. 우산에는 이제 어떠한 초목도 살지 못하게 되었다. 그 후로 사람들은 우산을 원래부터 벌거벗은 산이라고 여겼다."

『맹자』「고자 상」에 나오는 말이다. 처음부터 초목이 없는 산은 없다. 초목이 사라지면서 벌거숭이산이 되었다는 이야기다. 물론 이 이야기는 인간의 본성이 처음부터 양심이 없는 것이 아님을 설명하려는 비유에서 나왔다. 이 글의 초점이 비록 거기에 있다 하더라도 자연의 소중함을 생각하지 않을 수 없다.

매년 지구온난화를 말할 때면 사막화를 동시에 말한다. 사막은 어떠한

사막화의 현장. 중국 신장웨이
우얼 자치구 상공

생명도 허락하지 않는 황무지와도 같다. 하지만 사막이 처음부터 그랬던 것은 아니다. 세계 최대의 사막인 사하라도 본래는 초원지대였다. 초목이 사라지고 동식물이 죽어가면서 사막이 된 것이다. 기후변화를 주된 원인으로 말하지만, 인간의 무분별한 개발과 터전 확대도 무시할 수 없다.

그렇다고 자연을 무조건 보존만 하는 것도 능사는 아니다. 자연을 적당히 이용하면서 보존하는 것이 필요하기 때문이다. 일찍이 맹자는 「양혜왕 상」에서 이것을 알려주는 예를 들었다.

"농사철을 어기지 않으면 거기서 나오는 곡식은 다 먹을 수 없을 정도로 넘칠 것이고, 촘촘한 그물을 웅덩이와 연못에 넣어 저인망식으로 잡지 않으면 거기서 자라는 물고기를 이루다 먹을 수 없을 것이고, 도끼를 갖고 함부로 산림에 들어가지 못하게 하면 거기서 나는 재목을 다 쓸 수 없을 것이다. 곡식과 물고기를 이루다 먹을 수 없으며, 재목을 다 쓸 수 없을 정도가 된다면, 이는 백성으로 하여금 산 사람을 봉

양하고 죽은 자를 장사함에 유감이 없게 하는 것이다. 산 사람을 봉양
하고 죽은 자를 장사함에 유감없게 하는 것이 왕도정치의 시작이다."

자연을 적절히 보호하고 활용하면 최적의 상황에서 인간답게 살 수 있
는 조건이 형성된다는 말이다. 그런데 인간은 자신의 욕심을 채우기 위해
이 원칙을 너무나 쉽게 저버렸다. 필요 이상의 것을 요구하면서 함께 살
아가야 할 동식물이 고갈되었다는 것이다.

동식물이 사라진 환경에서 인간은 살 수 없다. 아무리 인간이 뛰어난
존재라 하더라도 자연환경 없이는 삶을 영위할 수 없다는 것이다. 모든
행위의 근본인 효를 자연환경과 연결시킨 것은 그렇기 때문에 매우 적절
하고도 타당하다.

증자가 "수목을 때에 맞추어 베고, 새와 짐승을 때에 맞추어 잡아야 합
니다"라고 하자 공자는 "한 그루의 나무를 베더라도 또 한 마리의 짐승을
잡더라도 때에 맞추어 하지 않으면 효도가 아니다"(『대대예기大戴禮記』「증
자대효」)라고 했다. 증자는 인간의 상식적 도리로서 동식물 보호를 말했지
만, 공자는 당위 법칙으로 이를 다시 설명하며 강조한 것이다.

효와 자연보호, 전혀 관계없을 것 같은 양자를 동양의 고전은 함께 말
하고 있다. 인간관계를 기본으로 하는 도덕 윤리로서의 효를 대상적 존재
인 자연과 결부시키고 있는 것이다. 이렇게 인간의 최고 덕목인 효를 자연
보호와 연계한 것은 인간이 자연을 등지고서는 인간관계는 물론 자신의
생명도 보존할 수 없기 때문이다.

예禮는 발을
열심히
움직이는 것

사람은 남과 더불어 살아가는 존재다. 태어나는 순간부터 혼자가 아닌 함께라는 인연을 맺게 된다. 동양에서 최고의 윤리 덕목으로 꼽는 인은 사람이 사회를 떠나 홀로 살아갈 수 없는 존재임을 의미한다.

'인'이라는 글자는 인人과 이二가 합쳐져 이루어졌다. 이것은 '인'이 사람다움의 기본이며 두 사람 이상이 사회관계 속에서 서로 조화를 이루며 살아가는 것을 뜻한다. 또 개개인의 본성을 만남이라는 형식을 통해 완성해야 한다는 뜻도 내포하고 있다. 만일 사람이 사회적인 관계를 떠나 무인도에서 살아간다면 생물학적으로 인간은 될 수 있을지 모르지만 사회적인 인간, 즉 개인의 본성을 실현하는 인간은 될 수 없다. 남(타인)과의 관계성을 중시하는 분위기는 우리 생활과 문화에도 잘 드러난다.

한국인은 어떤 음식을 먹다가 마지막 남은 한 조각은 잘 먹지 않고 남기는 버릇이 있다. 그것을 집어먹을 수도 있지만 그렇게 하기는 왠지 겸연

쩍고 얌체 같다는 생각이 들어서다. 마지막 남은 한 점은 먹지 말자고 약속한 것도 아니고 또 마지막 남은 한 조각을 먹으면 불행이 닥친다는 미신이 있는 것도 아닌데, 대개의 경우 하나를 남긴 채 자리를 마치게 된다.

이는 여러 개가 있을 때에는 '우리'라는 자격으로 그것을 먹을 수 있지만, 마지막 한 개가 남았을 때에는 먼저 다른 사람이 부족하지나 않을까 하는 마음에 손이 잘 나가지 않게 되는 것이다. '나'를 우선시하는 외국인한테는 체면을 중시하는 겉치레로 보일지 모르나, 그 속에는 '우리'와 '남'에 대한 속 깊은 배려정신이 들어 있다.

또 대화를 할 때에 '나'보다 '우리'라는 용어를 익숙하게 사용한다. 아무리 형제가 없는 무남독녀라도 '내 집'은 '우리 집'이고, '내 부모님'은 '우리 부모님'이다. 우리에게 '내 어머니' '내 집' '내 학교' '내 나라'라는 말은 어딘지 모르게 어색하게 들린다. 일처다부, 일부다처제도 아니면서 '우리 아내' '우리 남편'이 더 익숙하듯 우리는 '우리' 아닌 것도 '우리'라 해야 자연스럽다.

이것은 한국인의 의식 속에 단독 소유의 개념이 지극히 빈약하고, 남과 내가 독립된 개별자가 아니라 하나로 연결된 존재라는 생각이 뿌리 깊게 내재해 있음을 의미한다.

식당에 가도 커피숍에 가도 혼자 앉는 식탁은 별로 없다. 홀로 찾는 사람이 많지 않기 때문이다. 만일 홀로 앉아 커피를 마신다면 주변으로부터 이상한 시선을 받기 십상이다. 여행을 다녀도 함께, 밥을 먹어도 함께, 차를 마셔도 함께, 춤을 춰도 함께, 노래를 불러도 함께하는 '우리' 특성을 여실히 보여준다. 이것은 영락없는 공동체 문화다.

여기서 남과 더불어 조화롭고 좋은 관계를 형성하기 위하여 예절 생활의 필요성이 제기된다. 예절은 무리지어 사는 사람들이 약속해놓은 생활 방식으로서 '예의禮儀'와 '범절凡節'의 준말이다. 예의는 남의 인격을 존중하고 사랑하는 마음을 나타내는 말투나 몸가짐이며, 범절은 이것을 일상생활에서 일의 절차에 맞게 행하는 것을 말한다. 그러므로 예절은 상대방의 인격을 존중하는 마음을 상황에 맞는 형식으로 표현하는 행위라고 할 수 있다.

하지만 언제부턴가 서구적인 개인주의가 판을 치면서 예는 사라지고, 예를 고리타분한 것이라 생각하게 되었다. 심지어 일부에서는 예의 부정적 요소를 구체적으로 적시하기도 했다.

첫째, 상하귀천의 존비 등급을 규정하는 봉건예교라는 지적이다. 단순히 상명하복의 질서를 문제 삼는 것이 아니라 상하를 귀천으로 몰고 가면서 신분적인 등급을 매기는 데 대한 비판인 것이다.

둘째, 한번 정해진 틀을 바꿀 수 없게 만드는 수구 논리라는 지적이다. 현대사회의 다양한 변화에 능동적이기보다는 전통을 강조하고, 나아가 옛것을 교조적으로 엄격히 지켜야 한다는 경직된 논리가 예를 강조하는 데서 나온다는 비판인 것이다.

셋째, 수직적 질서를 강제하며 사회변동을 억제하는 봉건윤리라는 지적이다. 현대 민주사회의 가치 이념인 수평적 질서를 역행하는 수직적 질서야말로 청산되어야 할 과제이며, 그 한복판에 예를 강조하는 봉건윤리가 자리하고 있다는 것이다.

넷째, 인간의 개성을 말살하고 공동체의 질서만을 강제하는 반동사상이라는 지적이다. 민주주의의 한 축이라고 할 수 있는 개인의 가치와 이념을 공동체를 강조하는 예 사상을 강조하다보면 그것이 현대사회에 맞지 않는다는 비판인 것이다.

한마디로 예는 불필요한 봉건 잔재라는 지적이다. 막상 전통적인 예 사상을 살펴보면 그럴 만한 단서가 없는 것도 아니다. 예컨대 "예가 아니면 보지도 말고, 예가 아니면 듣지도 말고, 예가 아니면 말하지도 말고, 예가 아니면 행동하지도 말라"(『논어』 「안연」)는 공자의 말을 생각한다면 그럴 것도 같다. 이런 식으로 예를 온전히 지킨다면 아마도 눈과 귀와 입을 닫아두고 몸뚱이는 꼼짝 말고 가만 놔두어야 할 것이다.

"예가 아니면 보지도 말고 듣지도 말고 말하지도 말고 행동하지도 말라"는 말은 공자의 수제자 안연이 어떻게 하면 바른 '인간관계(仁)'를 유지할 수 있느냐는 질문에 대한 답에서 나왔다. 처음에는 "나를 절제하고 예(질서)를 실천하는 것"(「안연」)이라 했다. 자기의 사사로운 욕심을 이기고 예를 회복할 것을 요청한 것이다. 나아가 공자는 "하루라도 나를 절제하고 예를 실천한다면 천하 사람들이 바른 인간관계를 유지할 것이다. 바른 인간관계란 나부터 실천하는 것이지 남으로부터 되는 것은 아닐 것이다"(「안연」)라고 했다. 이 같은 맥락에서 공자의 시視·청聽·언言·동動에 대한 말이 나온 것이다.

그렇다면 왜 이런 말을 했을까? 공자가 살았던 춘추시대로 돌아가 보자. 국가 간 빈발했던 전쟁은 주지의 사실이다. 사회적으로 귀족들은 남녀 가릴 것 없이 음란의 극치를 달렸다. 정치적으로 군신君臣·부자父子 간의 하극상 역시 난무했다. 그야말로 전쟁이라는 특수한 환경은 최소한의 윤리마저도 실종된 극히 문란한 사회를 만들었다. 이 상황을 목도한 지도

자라면 당연히 국가와 사회를 구제할 치유책을 찾지 않을 수 없었을 것이다. 이로부터 공자는 혼란의 근본 원인이 개인의 욕심에서 비롯됨을 깨닫고 사회질서[禮]를 위해서는 개인의 사사로운 욕심은 절제되어야 한다고 말한 것이다.

어느 시대가 됐든 사회 혼란은 남을 배려하지 않고 자기만 고집할 때 일어난다. 혼란의 근본 원인이 사사로운 욕심에서 비롯된다는 말이다. 그렇다면 당연히 혼자 사는 세상이 아닌 함께 사는 세상이라면 자신을 절제하고 공동체의 질서를 우선해야 할 것이다. 그로부터 '극기복례'와 '시청언동視聽言動'의 주의는 필수불가결한 요건이 될 수밖에 없었을 것이다.

예의 본질

예禮의 고자는 풍으로도 발음하는 례豊다. 나중에 제사를 의미하는 시示가 더해져 예禮가 됐다. 갑골문에 보이는 례豊는 윗부분은 옥玉, 아랫부분은 술이 달린 북 고鼓다. 북은 제사·제의祭儀 등에서 신을 경건하게 모시기 위한 도구이고, 옥玉은 제사에 쓰던 예옥禮玉을 의미한다. 따라서 례豊는 옥과 북을 동원해서 경건하게 신을 모시던 행위를 가리켰다. 그것이 인간관계에 적용된 것이다.

그렇다면 일상의 예란 신을 존중하듯 인간에게도 그렇게 하라는 뜻이 내포되어 있다. 모든 인간은 신 앞에 동등한 존재다. 인간은 누구나 하늘이 명한 본성을 부여받았고(유교), 인간은 누구나 똑같이 깨달을 수 있는 마음을 지녔고(불교), 인간은 누구나 하나님의 형상대로 태어났다(기독교).

이렇듯 유교·불교·기독교 등 대다수의 종교가 공히 인간의 본질적 평등을 말했다. 따라서 예의 본래 의미가 제사(예배) 의식으로서 하늘天·불타佛陀·하나님을 제사(예배)하는 것이라면, 그것이 인간관계의 예로 적용될 때에는 역시 그런 마음으로 상대를 대하라는 뜻이 될 것이다.

그런데 오랜 인류 역사가 만들어놓은 제도는 인간을 계급적 차별 질서로 자리매김하고 예의 본래성을 상실케 했다. 공동체 속에서의 역할 분담이 신분 차별을 만든 것이다. 그러나 역할에 따른 계급적 질서는 있을지언정 신분에 따른 차별은 존재하지 않았다. 상급자가 되었든 하급자가 되었든 인간은 천부의 인권을 지닌 존재이기 때문에 누구나 예로서 대접받을 자격이 있다는 것이다.

선진시대 작품으로 알려진 『국어國語』란 책에 등장하는, 지금은 전하지 않는 『예지』 「진어」 편의 내용이 흥미롭다.

"다른 사람에게 부탁을 하려면 반드시 자신이 먼저 다른 사람의 부탁을 들어주고, 다른 사람이 자신을 사랑하기를 원한다면 반드시 자기가 먼저 다른 사람을 사랑하고, 다른 사람이 자신을 따르기 위한다면 자신이 먼저 다른 사람을 따라야 하며, 다른 사람에게 은덕을 베풀지 않으면서 도리어 다른 사람에게 구하는 것은 죄다."

마치 신약성경의 "속옷을 갖고자 하는 자에게는 겉옷까지도 주며 억지로 5리를 가자고 하거든 그 사람과 10리를 동행하고 네게 구하는 자에게 주며 네게 꾸고자 하는 자에게 거절하지 말라"는 내용의 화법이 연상된다.

『예기』「곡례 상」편에서는 "앵무가 능히 말을 하나 날짐승에 지나지 않고 (원숭이의 일종인) 성성猩猩이 말을 하나 금수에서 벗어나지 못한다. 이제 사람이 예가 없다면 비록 말을 하나 또한 금수의 마음 아니겠는가?"라고 했다. 평등한 인간관계에서 오가는 언어에 '예'가 없다면 금수와 다름 없다는 지적이다.

미국의 많지 않은 동양학 연구자 가운데 한 사람으로 하와이대학교의 로저 에임스 교수가 있다. 그는 헨리 로즈먼트와 함께 『논어』를 영어로 번역하기도 했는데, 그가 이런 말을 했다.

> "공자가 말한 예의 의미를 이해하는 데 가장 큰 장애물은 예라는 개념에 익숙하여 우리가 그 의미하는 바를 온전히 이해하고 있다고 생각하는 것을 버리는 데 있다."(『동양철학, 그 삶과 창조성』)

일상에서 예를 몰라 실천하지 않는 경우는 드물다. 어떻게 하는 것이 예라는 사실은 이미 다 알고 있다. 그러나 알고 있다고 스스로 자부하면서 실천하지 않는다면 그건 예를 모르는 것과 같다.

중국에서 가장 오래된 사전인 『설문해자』에서 "예는 실천이다"라고 했다. 또 이를 주석한 단옥재는 "이履는 발이 의지하는 바이다"라고 풀었다. '예'와 '이履'가 모두 실천적 의미임을 확인시켜주는 내용이다. 로저 에임스는 '예'와 '이'는 고대 발음 체계상 같다고 하면서, 현대식 의미로 부연하며 예란 이론이 아닌 실천이라고 했다. "예는 우아하고 개성적으로 수행 실천되는 존경의 고상한 패턴"이라는 것이다. 예와 같은 어근을 갖고 있는 몸 체體도 그런 의미에서 이론보다는 실천적 맥락에서 이해되는 글자다.

막상 『예기』 「제의」 편에서는 "예란 이것[孝]을 실천하는 것"이라고 했다. 실천의 구체적인 내용으로 효를 지목한 것이다. 에임스 교수도 예를 "삶의 연속적인 성장과 확충의 과정"이라고 하면서, 인간이 인간다워지고 인간 으로서 성장하고 역할을 확충하는데, 예가 가장 크게 작용한다고 했다.

밥상머리 예절

『예기』 「예운」 편에 "예의 처음은 음식에서 비롯한다"라고 했다. 의식주 는 인간 삶의 기본이고, 그 가운데서도 음식은 생명과 직결되는 요소다. 예의 시작을 음식에 둔 것은 기본적인 생명질서와 관계있다는 것이고, 요 즘 식으로 말하자면 식사예절이 예의 시작이란 것이다. 사실 고대사회의 열악했던 식생활을 생각한다면 음식에 따른 철저한 규율은 절실히 요청 되었을 것이다. 그로부터 예의 시작을 음식이라 했던 것이다.

언론인 고故 이규태 선생의 어린 시절 밥상 체험담은 비록 시대가 달라 졌어도 참고함직하다. 그는 어린 시절 어머니로부터 철저한 '밥상교육'을 받았는데, 그가 지적한 밥상교육의 내용을 한 대목씩 살펴보며 그 의미를 되짚어보자.

"나는 소학교에 들어가기 이전부터 할아버지와 겸상을 해서 밥을 먹었다. 나중에 안 일이지만 조손간祖孫間의 겸상은, 멀어지기 쉬운 조손간의 정을 가깝게 하려는 뜻에서가 아니라 실생활의 버릇을 가르치는 가정교육의 한 교과과정이었던 것이다." (『한국학에세이』)

아마도 부친의 빈자리 때문에 할아버지와 겸상한 것 같다. 만일 부친이 계셨다면 3대가 한 상에서 식사했을 것이다. 여기서 중요한 것은 '조손간의 정'을 돈독히 한다는 의미다. 일종의 '부자유친父子有親'의 자리인 것이다. 그런데 상식적으로 아버지와 자식은 이미 친한 사이인데 무슨 소리인가 반문할 수 있다. 조용한 학생들에게 선생님이 '조용해!'라고 한다면 선생님이 이상한 사람이 되듯 이미 친한 아버지와 자식 사이에 친해야 한다니 무슨 말일까? 그러나 막상 고대사회의 가족문화를 생각한다면 그럴 수밖에 없다. 아버지를 뜻하는 '부父'란 글자만 보아도 알 수 있다. 父는 두 개의 도끼자루가 교차한 상형문자다. 아버지를 도끼로 묘사한 것은 가족의 생계와 관련이 있다. 가족의 생계를 위해서 아버지는 사냥 같은 바깥일에 종사했다는 말이다. 그렇다면 바깥에서 일하다 간혹 들어오는 아버지와 자식 간에는 친함보다는 서먹서먹함이 많았을 것이다. 얼핏 이 내용은 프로이트의 오이디푸스 콤플렉스와도 관계있어 보인다. 아들이 아버지에게 적의를 품는다는 부자관계를 그린 내용과 동양적 '부자유친'의 이면이 무관해보이지 않는다. 따라서 부자간父子間, 혹은 조손간祖孫間의 겸상은 둘 사이의 틈을 메워 보려는 어머니의 지혜의 산물이었던 것이다.

그 외에도 이 책에는 "할아버지가 숟가락을 들기 전에 숟가락을 들어서는 안 되었다"는 밥상에서의 '장유유서長幼有序'와 "김치나 나물을 집을 때 집힌 대로 먹어야지 집은 분량이 많든 적든 간에 다시 두 번 젓가락질을 하는 것도 법도에 어긋나는 것이었다"는 등의 내용이 등장한다.

아무리 사회가 달라지고 변화되었어도 예절이 바른 사람과 예절 없는 사람은 식탁에서 구별된다. 그렇다면 지금까지도 지속되는 이 같은 밥상 예절의 뿌리가 된 『예기』「곡례상」편의 기록도 살펴보자.

"큰 그릇에 여럿이 함께 먹을 때에는 배부르게 먹지 않으며 또 함께 밥을 먹을 때에는 땀이 나서 더러워진 손으로 먹지 않는다. 혼자서 밥을 한 뭉치씩 집어 먹지 않으며 밥을 흘리지 않으며 물을 들여 마시듯 홀짝거리며 먹지 않는다. 혀를 차면서 쩝쩝 먹지 않으며 뼈까지 아삭아삭 거리며 갉아 먹지 않으며 생선이나 고기를 먹다 놓지 않으며 개에게 음식을 던지지 않으며 구태어 더 먹으려고 억지 부리지 않는다. 밥을 후후 불어서 헤쳐 먹지 않으며 기장밥을 젓가락으로 먹지 않는다. (…) 국에 나물이 있는 것은 젓가락을 사용하고 나물이 없는 국은 젓가락을 사용하지 않는다."

요즘 눈으로 보면 고리타분할지 모르겠다. 또 너무 자질구레한 것까지 간섭한다는 느낌도 들 것이다. 그러나 면밀히 따져보면 옳지 않은 것도 없고, 막상 지키면 도움이 될 만한 것들이다. 또한 『예기』「곡례상」편에 "대저 금수는 예가 없다. 그러므로 부자가 하나의 암컷과 함께한다. 이런 까닭에 성인이 예를 만들어 사람을 가르쳐서 사람으로 하여금 예를 갖추게 해서 스스로 금수와 구별할 줄 알게 했다"고 하며, 금수와 인간의 차별되는 점을 '예'의 있고 없음에서 찾았다. 금수 세계의 본능적인 질서를 갖고 '예'를 말함은 지나친 천착이다. 꿀벌과 개미 사회의 획일적인 질서라든가, 기타 동물 세계의 암수 구별에 따른 질서를 갖고 간혹 인간의 무질서를 탓하는 것은 단순히 인간의 무례無禮를 지적하기 위한 하나의 문학적 수사일 뿐, 그것이 도덕·윤리적 가치 기준은 아니다. 인간의 실천 행위가 본능적인 행위에 의존하기보다는 이성적인 사유와 판단에 따른 도덕·윤리의 가치에 입각해야 하기 때문에 더욱 그러하다.

죽은 자보다는 산 자에 대한 예의를

보통 '예' 하면 전통적인 관혼상제冠婚喪祭를 생각한다. 특히 상·제례는 그 엄격함을 더한다. 상대적으로 산 사람의 예절 덕목인 관·혼례가 간편해지면서 전통적인 예와는 많이 달라졌다. 그 이후로 예는 대개 상·제례에 치중된 느낌이다.

그러나 이런 선입견은 예를 우리 사회로부터 멀어지게 했다. 예는 고리타분하고, 매너·에티켓은 신선하다고 생각하는 것이 바로 이 때문이다. 옛것이더라도 오늘날 그대로 적용할 만한 예는 수도 없이 많지만, 선입견 속에 숨어버리고 말았다. 예와 매너·에티켓은 무엇이 다른가? 『예기』 「곡례 상」 편에서는 "예는 절도를 넘지 않으며 남을 업신여겨 침범하지 않으며 버릇없이 남을 가까이하지 않는 것"이라고 했다. 현대판 매너를 정리하고 있는 듯한 내용이다. 이를 한자 원문으로 대하면 고리타분한 예절이 되고, 깔끔한 외래어로 접하면 매너나 에티켓이 되는 것은 아니다. 중요한 것은 그것이 담고 있는 내용일 것이다. 예란 한마디로 배려정신이고 자신을 겸손히 하는 것이다. 자기를 내세우지 않으면서 남을 존중할 줄 아는 자세와 태도가 예라는 것이다.

"대저 예라고 하는 것은 스스로는 낮추고 남을 존대하는 것이다. 비록 등짐을 짊어진 천한 자라도 반드시 존경할 점이 있다." (『예기』 「곡례 상」)

예를 갖추는 데 상대방의 신분이 문제될 수 없다는 매우 현대적 의미를 담고 있는 내용이다. 예는 대인관계에서 자신을 단속하는 문제일 뿐, 그것이 신분을 제약하거나 또는 신분에 따라 달리 적용되어야 하는 차별적인 것은 아니다.

그런데 전통적 예를 너무 관혼상제라고 하는 의식에 묶어두고 생각하기 때문에 이런 본질적인 내용은 망각하기 쉽다. 그러나 실제 예는 이렇듯 대단히 평상적인 것들이다. 또한 『예기』 「곡례 상」 편에서는 "예는 풍속의 마땅한 것을 따르고 남의 나라에 외교관으로 가면 그 나라의 풍속을 따른다"고 했다. "로마에 가면 로마의 법을 따르라"는 것과 같다. 전통사회의 예가 시대의 요구와 공간적인 요청에 어긋나지 않고 부합한다면 존중되고 지켜져야 할 것이다.

문명과
야만의 차이

세계적으로 일본을 우습게 보는 나라가 둘 있다. 한국과 중국이다. 이유는 간단하다. 일본 문화의 뿌리가 한국과 중국에 있기 때문이다. 고대 일본은 한국과 중국으로부터 고등한 문화를 수입했다.

이런 문화적인 선입견은 모든 삶에 그대로 적용된다. 비록 오늘날 일본이 우리보다 두세 배 더 잘사는 선진국이라도 문화적 우월감을 뛰어넘지는 못한다. 운동경기에서도 여실히 드러난다. 실력을 떠나서 우리는 무조건 일본만은 이겨야 한다고 생각한다. 비록 예선탈락을 할지언정 일본만은 이겨야 한다. 어느 대회든 일본만 이기면 최소한 본전은 한 셈이다. 이런 선입견은 중국인들도 마찬가지다. 같은 맥락에서 중국인이 생각하는 한국은 한국인이 생각하는 일본과 비슷하다. 고대 문화 수출국의 자존심이 지금도 작용하기 때문이다.

문화는 높은 데서 낮은 데로 흐른다. 동양 고대문화의 중심은 황허 유역이다. 황허문명은 누가 이룩했든, 현재는 중국의 영토다. 한자문명을 어느 민족이 만들었든, 한자는 중국어의 뿌리다. 이렇게 문명의 중심에 있는 중국인의 문화적 자존심은 주변을 야만인으로 만들었다. 중화의식도 거기서 나왔다. 문명 중심부의 자존심이 중화의식을 만든 것이다.

서울 사는 사람의 입장에서 부산은 제아무리 제2의 도시라 하더라도 지방 도시일 뿐이다. 마찬가지로 중국인의 입장에서는 주변에서 아무리 고등한 문화를 이룩한 나라라도 변두리 문화일 뿐이다. 이렇게 해서 나온 게 오랑캐 문화다. 일종의 문화적 우월의식을 표현하며 문명과 야만을 구별한 것이다.

그러나 이건 어디까지나 고대 중국인의 자만심에서 나온 우월의식일 뿐이다. 중국은 문화의 중심이었을 뿐 모든 문화가 그곳에서 나온 것은 아니다. 서울이 문화의 중심이더라도 모든 문화 콘텐츠가 서울에서 개발된 것이 아닌 것과 같다. 서울 용산은 전자 관련 상품이 없는 게 없다. 그렇다고 용산에서 전자 관련 상품을 모두 생산한 건 아니다. 생산은 전국 각지에서 이뤄지고, 용산에는 단지 그것이 모여 있을 뿐이다. 중국 문화가 그렇다. 주변의 다양한 문화가 중국에 모여 있을 뿐이다.

하지만 중국인의 문화적 우월감은 주변 지역을 야만 지대로 만들었다. 동이東夷·서융西戎·남만南蠻·북적北狄은 그래서 나왔다. 동서남북은 단지 방위를 뜻하고, 이·융·만·적은 야만(오랑캐)을 뜻한다. 하지만 중국 문화의 상당 부분은 이들 야만지역에서 흘러들어 갔다. 고대 중국 문헌에 "사해란 구이·팔적·칠융·육만이다"(『이아』「석지」)라고 했다. 동쪽에 아홉 민족, 북쪽에 여덟 민족, 서쪽에 일곱 민족, 남쪽에 여섯 민족이 있다는 뜻이다.

그런데 같은 야만민족을 표현하면서, 왜 이·융·만·적이라는 다른 글자를 썼을까? 한자가 뜻글자이고, 뜻글자의 속성상 그냥 넘어가기 힘든 부분이다. 동이의 '이夷'는 상형문자에서 나왔다. 무릎과 허리를 굽힌 사람 모양이다. 갑골문·금문 모두 같다. 시尸와 같은 글자로 죽은 사람을 가리킨다는 주장도 있다. 이렇게 보면 동이족이란 동쪽의 죽은 사람이란 뜻이다. 잘못된 소리다. 오히려 '이'란 『설문해자』에서 말하듯 '대人'와 '궁弓'이 합쳐진 회의문자가 더 어울릴 것 같다. 이곳에서는 "좋은 활이 나는데 이것을 맥궁貊弓이라고 한다"(『후한서』 「동이전·구려」와 『삼국지』 「동이전·고구려」)는 말이 있듯, 활과 관계가 깊다. 또한 여기에 사는 사람들은 "활을 잘 쏘아서 한번 쏘면 사람의 눈을 뚫는다. 활의 길이는 4척이나 되고 그 활의 힘은 마치 쇠 활弩과도 같다. 화살은 싸리나무를 쓰는데 그 길이가 1척 8촌이나 되고, 청석靑石으로 촉을 만들며, 그 끝에는 독약을 칠해서 사람이 맞기만 하면 이내 죽는다"(같은 책 「동이전·읍루」)라고 했고, 또 이곳 "사람들은 기운이 센 것을 숭상한다. 활과 화살, 칼과 창을 잘 쓰고 또 투구와 갑옷이 있어 전쟁에 능란하다"(『양서』 「제이전·고구려」)고 하며, 활과 같은 무기를 잘 쓰는 사람들로 묘사했다. 고대 동이족의 특징을 잘 드러낸 내용들이다. 고대 고구려 무덤군에서 발견되는 벽화를 생각해본다면 동이족은 대궁大弓의 뜻이 맞다. 고대 중국인들이 본 동이족은 말 위에서 활을 잘 쏘는 민족이다.

같은 방법으로 서융·남만·북적을 봐도 그렇다. 서융의 '융戎'은 '창戈' 과 '방패甶'를 뜻한다. 다시 말해 중국인들이 본 서쪽 오랑캐는 전투에 능 한 민족이었다.

북적의 '적狄'은 '큰 개犭'와 '불火'을 나타냄으로써 북쪽 민족의 기질, 혹은 생활을 표현했다. 오늘날 내몽골 지역에 해당하는 북쪽 지방은 대 단히 기질적으로 사납기도 하지만 사냥하는 데 개를 필수로 여기며, 추위 를 이기는 불은 생활의 필수요소였다.

남쪽을 제외한 동·서·북 세 방향의 민족들이 이렇게 기질이 사납고 전 투적이었기 때문에 고대 중국은 그들의 진출을 막기 위해 만리장성이라 는 엄청난 토목공사를 시행했다. 얼마나 기질이 셌는지 중국 고대 사서에 는 여러 언급이 있다. 이들은 "배 타기를 잘하고 도둑질을 즐기기 때문에 이웃 나라에서 모두 두려워하고 조심하지만 끝내 항복시키지 못했다"(『후 한서』 「동이전·읍루」)고 했고, "선비족과 예맥족은 해마다 침략해 와서 백성 을 노략하는데, 그 수가 천 명씩이나 되니 이는 교화를 받으려는 마음씨 가 아니다"(「동이전·구려」), "그 나라 사람들은 기운이 세다. 그래서 싸움 을 잘한다"(『삼국지』 「동이전·고구려」)라고 기록할 정도다.

이들 세 민족과는 달리 고대 중국인들에 비친 남방 민족은 뱀이나 벌 레와 관련이 있다. 남쪽 오랑캐를 뜻하는 남만의 '만蠻'은 소리 요소 '연䜌' 에 의미 요소로서의 '뱀 또는 벌레虫'가 합쳐진 글자다. 아마도 지역 풍토 를 설명한 듯하다. 지금도 중국 남방이라든지 동남아 일대의 뱀과 다양한 벌레는 유명하다.

　일찍이 히포크라테스(기원전 460~375)는 "온난한 기후는 사람들로 하여금 평화를 사랑하게 하고, 추위가 심한 곳에서는 사람들의 무용이 뛰어나다"고 했고, 아리스토텔레스는 "추운 지방 사람은 대담하고 따뜻한 지방 사람은 복종과 굴종에 만족한다"고 했다. 기후와 민족성을 표현한 말들이다.

　북쪽의 몽골족, 동북쪽의 만주족과 고구려, 서쪽의 위구르족의 기상은 기후풍토와 맞닿아 있고, 그것을 중국인들은 글자로 표현한 것이다. 본래 의미가 그러함에도 사방을 모두 오랑캐라 비하한 것은 훗날 만들어진 문화 중심부 사람들이 만든 우월의식의 산물이다. 서울 토박이가 지방 사람들을 뭉뚱그려 시골 사람이라 하듯이 말이다.

|열다섯|
신라의 화랑은
어떻게 변질되었나

이판사판은 원래 의미에서 완전히 벗어난 대표적인 말이다. 이판사판은 불교의 이판승理判僧과 사판승事判僧에서 나왔다. 통일신라 이래 고려시대로 접어들면서 불교는 거의 국교로 대접받았다. 정교일치 사회 속에서 불교 지도자들이 누린 특권은 이루 말할 수 없었다. 국난을 당했을 때 호국 불교라는 긍정적인 측면이 있는가 하면, 부정부패의 온상 또한 불교에 있었음은 역사가 증명한다. 특히 고려 말 불교 지도자들의 부정부패는 사회 혼란의 주요인이었다. 이 과정에서 이판승과 사판승의 갈등과 부조화는 이판사판을 부정적인 용어로 만들었다.

이렇듯 사회구조 속에서 변질된 용어가 있는가 하면, 지식인들이 잘못 사용한 용어와 용례가 본래 의미와는 전혀 다른 뜻으로 쓰인 경우도 있다. 그 대표적인 경우가 신라의 화랑이다. 화랑이란 말이 문헌상에 처음 나오는 것은 『삼국유사』다. 여기에는 '화랑花郎'이란 말은 한번도 없다. 다만 '화낭花娘'이 나올 뿐이다. 『삼국유사』에 나온 '화낭'은 처음에는 여자였다. '원화原花'가 그들이다. '원화'가 '화낭'의 전신인 셈이다.

> "주변 민간의 처녀들 중에서 아름다운 사람을 뽑아 원화로 삼았다. (그리고) 그들에게 효제충신孝悌忠信을 가르쳤다. 이것이 나라를 다스리는 큰 요체다."

'원화'는 아름다운 여인 중에서 선발했다. 그런데 선택된 이들이 서로 시기 질투하며 갈등하다 죽이는 일이 벌어졌다. 결국 왕은 '원화' 제도를 폐지했다. 그리고 이를 대신하여 '화낭花娘' 제도를 설치했다.

> "(원화 제도를 폐지한 지) 여러 해가 지나자 왕은 또 나라를 일으키려면 반드시 먼저 풍월도風月道를 만들어야 한다고 생각했다. 그래서 명령을 내려 양가의 남자들 중에서 덕행이 있는 자를 뽑아서 이름을 고쳐 '화낭花娘'이라고 했다."

이렇게 해서 '화낭'은 여자에서 남자로 바뀌었다. 그런데 양주동은 『조선고가연구』(1954)에서 "화낭이 한때 타락해서 '화낭'의 칭호를 들었다"고 했다. 양주동은 이 책에 대해 일점일획도 고칠 것이 없다고 장담하면서 스스로를 국보로 자처했던 인물이다. 그의 이런 주장은 그래서 재밌다. 일반적으로 우리가 생각하는 상무정신이 투철한 '화랑'과 거리감을 느끼게 해주기 때문이다. 물론 고려 때 몽골에 공녀貢女로 잡혀갔다 돌아온 여자들을 '환향녀還鄉女'라 해서 이들을 '화냥년'이라 했다는 설도 있다. 양주동이 주장한 '화냥'과 어떤 것이 맞는지 분간할 수는 없지만 같은 맥락에서 흥미 있는 이야기다.

신라의 '화냥'이든 고려의 '환향녀'이든 공통점은 아름답다는 점이다. 예뻤기에 선택되었고, 붙잡혀 갔다는 것이다. 그러나 그들에 대한 사회적 이목은 결코 우리 정서상 고울 수가 없다. 고려의 '환향녀'는 몸을 버렸을 것이란 판단에서 고향으로부터 따돌림 당했고, 신라의 '화냥' 역시도 타락하면서 주변의 고운 시선은 받지 못했다는 것이다.

고려의 '환향녀'가 어찌 됐든 신라의 '화냥'은 아름다운 여인 '원화'에서 대체되었다. 그런데 명칭은 여전히 여성성을 강조한다. 보통 알려진 '화랑'은 사나이 '랑郎'을 쓰지만 '화냥'은 아가씨 '낭娘'을 쓴다. 이것은 '원화'를 선택할 때의 기준이었던 예의범절과 아름다움을 계속 이었다는 말이다. 이것은 아마도 삼국사회에서 유일하게 여왕이 존재했던 신라의 특수한 환경과 무관하지 않을 것이다. 남자가 대왕으로 있는 궁궐에는 '궁녀'가 있지만, 여자가 대왕으로 있는 궁궐에는 '궁남'이 있을 수 있다. 『삼국사기』 진성여왕 편에는 얼굴 고운 남자들과의 로맨스가 자세히 기록되어 있다.

또한 보통 알려진 화랑도와 세속오계는 특별히 관계 지을 만한 단서가 없다. 다시 말해 세속오계는 『삼국유사』에 나오는 '화냥'의 계율이 아닌 당시 신라의 청년들이 지켜야 할 계율이었다. '화냥'과 세속오계는 아무 관계가 없다는 것이다. 그런 '화냥'을 신라 후기로 가면서 국선國仙으로 예우했다. 국선은 고려시대 들어서 병역을 면제해주었다. 그렇다면 상무정신에 입각해 설립된 화랑(국선)에게 왜 병역을 면제해주었을까?

원화(여자) → 화낭(여자) → 화낭(남자) → 국선(남자)

국선이 군대 면제를 받았다는 것은 국가로부터 특혜 아니면 쓰임을 받지 못했다는 뜻인데, 아마도 후자에 가까운 것 같다. 그렇다면 '화낭'에서 '한량'이 나왔다는 색다른 해석도 신빙성이 있을 법도 하다.

유교는 경제를 무시한 적이 없다

근·현대사회로 접어들면서 유교문화는 적합하지 못한 사상으로 비난받았다. 급변하는 근·현대사회의 기축이 서구 문화로 자리매김하면서 '전통적인 것' '유교적인 것' '아시아적인 것'은 속히 씻어버려야 할 구시대의 유물이라는 것이다. 이유는 자명하다. 급변하는 시대 흐름에 유교문화가 제대로 적응하지 못했기 때문이다.

이런 비난과 비판은 서구 문화를 근대 문화 내지 현대 문화로 단정하면서 나왔다. 이렇게 일방적으로 매도되던 전통·유교문화·아시아적 가치는 소생의 기미를 보이고 있다. 근대화의 몸부림 속에서 사라져가던 전통문화가 다시 꿈틀대는 것이다. 유교문화의 현실성과 실용성, 그리고 변화에 능동적으로 순응하는 태도를 복원하자는 논의다.

다시 말해 유교문화는 끝없는 이론 보완의 과정을 거치며 정치·사회·생활 철학으로서 그때그때의 요청에 적응하면서 내려왔다. 오늘날 비판받고 있는 유교문화의 내용들은 대개 어느 한 시대의 고집스러운 단면일 뿐

이라는 지적이다. 교조적이던 한대의 유교와 송·원·명대의 성리학이 그
렇다. 한대의 유교는 국교로 자리했고, 송·원·명대의 유교는 종교적인 색
채를 강하게 띠면서 공맹유가에서 추구하던 현실성·실용성과는 거리가
멀었다.

비판의 표적은 유교문화가 현대 산업사회의 경제 논리에 맞지 않다는
데 있다. 기본 맥락상 틀리지 않다. 그러나 새로운 안목에서 문화의 흐름
을 재조명한다면 반드시 그렇게만 볼 수도 없다. 공자를 비롯한 몇몇 핵
심 사상가들의 경제 관련 발언을 보면 알 수 있다. 공자는 일찍이 부의
축적과 물질적 충족을 말하며 경제 문제의 중요성을 부각시킨 바 있다.

제자 염유冉有가 질문했다.

"백성들이 많아지면 무엇을 해야 합니까?"(이하 『논어』, 「자로」)

공자가 대답했다.

"부유하게 해주어야 한다."

그리고 부유해진 다음에는 가르쳐야 한다고 덧붙였다. 공자는 '넉넉한
식생활足食'과 '안정된 군사 기반足兵', '백성들의 신뢰民信之'를 정치의
최우선 과제로 삼기도 했다. 이 세 가지는 어느 하나 중요하지 않은 것
이 없다. 똑똑한 제자 자공이 짓궂은 질문을 했다.

"만일 이 세 가지 중 하나를 포기해야 한다면 먼저 무엇을 포기하시겠
습니까?"

공자는 군사라고 답했다. 질문은 여기서 끝나지 않았다.

"또 하나를 더 포기해야 한다면 무엇을 먼저 포기해야 합니까?"

이번엔 경제라고 답했다.

군이 가치의 경중을 따지자면 도덕적 신뢰 〉 경제적 기반 〉 군사 문제라 할 것이다. 비록 공자가 이 세 가지에 가치의 경중을 부여했지만, 그것은 어디까지나 질문을 위한 질문에 답하기 위한 방편이었다. 세 가지는 떨어질 수 없는 요소들이기 때문이다. 공자가 아무리 인간의 도덕적 신뢰가 가장 중요한 문제라고 했어도 굶주림 속에서는 신뢰 구축이 불가능하며, 외적의 침략에 보호를 받지 못한 이들에게서 신뢰를 찾는 것은 공상에 지나지 않는다. 이를 두고 공자가 경제 문제는 등한히 여기고 도덕적 문제에만 치중했다고 하는 것은 지나친 편견이다. "돈을 벌수만 있다면 말채찍이라도 잡겠다"는 공자의 의지를 보면 명확해진다.

공자 이후 유교문화를 이끈 맹자는 백성들의 '생활 안정[有恒心]'의 원리로 '일상적 직업[有恒産]'을 강조했다. 일반 백성들은 일정한 직업이 있어야 마음의 평안을 누릴 수 있다는 것이다. 군주보다 백성을 중시했던[君輕民貴] 맹자의 입장에서 이것은 대단히 중요한 문제다. 국가의 존립 기반으로서 백성이 중요한 지위를 차지하고 있기 때문에 백성의 경제적인 안정과 심리적인 안정은 필수적인 문제가 아닐 수 없다는 뜻이다. 경제적 이익에 눈이 어두운 군주가 맹자에게 말했다.

"선생님께서 먼 거리를 마다하지 않고 오셨으니 장차 우리나라에 경제적 이득이 있을 것 같습니다."

그러자 맹자가 단호히 말했다.

"어찌 경제적 이득만을 생각하십니까? 도덕적 인과 의가 더욱 중요합니다."

이것은 지나친 경제 논리가 자칫 국가와 사회를 그르칠 수 있다는 경고 메시지일 따름이지, 경제적 이익이 중요하지 않아서 그런 것은 아니다. 한편 순자는 공자·맹자보다 적극적인 경제 논리를 펼쳤다. "백성을 윤택하게 해야 한다"며 일종의 부민론富民論을 편 것이다.

"하늘이 백성을 세상에 내놓을 때 군주를 위해서 그런 것이 아니며, 하늘이 군주를 세운 것은 백성을 위해서다."

백성들이 부유해야 나라가 바로 선다는 뜻을 피력한 것이다. 이 같은 논의는 경제 수요를 요청하는 시대에 따라 각기 다른 구호로 표현되었다.

"백성을 이롭게 하라利民."
"백성을 양육하라養民."
"백성을 위하라爲民."

특히 자본주의 맹아기로 일컬어지던 명말청초에는 더욱 구체적이었다. 당대 최고의 지식인 황종희(1610~1695)와 당견(1630~1704)은 기존의 "덕이 근본이고 재화는 말단"이라는 덕본재말德本財末설을 대신해서 "공업과 상업이 모두 근본工商皆本"이라고 했다. 사농공상의 차별의식을 배제한 것이다. 나아가 상업에 종사하는 사대부[儒賈]의 모습을 정당화하기도 했다. 이른바 자본주의 맹아기의 '시중지도[時中之道]'를 엿볼 수 있는 대목이다.

이렇게 볼 때 전통 유교의 경제 논리가 오늘날처럼 적극적인 경제적 이익을 우선한 것은 아니라 하더라도, 이를 결코 무시했다거나 포기한 것은 아니다. 전통 유교가 추구한 노선은 "경제적 이익을 보면 그것이 취할 만한 것인가를 확인하라[見利思義]"는 경제 정의 차원에서의 문제다. 군자를 도덕적 정의의 실천자로, 소인을 경제적 이익 추구에 눈먼 자로 차별 짓고, 도덕을 경제 논리에 선행시켰다든지 도덕을 중시하고 물질을 차후 문제로 여기는 입장은 어디까지나 경제 정의 실현의 차원에서 다룬 문제이며, 경제적 이익을 배제하자는 입장에서의 대립적 논의는 아니다.

그렇다면 유교의 경제 논리는 도덕성을 겸하고 있기 때문에 오늘날 극단적인 이기주의의 문제를 해소하는 데 오히려 도움이 될 것이다. 수많은 인명을 앗아간 일련의 사건사고의 원인 대부분이 이익에 눈먼 자들로부터 야기되었다는 점을 상기한다면, "이익을 보면 옳은 것인가를 생각하라"는 주문은 매우 적절한 것이 아닐 수 없다.

빠른 경제 발전의 흐름 속에서 대형 사건사고가 터질 때 잠시 도덕성 운운하다가도 어느 정도 시간이 지나면 다시 이익에 눈먼 자들이 곳곳에서 활개 친다. 혹 발전론자나 진보주의자들은 말할지도 모른다. "발전과 개발에 따른 부작용은 반드시 따른다. 부작용이 무서워 개발을 게을리할 수 없다. 부단한 전진만이 살길이다." 옳은 말이다. 그러나 좀더 건강한 사회를 건설하기 위해서는 반드시 이것을 제어할 수 있는 통제장치가 필요하다. 속도 조절을 필요로 할 때 제어 장치가 없다면 어떻게 되겠는가?

20세기 후반 경제협력개발기구OECD 가입을 목전에 두었을 때 정권을 쥐고 있던 사람들이 "우리는 조만간 선진국 대열에 들어갈 것이며, 영국을 곧 따라 잡을 것"이라고 단언했다. 그 후 얼마 안 가 우리는 IMF 경제 위기라는 나락으로 떨어졌다. 물론 당시도 이런 정부에 제동을 건 사람들이 있었다. 그러나 그 제동 장치는 제동을 거는 데 실패했다. 그 실패의 결과가 어떻게 되었는가?

상당수 사람들이 생각하듯 유교문화는 보수 문화를 대표한다. 보수란 기존의 체제와 사상을 유지하고 고수하려는 입장이다. 진보와 상반되는 개념이다. 건강한 사회는 진보와 보수가 자연스럽게 어울리면서 서로의 비판을 겸허하게 수용한다. 보수적 입장은 때로는 현실적인 요구와 동떨어진 것도 많다. 그러나 그것을 말도 안 되는 소리라고 무시할 때 그 사회는 더 큰 혼란에 빠진다.

요즘 가장 보수적인 유교문화가 조선 초기에는 가장 진보적인 노선이었다. 고려 사회의 타락은 불교 종단과 맞물려 있었다. 이때 이것을 개혁하지 않으면 안 된다는 목소리가 높았다. 그 중추 세력이 바로 유교문화를 받아들인 신진 사대부들이다. 그러나 조선이 들어서고 유교가 국교가 됐어도 전통 불교는 사라지지 않았다. 어떤 경우 조정의 보호를 받아가며 더 건실해졌다. 선진 유교적 정치 논리로 풀지 못하는 것들을 불교적 수구 논리로 풀기도 했다. 이 두 문화는 갈등했지만, 결국 사회를 건실하게 했다. 진보와 보수의 갈등이 사회를 안정시키는 데 기여한 것이다.

우리 사회가 건강하고 건실해지기 위해서는 진보와 보수가 자유롭게 논의되어야 한다. 획일적인 문화는 사회가 어떻게 병들어 가는지 확인할 수 없다. 이때 진보와 보수 논리의 갈등은 당연하다. 어느 한쪽을 죽이자고 덤벼들면 모두가 죽는다. 비록 유교문화가 비현실적 주장을 하더라도 귀담아 들으면 장점도 보인다. 유교문화의 현재적 가치는 마구잡이로 앞만 보고 질주하는 사회에 자신과 가족과 사회를 돌아보게 하는 제동 장치 역할일 것이다. 수천 년 동안 이 땅의 문화와 의식을 지배한 노하우를 지혜롭게 활용할 필요가 있다.

　"애야! 빨래 걷어라!"는 집안 어르신의 외침은 첨단 장비를 갖춘 기상청의 일기예보만큼이나 정확하다.

당나라의
절묘한 성경 번역

1980년대 우리 사회를 풍자했던 노래 가운데 「작은 연못」이란 것이 있다.

"깊은 산 오솔길 옆 자그마한 연못엔 지금은 더러운 물만 고이고 아무 것도 살지 않지만, 먼 옛날 이 연못엔 예쁜 붕어 두 마리 살고 있었다고 전해지지요. 깊은 산 작은 연못. 어느 맑은 여름날 연못 속에 붕어 두 마리 서로 싸워 한 마리는 물위에 떠오르고, 어린 살이 썩어 들어가 물도 따라 썩어 들어가 연못 속에선 아무것도 살 수 없게 되었죠. 깊은 산 오솔길 옆 자그마한 연못엔 지금은 더러운 물만 고이고 아무 것도 살지 않죠."

이 노랫말은 경쟁자를 해치면 자신도 함께 다친다는 교훈을 담고 있다. 일찍이 상생과 공존을 추구했던 동양 문화적 관점에서 의미하는 바가 크다.

우리 민족은 예로부터 종교문화의 박물관이라 할 정도로 다양한 종교가 어우러져 성행하면서도 종교전쟁을 치른 적이 한번도 없다. 갈등보다는 오히려 상생·공존의 미덕을 발휘했기 때문이다. 가족 중심의 유교와 출가出家로 인한 가족과의 절연을 말하는 불교는 상생할 수 없다. 하지만 이 땅의 유교와 불교는 갈등보다는 공존을 추구했다. 『심청전』의 내용이 이를 증명한다. 『심청전』은 유교와 불교의 절묘한 만남을 줄거리로 한다. 아버지께 효도하기 위해 심청이는 아버지 곁을 떠나는 불효를 감행했다. 부모 곁을 떠나는 것은 유교적으로는 불효다. 그러나 불교적인 논리는 부모의 본질적인 문제를 해결하는 것이 가장 큰 효도이고, 이를 위해서는 집을 나가야만 한다는 것이다. 부모를 버리고 떠나는 출가를 효로 승화시킨 불교적인 논리다. 이것은 유교와 불교가 어우러진 한국적인 효문화에서나 볼 수 있는 절묘한 설정이다.

유일신을 섬기는 기독교와 조상신을 섬기는 유교도 결코 상생할 수 없다. 하지만 이 땅의 기독교와 유교는 공생하고 있다. 수평적인 서구 질서로 재편된 기독교 문화가 한국 땅에 정착할 때에는 유교적인 수직 질서로 탈바꿈하지 않으면 안 되었다. 그런 점에서 한국 기독교는 수직적 질서를 대단히 존중한다. 물론 서구화된 기독교가 반드시 성경과 같지는 않다. 성경은 오히려 공동체 질서를 강조한다. 특히 가족의 뿌리와 연원을 강조하는 것이 그렇다. 그런 점에서 동양에서 기독교에 대한 반감을 가진 것은 성경에 대한 반감이 아닌 서구 문화에 대한 반감이다. 오죽하면 서학西學에 대한 반발로 동학東學을 제창했겠는가? 동학의 내용은 서구 문화

에 대한 반발이자 비판이었다. 하지만 내용은 상당 부분 성경의 영향을
받았다.

십계명의 제5계명 "네 부모를 공경하라"는 내용은 우리 문화의 뿌리 깊
은 부모 공경의 풍토와 맞아떨어진다. 이는 기독교가 한국화하는 데 크게
기여했다.

중국 최초의 기독교로 알려진 경교의 문서를 통해서도 효의 중요성을
일깨운다. 635년 당나라 장안에 입성한 기독교 선교사들이 번역한 아라
본阿羅本(Alopen) 문서 가운데 『서청미시소경序聽迷詩所經』이란 게 있다. 이
책은 원래 둔황석굴에서 발굴된 것을 일본인 학자가 1922년 중국인으로
부터 입수한 것이다. 그 내용 가운데 열 가지 덕목十顯이 나온다.

① 모든 악을 제거하라. 천존을 거역하는 것은 효가 아니다.
② 부모를 효양孝養하고 받들어 모시기를 거르지 않으면 임종할 때 천
   도天道를 얻어 (천국의) 집을 얻게 될 것이다.
③ (누락)
④ 남에게 선을 행하고 악한 마음을 품지 말라.
⑤ 살생하지 말며, 남에게 살생하도록 하지도 말라.
⑥ 남의 부인을 간음하지 말라.
⑦ 도적질하지 말라.
⑧ 남이 부귀하여 전택과 노비를 가져도 질투하지 말라.
⑨ 처자와 좋은 집을 가지고 있는 자는 문서를 꾸며 남을 모해하지 말
   라.

둔황석굴. 석굴 안에는 불교 유적 말고도 다양한 서역과의 문화교류의 흔적을 알려주는 유물들이 남겨져 있다.

⑩ 남의 물건을 받거나 비용을 취하지 말라.

대충 구약성경의 십계명을 연상시킨다. 하지만 십계명의 ① 여호와 하나님 외에는 다른 신을 섬기지 말라. ② 우상을 섬기지 말라. ③ 여호와 하나님의 이름을 망령되이 일컫지 말라. ④ 안식일을 거룩하게 지키라 등의 내용은 빠져 있거나 혹은 비슷한 내용을 동양적으로 해석했다. 효와 결부시킨 것이다. 신에 대한 인간의 도리, 일명 대신계명對神誡命의 논리를 효로 강조한 것이다.

이것은 불교가 효의 고장 중국에 전래되어 본래 불경에 없던 『부모은 중경父母恩重經』을 지은 맥락과 같다. 막상 기독교와 불교의 가르침에 효가 없는 것이 아니었기 때문에 가능했던 일이다. 다시 말해 부모 공경이란 성경의 내용이 서구로부터 전래된 기독교의 이질적 요소를 해소시키는 결정적 계기가 된 것이다. "나 이외의 다른 신을 섬기지 말라"는 유일신 종교가 조상숭배 의식과 다신교적 성향이 강했던 이 사회에 뿌리내리는 데에 효가 기여한 것이다.

원효는
정말 해골바가지의
물을 마셨을까

생선회를 좋아하는 사람도 사실 회보다는 초장 때문에 회가 맛있다고 하는 경우가 많다. 초장이 떨어지면 회를 더이상 먹을 수 없는 것이다. 생선회를 진짜 좋아한다면 초장이 없어도 먹을 수 있어야 한다.

음식이 감미료를 통해 우리의 기호에 맞게 만들어지듯, 역사와 문화도 감미료와도 같은 수식이 따라다니면서 재미를 더해주는 것 같다. 있는 그대로의 사실만 갖고는 그 분야 전문가 아니고서는 아무도 거들떠보지 않는 재미없는 것이 된다. 아무런 감각 없이 대하는 흩어진 돌이나 기와편은 건축폐기물에 지나지 않지만, 거기에 삶의 냄새가 묻어나면 역사 유적으로서 살갑게 다가온다. 하지만 수식과 첨가제가 사실을 왜곡한다면 문제는 달라진다. 녹차에 감미료를 타면 이상한 맛이 되듯, 역사와 문화에도 지나친 수식은 재미는 더해줄지언정 본래 모습은 사라진다.

대표적인 경우가 원효元曉(617~686)의 해골바가지 일화다. 원효는 650

년에 당시 지식인들의 필수 코스와도 같았던 당나라 유학을 떠난다. 의상
義湘(625~702)과 함께했던 당나라 유학길은 고구려를 통해 당나라로 들어
가는 것이었다. 하지만 원효와 의상은 요동 변방지역에서 첩자로 오인 받
아 고구려에 갇혀 있다가 신라로 되돌아왔다.(『삼국유사』「의상전교」) 그러다
백제가 신라에 망하자 백제의 거점이었던 서해안을 통해 당나라로 건너
가려고 길을 떠났다. 이때가 661년이니까 꼭 11년만이다.

　유학길에 오른 원효와 의상은 어느 날 해가 저물자 토굴 속에서 잠을
잤다. 다음날 눈을 떠보니 그곳은 토굴이 아니라 무덤 속이었다. 그들 곁
에는 뼈와 해골이 있었다. 마침 날이 좋지 않아 그곳에서 하루를 더 지내
게 되었다. 밤이 되어 다시 잠자리에 들었는데, 갑자기 귀신 도깨비가 나
타나 잠을 방해했다. 여기서 원효는 새로운 깨달음을 얻었다.

> "어제는 토굴이라 편안했는데, 오늘 밤은 귀신의 집인 무덤에서 잠을
> 자기 때문에 마음이 편안하지 않구나. 마음이 생生하므로 갖가지 복잡
> 한 법이 생겨나고, 마음이 멸滅하므로 토굴과 무덤이 둘이 아니다."(『송
> 고승전』「원효」)

이것을 깨달은 원효는 당나라 유학길을 포기하고 신라로 돌아왔다. 이
내용에 해골바가지 물은 한마디 언급도 없다. 하물며 그 물을 마셨다는
것은 그야말로 극적인 상황을 위한 창작이 아니고서는 있을 수 없는 장면
이다. 중요한 것은 원효대사가 해골바가지의 물을 마셨다든지 밤새 귀신
과 싸운 것이 아니라 깨달았다는 그 사실 하나다. 모든 것이 마음에서 비

롯된다는 그 깨달음이 중요할 뿐, 나머지는 의미가 없다. 그런데 보통 사람에게는 해골바가지의 물을 마신 사건이 핵심이고 마음의 깨달음은 뒷전이다. 마치 커피를 좋아하면서 프림과 설탕 맛이 우선이고 커피 본래의 맛은 뒷전인 것처럼 말이다.

퇴계가
페미니스트인
몇 가지 이유

퇴계 이황(1501~1570)은 한국이 낳은 가장 위대한 철학자다. 퇴계학을 연구하는 학자는 국내에서 이제는 중국·일본·미국·베트남·독일·러시아 등 세계 각지로 퍼졌다. 이렇게 퇴계학이 국제적으로 인정받은 것은 그의 철학적인 깊이도 그렇지만, 인간적으로도 본받을 만한 면모가 있기 때문이다.

퇴계는 21세(1521) 때 허씨 부인과 결혼해서 아들 둘을 낳았다. 허씨 부인의 친정은 영천의 부호 집안이었다. 처갓집이 부유했건만 퇴계는 그에 의존하지 않고 청빈한 삶을 살았다. 처가에서 제공하는 살찐 말을 사양하고 변변치 못한 노새를 그대로 이용했다. 부인을 존중하면서 예의를 갖추었기 때문에 사람들은 금실이 좋지 못한 것 아니냐는 의심을 사기도 했지만, 절대 그런 것은 아니다. 그런데 허씨 부인은 둘째 아들을 낳고 산후조리 잘못으로 세상을 떠났다.

그 후 퇴계는 30세 되던 해 권씨 부인을 두 번째 아내로 맞았다. 권씨

경북 안동의 퇴계 생가

　부인은 기묘사화로 유배당한 권질權礩의 딸이다. 권질의 집은 서울 서소문 안에 있었는데, 그는 퇴계를 사위로 맞으면서 서울 집을 주겠다고 제안했다. 하지만 퇴계는 사양했고, 서울에서 벼슬 생활을 할 때에도 그 집을 이용하지 않았다.

　그런데 권씨 부인은 정상인과 달리 정신적으로 문제가 있었다. 아무도 데려가지 않기 때문에 권질이 마음씨 좋은 퇴계에게 떠맡긴 것이다. 아마도 서울 집을 선뜻 주겠다고 한 것도 이와 무관해 보이지 않지만, 퇴계는 부인만 받아들이고 집은 사양했다. 권씨 부인의 상태에 대해서는 몇몇 일화가 전한다. 퇴계가 과거에 급제하여 서울로 가는데, 권씨 부인을 홀로 남겨둘 수 없어 대동했다. 지방에서 벼슬한 사람들은 대개 부인을 고향에 두고 가는 것이 관례였다. 벼슬길에 나서게 되면 생활 전체가 해결되기 때문이다. 부인이 없어도 생활에 불편이 없었다는 것이다. 하지만 퇴계는 부인을 남에게 맡길 수 없어 함께 서울로 갔다.

한번은 퇴계가 외출을 준비하는데 겉옷이 해진 것을 발견했다. 급한 마음에 퇴계는 부인에게 꿰매 달라고 부탁했다. 흰색 옷이었는데, 권씨 부인은 빨간 천을 대고 기웠다. 그래도 퇴계는 태연히 그 옷을 입고 외출했다. 권씨 부인은 요리 솜씨가 없어 퇴계가 손수 음식을 만들었다고 한다. 이함형이란 제자가 있는데, 그는 부인과의 불화로 10년 이상 별거하다 고향으로 내려가려고 했다. 그때 퇴계가 그를 초청해서 아침을 먹었다. 권씨 부인이 밥상을 내왔다. 그런데 밥상 위에는 반찬으로 산나물과 가지나물만 있었다. 밥상을 보고 긴장한 것은 제자 이함형이었다. 아마도 자기같았으면 난리가 났을 법한 상황이 벌어진 것이다. 그런데 퇴계는 조금도 나무라지 않고 오히려 공대하고 밥상을 대했다. 이함형은 퇴계의 이런 모습을 보고 각성했다. 자신의 부인은 권씨 부인보다 미인이고 음식 솜씨도 좋고 손님 접대하는 예의도 갖췄는데, 그런 부인을 못마땅하게 생각하고 소박주려고 했던 것을 뉘우친 것이다. 이후로 금실 좋은 부부가 되었다는 일화다.

막상 주변을 돌아봐도 그렇다. 못난 사람과 함께 있는 것을 본인은 부끄럽게 생각하지만, 주변 사람들은 그 사람을 인간적으로 존중하고 대견하게 여긴다. 혹 부족한 부인이라도 남편이 그를 존중한다면 주변에서는 그것을 아름답게 본다. 집안에 장애가 있는 형제가 있다면 대개 부끄러워하고 감추려 한다. 하지만 그를 존중하고 아껴준다면 그것은 콤플렉스가 아닌 존중의 대상이 될 것이다.

양반사회인 조선시대에 사대부로서 부엌 출입을 한다는 것은 상상도 못할 일이다. 하지만 퇴계는 부엌 출입을 했다. 권씨 부인의 솜씨 없음이 퇴계로 하여금 요리를 하게 만든 것이다.

장인 권질이 세상 떠났다는 소식을 접하고 퇴계가 안동으로 내려갔다. 그때 권씨 부인은 먼 길을 함께 빠른 시일 내에 갈 수 없어 서울에 남았다. 하지만 권씨 부인은 혼자 남아 있다가 세상을 떠나고 말았다. 그 정도로 권씨 부인은 스스로를 돌볼 수 없을 만큼 정신박약의 병을 앓았던 것이다. 하지만 퇴계는 그런 부인을 공대하며 살았다.

손을 벤 형 대신 우는 동생

퇴계는 7남 1녀 가운데 막내로 태어났다. 그런데 부친은 퇴계 생후 일곱 달 만에 타계했다. 어머니 춘천 박씨는 가사를 위해 고된 농사와 길쌈을 해가며 자녀 교육에 정성을 쏟았다. 아버지가 안 계시기 때문에 퇴계의 어머니는 남다른 자녀 교육관으로 훈계했다.

"문예만을 일삼을 것이 아니라 더욱 지신持身 근행勤行하는 것이 소중하다."

"세상 사람들은 흔히 과부의 아들은 교육이 없다고 비난하니 너희들이 남보다 백배나 그 공을 쌓지 않는다면 어찌 이러한 비난을 면할 수 있겠느냐!"

퇴계는 어려서부터 남다른 성품과 행실이 돋보였다. 그는 7세 때 이웃 노인에게 천자문을 배웠다. 그는 아침 일찍이 의관을 정제하고 서당 문전에 이르러 전날 배운 것을 묵송하고는 안으로 들어갔다. 나이답지 않은 이런 모습에 주변에선 경탄해 마지않았다. 그는 6, 7세 때부터 어른들을 대할 때에는 공손하고 근실하여 조금도 불손함이 없었다. 한밤중이라도 어른들이 부르면 어린 나이에도 군소리 없이 "네!" 하고 응했다.

8세 때 형이 칼에 손을 벴다. 그러자 퇴계는 형을 끌어안고 울었다. 이 모습을 본 어머니가 물었다.

"네 형은 손을 베고도 울지 않는데, 네가 왜 우는 거냐?"

어린 동생이 말했다.

"형이 비록 울지는 않으나 저렇게 피가 나는데 어찌 아프지 않겠습니까?"

어려서부터 퇴계는 천성이 이렇게 곧고 순수했다.

퇴계는 『소학』을 배우지도 않았는데도 그 내용을 실천했다. 어린 시절 친구들과 무리지어 영천 땅에 놀러갔다 『소학』을 배운 소년을 만났다. 퇴계의 언행이 『소학』에 있는 대로임을 확인한 그 소년이 퇴계에게 물었다.

"『소학』을 읽은 일이 있는가?"

퇴계가 웃으면서 대답했다.

"아직 읽지 못했다."

이런 퇴계를 두고 어머니 박씨 부인은 말했다.

"내가 이 애(퇴계)가 젊었을 때에 이렇다 할 방법으로 달리 가르친 것도 없는데, 일찍이 의관을 바르지 않게 하거나 함부로 다리를 뻗치고 있거나 쓰러져 누워 있는 것을 보지 못했다."

이렇게 천성이 효성스럽고 공손한 퇴계의 성품이 오히려 여린 것이라 걱정한 박씨 부인은 퇴계에게 충고했다.

"네가 벼슬하되 주나 현의 지방관리 책임자로 나가는 것은 관계하지 않겠지만, 중앙에서 고관 노릇은 안 하는 게 좋겠다. 아마도 세상 사람들이 너를 용납하지 않을까 걱정되기 때문이다."

비록 퇴계의 부친은 일찍 돌아가셨지만 살아생전에는 자손들에게 늘 독서의 중요성을 가르쳤다.

"나는 밥 먹을 때에도 책이요, 잠자면 꿈에서도 책이요, 앉으면 앉아서 길 가면 길을 가면서 어느 때나 책을 몸에서 놓은 적이 없다. 너희들도 이와 같이 해야 할 것이니 하는 일 없이 날을 보낸다면 어찌 성취할 소망이 있겠는가?"

넉넉한 생활을 하진 못했어도 퇴계는 이런 부친의 뜻에 따라 책을 가까이했다. 일찍이 산사에서 책을 읽고 있었다. 함께 있던 친구들이 독서를 방해했지만 대꾸조차 하지 않았다. 그러자 친구들이 퇴계를 엄한 선생님처럼 대했다고도 한다. 하지만 지나친 공부에 대한 열정 때문에 퇴계는 건강을 해쳐서 음식을 제대로 소화시키지 못했다. 야채를 좋아했던 것도 소화 기능이 좋지 못하여 고기를 들면 체기가 있었기 때문이다. 발분망식發憤忘食이 허약체질을 만든 것이다. 체질이 약한데도 독서를 즐기다 보니 만년에는 눈도 나빠진 것 같다. 결국 안질은 그의 말년을 괴롭혔던 질병이 되었다.

11세 때 그는 숙부에게 『논어집주』를 배웠다. 특히 "제자가 들어가면 효도하고 나아가면 공경한다"는 대목에 이르러서는 "사람의 아들 된 도리가 마땅히 이와 같아야 할 것이다"라고 되뇌었다. 퇴계를 가르쳤던 숙부는 이런 모습을 보고 "우리 가문을 유지할 아이는 반드시 이 아이일 것이다"라고 했다.

낚시를 피해 강 없는 마을로 이사

역시 퇴계가 남긴 일화들이다. 청년 시절 퇴계는 고향 안동에 살면서 어머니 박씨를 도와 농사일을 했다. 천수답이 대부분이었던 당시 퇴계 집안의 논은 다행히도 저수지 옆이라서 가뭄을 덜 걱정했다. 하지만 남을 생각하는 퇴계의 배려정신은 그걸 다행으로 여기지 않았다. 저수지에 가까운 자신의 논 때문에 물이 없어 농사를 망치는 저수지와 먼 사람을 위해서 자신의 논을 밭으로 바꾸었다. 나를 희생해서 남을 돕는 고결한 마음으로 한 일이다.

고향 안동에 있는 퇴계 선생의 밭 한가운데로 길이 나 있었다. 길가는 사람들이 자주 밭에 심겨진 농작물에 피해를 주었다. 그러자 농사일을 도와주던 사람들이 밭 가장자리로 돌아가도록 길을 돌려놓았다. 그때 퇴계는 "자기 이익을 위하여 타인에게 해를 끼침은 부당하다"고 나무라며 원상태로 복구했다.

제자들과 함께 도산을 구경하고 돌아올 때였다. 제자들은 밭 한가운데로 가로질러 갔지만, 퇴계 홀로 밭을 피해 돌아갔다. 철저히 남을 배려하는 정신의 발로였다. 자신의 밭은 남의 편의를 위해 제공할 수 있지만, 남의 밭은 자신의 편의 때문에 망칠 수 없다는 심려가 작용한 것이다.

퇴계가 서울 생활을 할 때였다. 이웃집 밤나무 가지가 여름이면 무성하게 드리워 집 울타리 안까지 뻗쳤다. 가을이 되어 밤이 여물자 퇴계 선생 울타리 안으로 밤이 떨어졌다. 퇴계는 떨어지는 즉시 이를 이웃집 담으로 넘겼다. 아이들이 이것을 주워 먹을까 염려해서 이렇게 한 것이다. 그러자 이웃집 주인이 미안한 마음으로 밤을 다시 갖고 와서 돌려주었다. 하지만 퇴계는 극구 사양하며 말했다.

"밤을 원래 주인에게 돌려주는 것은 당연한 일입니다. 이렇게 하는 것이 어린이 교육상 옳습니다."

이웃집 사람이 신세를 끼쳐서 그렇다고 하자 퇴계가 대답했다.

"댁의 밤나무가 우리 집 뜰에 여름내 그늘이 되어 주어서 우리 집 식구들은 한여름 더위를 모르고 지냈으니 그것이 신세의 첫째요, 둘째는 아침마다 일찍 일어나서 밤알을 주워 담장 너머로 던져 보내느라고 적지 않은 운동이 되어 건강이 매우 좋아졌으니 그 역시 밤나무의 신세가 아니고 무엇이겠소?"

이웃과의 사소한 불화가 그치지 않고 있는 오늘날 이보다 더 아름다운 일화가 또 있을까?

안동 낙동강변에 살 때의 일이다. 당시 국법상 은어 낚시는 할 수 없었다. 은어가 진상품이기 때문이다. 그러나 낙동강에서 어린이들이 헤엄치며 잡는 물고기는 은어가 대종을 이뤘다. 마을 노인이 퇴계에게 "은어가 흔한 어종이고 또 어린 아이들이 자연스러운 놀이과정에서 잡는 것인데,

이를 어찌 막을 수 있는가?"라고 항의했다. 퇴계는 일단 수긍하면서 "잘못된 법도 법이니 고쳐질 때까지는 준수해야 나라의 기강이 선다"고 강조했다. 그러나 자신들의 자녀들도 은어 낚시를 계속하자 강이 없는 마을(죽동竹洞)로 이사했다.

손자며느리와 관련된 이야기 또한 엄격한 자녀 교육의 모범이다. 퇴계가 68세(1568) 되던 해 손자는 서울로 과거시험을 보러 올라가고, 손자며느리는 친정에서 아이를 출산했다. 증손자 출산 소식에 퇴계는 매우 기뻐하며, "우리 집 경사 중에 이보다 더 큰 경사는 없다"고 했다. 그런데 생후 6개월 만에 다시 동생을 잉태하자 젖이 나오지 않았다. 미음이나 죽으로 연명하다가 마침 고향집 하녀 학덕이가 딸을 낳았다는 소식을 접하고 유모로 보내달라고 할아버지에게 편지를 썼다. 하지만 퇴계는 이 편지를 받고 엄하게 나무랐다.

"남의 자식을 죽이면서 제 자식을 살리는 것은 사람으로서 차마 못할 짓이다."

그리고는 증손자를 위해 약을 지어보내고, 또 증손자가 병이 있음을 듣고 괴로운 심정을 편지로 써서 손자에게 보냈다. 하지만 증손자는 증조부를 보지 못하고 1570년 요절했다. 당시 시대상으로 보자면 퇴계의 증손자는 사대부가의 가통을 이을 사람이고, 하녀의 딸은 평생 하녀로 살아갈 팔자였다. 굳이 삶의 가치를 시대 상황 속에서 따진다면 사대부가의 자녀를 살리는 것이 실리적인 판단일 수 있다. 하지만 생명 존중의 차원에서는 사대부가 됐든 하녀가 됐든 똑같다. 자녀 교육을 함에 있어서 신분 차별을 하지 않고 생명을 존중했던 퇴계의 엄격함을 볼 수 있는 내용이다.

퇴계가 단양군수로 재직하다 그곳을 떠날 때의 일이다. 아전들이 관사를 수리하려고 들어가 방과 창을 보았다. 그런데 도배한 종이가 너무 깨끗하여 새것 같았다. 작은 얼룩 한 점도 없었다. 이런 군수를 모셨던 아전과 백성들은 얼마나 행복했을까? 기록에는 "크게 기뻐했다"고 했다.

단양군수에서 풍기군수로 이전하는데, 죽령에 이르렀을 때의 일이다. 관인 한 사람이 마속을 걸머지고 와서는 "이것은 아전衙田에서 수확한 것인데 관례대로 행수行需로서 드리는 것"이라 했다. 일종의 전별금 같은 것이다. 하지만 퇴계는 노하여 "내가 명령한 것이 아닌데, 네가 어찌 이런 것을 짊어지고 오느냐?"며 물리쳤다. 그리고는 괴석怪石 두 개와 서책만을 싣고 갔다. 풍기군수를 그만두고 낙향할 때에도 서책만 싣고 갔다고 전한다. 이런 청빈한 삶은 선생이 장남 준에게 보낸 편지에도 잘 나타나 있다.

"빈곤은 선비의 상사인데, 또 무엇을 개의하겠는가? 너의 아버지(퇴계 자신)는 평생 이 때문에 사람들에게 웃음거리가 되는 경우가 많았다. 오직 마땅히 참고 순리대로 처하는 것으로 스스로 수양하여 하늘의 뜻을 기다리는 것이 좋을 것이다."

퇴계는 부귀영화를 최고의 목적으로 삼지 않았다. 그것은 시에도 잘 나타나 있다.

"영욕은 구름 같아 본래 없는 것이요,
부귀는 사람을 핍박하니 두렵지 않을소냐.

아침부터 지지귀는 수풀의 새들도,

시승의 편을 들어 조롱하며 꾸짖는 것만 같더라."

퇴계의 청빈함은 주변 사람들의 증언에서도 알 수 있다. 영천군수가 퇴계의 집을 방문하고 한 말이다.

"이처럼 좁고 누추한 곳에서 어떻게 견디십니까?"

퇴계가 여유 있게 대답했다.

"오랜 습관이 되어서 그런 불편을 느끼지 않습니다."

서울에서의 생활도 마찬가지였다. 좌상 권철이 퇴계의 집에서 식사를 같이하는데 밥상이 너무 초라하고 거칠어서 수저를 뜨지 못했다. 아마도 제자 이함형이 왔을 때처럼 가지나물과 산나물 두 가지 정도의 반찬만 있었나 보다. 한 술도 뜨지 못한 권철이 미안해하며 입맛을 잘못 길들여 놔서 부끄럽다고 고백했다 한다.

퇴계는 막상 조정으로부터 30종류의 벼슬에 제수되었으나, 실제로 벼슬에 나아간 것은 11번뿐이다. 나머지는 모두 사양했다. 그것도 정3품 이상은 하나도 없다. 호를 조용한 "계곡으로 물러가겠다"라는 뜻에서 퇴계라 했으니, 퇴계 철학의 중심은 '물러남[退]'의 철학이 아닐까? 부귀영화를 위해서 '나아가려고[進]'만 하는 세태에 '물러남'의 철학은 시사하는 바가 크다.

그러나 무엇보다 중요한 것은 이런 것들이 자기를 위한 것이기도 했지만 자녀와 후손들을 위한 실천궁행이었다는 점이다. 결국 퇴계의 행적은 오늘날까지도 귀감이 되고 있는 것이다.

며느리를 시집보낸 시아버지

보통 퇴계 이황 하면 조선시대 성리학의 대가로 알고 있다. 맞는 말이다. 그런데 성리학 하면 고리타분하고 성리학자 하면 고질적인 보수론자로 이해한다. 특히 여성을 억압하고 신분질서를 강제한다는 생각을 갖고 있다. 실제 내용을 알고 평가한 것이라기보다는 선입견이 그렇게 만든 것이다. 퇴계도 그런 점에서 고리타분한 보수주의자라고 짐작한다.

그러나 막상 그의 삶을 돌이켜보면 반드시 그렇지도 않다. 퇴계에게는 두 명의 아들이 있었다. 그 중 큰아들을 결혼시키는데 신분상 균형이 맞지 않는 집안과 혼사가 이뤄졌다. 퇴계 선생 댁 맏며느리로 들어온 사람은 금씨琴氏였다. 금씨는 봉화의 서슬 퍼런 토호 가문 출신이다. 퇴계가 상객上客으로 사돈댁을 방문했다. 하지만 환대는커녕 금씨 문중 사람은 한 사람도 없고 오직 주혼主婚 한 사람만이 퇴계를 맞이했다. 이유는 간단했다. 금씨는 봉화의 권문세족이고 퇴계 가문은 문벌도 지체도 없는 가문이므로 집안의 반대가 있었기 때문이다. 당시 퇴계는 예문관 검열을 지냈지만 6대 이전에는 아전만을 지냈을 뿐이다.

퇴계가 사돈댁을 떠난 이후 사돈댁 사람들은 그를 중매한 사람을 나무라고 퇴계가 앉았던 자리를 물로 씻고 대패로 밀어버렸다고 한다. 그러자 퇴계 가문에서 이런 모욕에 대한 소식을 듣고 들고일어났다. 하지만 퇴계는 묵묵히 말했다.

"사돈댁에서 무슨 일이 있었거나 우리로서는 관여할 바가 아니다. 가문의 명예란 문중에서 떠든다고 높아지는 것도 아니요, 남들이 헐뜯는다고 낮아지는 것도 아니다. 상대방이 예의를 갖추지 못했다고 해서 나도 예의를 지키지 않으면 우리 가문은 사돈댁 가문보다도 형편없는 가문이라는 증거가 될 것이 아니겠느냐. 더구나 우리는 사돈댁의 귀한 따님을 우리 집 며느리로 맞아오는 터인데, 우리가 만약 그런 하찮은 일로 말썽을 일으키면 새 며느리가 얼굴을 들 수 없게 될 것이 아니겠느냐. 내 며느리를 보아서도 아무 소리 말고 물러가거라."

그 후 맏며느리가 이씨 집안에 시집와서 어떻게 지냈는가는 알 수 없다. 하지만 다음과 같은 맏며느리의 유언을 통해 본다면 시아버지의 사랑과 배려가 얼마나 지극했는가를 알 수 있다.

"시아버님이 생존해 계실 때 내가 시아버님을 모시는 데 여러 가지로 부족한 점이 많았다. 그래서 사후에도 다시 아버님을 정성껏 모시고 싶으니 내가 죽거든 반드시 아버님 묘소 가까운 곳에 묻어주도록 하여라."

둘째 며느리도 남다른 사연을 지니고 있다. 퇴계가 단양군수로 재직할 때 둘째 아들이 그만 21세의 젊은 나이로 타계했다. 아들의 죽음도 슬픔이지만 자식도 없이 한평생 과부로 살아야 할 둘째 며느리의 장래도 걱정이었다. '여필종부女必從夫' '부창부수夫唱婦隨' '삼종지도三從之道'의 봉건적인 조선사회에서 여인의 재혼은 꿈도 못 꾸었다. 게다가 1477년에는 과부재가금지법(1896년 갑오경장 때 폐지)도 만들어졌다. 비록 사대부 출신이라 해도 과부로서 재가해서 낳은 아들이라면 관직이 철저히 봉쇄되었다. 물론 이런 제도는 여인의 삶을 옥죄는 수단이기도 했지만, 신라 이후 고려시대를 풍미했던 그래서 조선시대까지 내려오던 문란한 남녀관계를 바로잡기 위한 윤리적 결단이기도 했다. 과부로서 평생 수절하며 정절을 지키게 되면 중앙정부는 그를 기리는 기념비를 하사하고 다른 여러 혜택도 수여했다. 마치 오늘날 국가유공자 가족들에게 특혜를 주듯이 수절한 과부의 희생을 그 가문과 후손에게 혜택으로 보상한 것이다.

그런데 퇴계는 누구보다 이런 것을 잘 알고 있으면서도 며느리의 인간다운 삶을 먼저 고려했다. 한번 시집가면 시댁의 사람이 되었다가 시댁의 귀신이 되는 게 당시의 법도였다. 하지만 퇴계는 사돈을 불러서 둘째 며느리를 데려가도록 했다. 조선시대의 통념을 깬 것이다. 사돈은 퇴계 선생의 뜻을 이해하고 은밀하게 그녀를 재혼시켰다.

전하는 말에 의하면 아들이 타계한 이후 둘째 며느리의 방에서는 남자와 대화하는 소리가 들렸다고 한다. 알아보니 며느리가 허수아비를 만들어놓고 남편 대하듯 그와 이야기를 나눴다는 것이다. 이 같은 애처로운 모습을 보고 퇴계는 시대의 법도보다는 며느리의 삶을 먼저 생각했던 것이다.

재가한 며느리에 대해 전해오는 이야기 또한 감동적이다. 퇴계가 조정의 부름을 받고 서울로 가는 길에 어느 기와집에 유숙할 때였다. 퇴계는 주인집에서 차려준 밥상이 입맛에 꼭 맞고, 고기보다 채식을 좋아하는 자신의 입맛에 맞춰 차려진 상을 보고 기이하게 여겼다. 아침상도 마찬가지였다. 아침 식사 후 주인이 당시 예법대로 버선을 선물하며 "아내가 손님께 드리라고 새로 지었는데, 발에 맞으십니까?"라고 물었다. 버선의 크기가 정확함을 알고 눈치챘지만 서로 체면을 생각해서 모른 척했다. 주인집을 멀리 떠난 뒤 그 집을 바라보자 자신의 둘째 며느리가 담모퉁이에 서서 퇴계를 바라보며 배웅했다. 마치 영화 속의 한 장면 같다.

어찌됐건 며느리의 재가가 알려지기라도 한다면 퇴계 선생과 그 가문이 받아야 할 치욕은 이만저만한 게 아니었다. 사대부가 가장 치욕적으로 생각하는 것은 감옥살이하거나 유배당하는 것이 아니라 사대부로서 지켜야 할 명예를 지키지 못하는 것이다. 하지만 퇴계가 선택한 것은 명예보다는 며느리의 인간다운 삶이었다. 실제로 진성 이씨 가문에서는 이 같은 사실이 공개적으로 알려지는 것을 꺼리고 있다. 그러나 퇴계 선생의 인간미 넘치는 이런 처사는 길이길이 후대에 큰 족적을 남긴 것이었다. 아마도 이런 결단은 퇴계 선생을 조선의 최고 페미니스트라고 봐도 지나치지 않을 것이다.

주자학은 산에서,
양명학은 도시에서

2003년 겨울 송·명대 문화유적답사단 일원으로 장시성·푸젠성·저장성 일대를 약 보름간 헤집고 다닌 적이 있다. 장시성과 푸젠성에선 주희·육상산 유적을, 저장성에선 왕양명·유종주·황종희 유적을 답사했다.

그런데 재미있는 것은 이들의 고향과 활동 근거지 분위기가 전혀 딴판이란 점이다. 주희와 육상산의 논쟁 현장이었던 장시성 아호서원을 거쳐 주자의 고향이자 그의 활동 근거지였던 푸젠성 젠양현과 우이산 일대는 한마디로 절경을 뽐내는 첩첩산중 아니면 적막한 농촌이었다. 반면 왕양명과 그 학문을 계승한 양명학자들의 고향인 저장성 위야오와 사오싱 일대는 광활한 개활지와 번잡한 도시가 발달한 지역이었다.

이들 지역을 답사하면서 같은 유학자라도 자라난 환경에 따라서 생각과 이론이 달라질 수 있음을 생각했다. 주자학의 정밀하고 심오한 논리와 양명학의 간이직절簡易直切한 논리의 차이를 그들이 자라고 배운 환경에서

주자가 주로 활동했던 푸젠성의 무이 구곡. 첩첩산중으로 둘러싸여 있고, 계곡마다 시를 적어놓고 감상했다.

왕양명이 나서 활동했던 저장성은 예 나 지금이나 활기가 넘치는 도회지풍 이다.

구별해볼 수 있었다는 것이다. 첩첩산중 산골에서 꼼꼼한 주석과 철저한 논리가 나왔다면 넓게 트인 공간에서 간결함을 추구하는 사상과 문화가 나오지 않았나 하는 생각이 미친 것이다.

이것은 오늘날의 분위기와도 연관된다. 양명의 고향 저장성 위야오는 사통팔달의 도회지라면 주자의 고향 푸젠성 젠양은 여전히 낙후한 산골 이자 농촌이다. 물론 환경결정론을 그대로 따르는 것은 아니지만, 사상의 형성에서 자라난 환경의 영향도 무시할 수 없다는 것이다.

성리학의 "천리를 보존하기 위해서는[存天理], 인욕을 없애야 한다[滅人 欲]"는 수양론도 지역 풍토에 따라 강도가 다를 수 있다. 상대적으로 양명학은 주자학보다 인욕에 관대했다. 그렇다 보니 후기 양명학자들 가운데 일부는 욕망을 자연스러운 인간 본성으로 말하며 긍정적인 태도를 취하기도 했다. 양명학자들이 이처럼 인간 욕망에 대해 주자학자들보다 긍정적일 수 있었던 것은 개방지역의 풍토 때문이었다. 거칠게 말하자면 주자학이 배태된 첩첩산중에서는 욕망을 불태울 만한 환경 조성이 애당초 불가능했고, 가능하다 하더라도 능히 이길 만한 정도였다는 것이다. 하지만 도회지가 일찌감치 발달한 양명학의 고향에서 욕망을 버린다는 것은 그 어떤 일보다 힘들었을 것이다. 이로부터 욕망은 버리기보다는 적당히 추구하는 방향으로 흘렀던 것이다.

한국에서 양명학이 활발히 논의되었던 강화도 역시 근대화가 가장 활발했던 개방지역이다. 양명학자들의 출신 지역도 대부분 서울·경기도·황해도다. 그 어느 곳보다 개방된 지역들이다. 실학사상이 경기지방에서 주로 성행했던 것도 개방적인 지역적 특성과 무관하지 않을 것이다.

그러나 주자학 일변도로 치달았던 조선에서의 양명학은 자연·지리적 환경의 영향보다는 주로 정치·문화적으로 더 큰 영향을 받으며 배척되었다. 특히 퇴계 이황의 양명학 비판서인 『전습록논변(傳習錄論辯)』이 나오면서 더더욱 그랬다. 양명학 전래 초기, 즉 중종 16년(1521) 이후 몇 년간은 양명학에 그다지 비판적인 분위기는 아니었다. 그러나 퇴계의 양명학 비판 이후로는 반전되기 시작했다.

이 같은 경향은 이후로 더욱 심화되어 양명학은 적어도 조선에서는 이단 내지는 사문난적의 신세가 되었다. 이것이 오늘날 한국 유학의 특징으로 자리하면서 일본 유학과는 다른 양상으로 전개된 것이다.

재밌는 것은 한국과 일본의 사상적 방향의 차이를 중국 문화 유적에서도 찾을 수 있다는 점이다. 주희의 고향 주자학 유적들은 한국인의 손길로 복원되었고, 왕양명 관련 유적들은 일본인의 손길로 복원되었다. 역시 한국과 일본의 학술 풍토와 맞닿아 있다고 하겠다. 일본에 있어서 양명학은 한국과는 달리 근대화와 직결되기 때문에 질양 모두의 측면에서 한국보다 앞서 있다. 우리나라도 박은식·정인보와 같은 양명학자 그룹이 근대화의 선봉에 서 있었지만 일본만큼 양명학이 빛을 발한 것은 아니었다.

내용이 좋아도
포장이 지나치면

공자는 "처음부터 천재적인 소질을 갖고 있었던 것이 아니라 열심히 배우려고 했고, 배운 것을 힘써 실천하려고 했다."(『논어』 「술이」)는 것을 강조한다. 학문하는 자세와 의지를 강조한 내용이다. 이런 그를 두고 후대의 칭송은 매우 경쟁적이었다.

기원전 221년 진시황의 분서갱유가 단행되면서 잠시 주춤했던 공자 성인 만들기는 한나라의 '독존유술獨尊儒術'이 제창되면서 다시 본격화되었다. 사실 공자에 대한 추앙은 춘추시대 말기 노나라 애공이 그의 죽음을 추모하며 니보尼父라 존칭하면서 시작되었다. 그 후부터 공자에 대한 포장 경쟁은 치열하게 전개되었다. 한나라 평제는 공작公爵으로 추존하고, 포성선니공襃成宣尼公이라 시호하면서 공자를 성자의 반열에 올려놓았다. 492년 북위의 효문제는 시호를 '문성니보文聖尼父'라 했고, 580년 북주의 정제는 다시 추국공鄒國公이라 고쳤다. 581년 수 양제는 선사니보先師尼父로 추존했고, 628년 당 태종은 선성先聖으로 추존했다가 637년 다시 선보宣父

중국 산둥성 공자 묘. 무성한 봉분 앞으로 묘비에 대성지성문선간大成至聖文宣干이라 되어 있지만, 간구자는 앞에서 고개를 숙이면(예를 표하면) 왕조임을 알게 된다. 대성지성문선왕이란 시호는 원나라 때 붙여졌다.

로 고쳐 불렀다. 666년 당 고종은 태사太師로 추존했고, 690년 측천무후는 융도공隆道公으로 시호를 고쳤고, 739년 현종은 왕으로 지위를 높여 문선왕文宣王이라 시호했다. 1008년 송 진종은 현성문선왕玄聖文宣王으로 추존했다가 1012년에 다시 지성문선왕至聖文宣王으로 바꿨고, 1307년 원 성종은 대성지성문선왕大成至聖文宣王으로 추존했고, 1530년 명 세종은 다시 지성선사至聖先師로 고쳤다. 그리고 1645년 청 세조가 대성지성문선선사大成至聖文宣先師로 부르다가 1957년 이후로는 지성선사로 부르고 있다.

　왕조를 달리하면서 공자에 대한 경쟁적 평가는 호칭의 인플레이션을 가져왔다. 산둥성 취푸의 공자사당인 공묘孔廟에는 그를 기리는 비석들이 늘어서 있는데, 그 크기와 규모는 역대 왕조가 얼마나 경쟁적으로 그를 높였는가를 가늠하는 척도가 된다. 왕조마다 앞 다퉈 그를 치켜세운 것은 그만큼 공자가 전통 중국 사회에서 지극한 대접을 받았다는 증거다.

그러다가 1919년 5·4 신문화운동의 '전반서화론'의 대두와 1949년 신중국이 건설되면서 공자에 대한 평가절하는 날개 없는 추락과도 같았다. 2400년간 지속되어온 공자 문화의 찬란함이 20세기 초반 근대의 서구 문명에 의해 단번에 파괴된 것이다. 1960년대 시작된 문화대혁명은 유교를 발전의 장애물로 지목하면서 공자는 철저히 비판·부정·파괴되는 운명에 처해졌다. 아마도 분서갱유 이상의 파괴를 경험했을 것이다.

그렇다면 왜 이런 극과 극을 치닫는 결과를 초래했을까? 과포장이 불러온 화근일 수 있다. 공자 본인의 의도와는 달리 공자는 역사 속에서 너무 많이 포장되었다. 포장된 공자는 마치 중국과 나아가 동아시아 전체의 정신으로 둔갑했고, 그것이 일방통행식의 꽉 막힌 사유로 오인되었다.

꽉 막힌 사유란 봉건사회의 전근대성을 말한다. 그리고 비판 개혁의 새바람을 인정하기보다는 기존 그대로에 안주하려는 예스맨을 최고의 인간상으로 여기는 태도를 가리킨다. 반면에 현실적 여건을 고려해서 문제를 제기한 사람을 문제 많은 탕아로 만들었다.

이런 가운데 공자의 사상은 수천 년 동안 군림했다. 역대 제왕들은 그를 경쟁적으로 현창하며 포장했다. 잘된 포장은 상품가치를 높일 수 있다. 그러나 자칫 실속을 해칠 가능성도 없지 않다. 공자에 대한 사상적 포장은 때에 따라서는 진실을 벗어난 속 빈 강정이 되었다. 일세를 풍미하려는 세력들은 공자를 포장하여 정치의 도구로 삼았다. 공자의 사상을 백성을 억압하는 통치 이론으로 변모시켰다. 특히 이학理學이라 포장된 송·

명대 공자 사상은 교조주의·엄숙주의에 입각한 국가의 지도 이념이 되었다. 그러나 교조적·절대적 이학은 청나라의 학자 대진 같은 이로부터 "이학이 사람을 죽인다以理殺人"는 비난을 받았다. 사실 공자는 송·명대 이학의 기본 개념인 이기理氣와는 무관했다. 하지만 당시 학자들은 그를 이학에 묶어두었다. 한번도 이기 문제를 거론한 적이 없던 공자를 이학에 묶어두고 절대화·교조화시키면서 정권의 시녀 노릇을 강요했던 것이다. 물론 이것이 가장 심했던 곳은 조선이다. 조선에서는 성리학에 위반하는 모든 종교나 문화나 사상은 이단이었다. 혹 이단으로 몰리게 되면 사문난적으로 처벌되었다.

강력한 전제 체제의 이념적 기반을 이학이 제공한 것이다. 이로부터 피해를 입은 사람들은 당연히 "이理가 사람 잡는다"고 서슴없이 비난했다. 이학은 마치 국가보안법과도 같았다. 이것은 공자 사상의 실제를 왜곡 포장한 데 따른 과오였다.

"귀신 섬기는 것보다는 산 사람 섬기는 것을 먼저 생각하고," "죽음보다는 삶에 더 치중하고," "괴이한 것, 혼란한 것, 그리고 신비한 것을 경계했던" 그를 신비주의자로 몰아가며 종교화하려고 했던 것도 일종의 재포장 과정의 오류였다. 공자가 추구했던 것은 일반 백성들의 삶에서 "마땅히 지켜야 할 도리에 힘쓰고 귀신(이미 죽은 사람)은 가급적 경원敬遠시하라"는 것이었음에도 그를 따르는 사람들은 그 반대로 나갔던 것이다.

결국 공자로부터 비롯된 유가의 현세 지향적인 특징은 점차 사라져만 갔다. 한대 이후 내세 지향적인 종교 이념에 휩쓸리면서 본 색깔을 점차 잃고만 것이다. 동시에 온고지신溫故知新을 말하며 늘 새로움을 추구했던 유교가 언제부턴가 전통을 무조건 옹호하고 지키려는 복고주의가 되었다. 거기다가 격식화된 제사의 엄숙함만을 강조하는 일종의 극우 보수주의와 형식주의의 대변자가 되었다.

본모습을 잃고 탈색한 유교는 결국 5·4 신문화운동을 통해서 한번 홍역을 치렀고, 다시 마오쩌둥의 문화대혁명 때 일방적으로 파기되는 시련을 겪었다. 이제는 비판을 두려워하는 수구 세력이 아니라, "나는 참으로 행복한 사람이다. 나에게 잘못이 있다면 남들이 반드시 그것을 일러주니 말이다"(「술이」)라고 한 공자의 말처럼, 과오에 대한 지적과 비판을 다행으로 여기며 시대의 흐름에 따라 변화하는 여유를 갖는다면, 유교는 다시 설득력 있는 시대의 가치로 부각되지 않을까.

죽음에 대한
동양적 고찰

죽음은 모든 생명체가 반드시 겪게 되는 한 과정이다. 인간은 바로 그 죽음 앞에서 자기 존재의 한계를 인식한다. 그러나 인간은 자기 자신의 죽음을 경험하고 말할 수는 없다. 주변의 죽음을 통해 죽음을 유추하며, 죽음을 슬픔으로, 고통으로, 두려움으로 받아들인다.

물론 장자의 영향 아래 놓인 도가 계열에서는 '사생일여死生一如'의 관점에서 죽음을 일종의 기쁨이자 축제로 여기는 측면도 없지 않다.『장자』「덕충부」편에는 "죽음과 삶을 하나의 가지로 생각한다"고 했다.「지락」편에서는 장자 부인이 죽었을 때 장자가 북 치고 장구치고 춤추며 노래하는 장면이 나온다. 이를 탓하는 친구에게 장자는 "기가 변하여 형체가 있게 되고, 형체가 변하여 생명이 있게 되고, 지금 또 변하여 죽게 되는 것이니, 이것은 봄·여름·가을·겨울의 사시가 서로 교차하는 것과도 같다"고 하며 죽음의 의미를 변론했다. 이런 점에서 장자의 사생관을 '사생일여'라

한 것이다.

아무리 그렇다 하더라도 죽음을 슬픔·고통·두려움으로 해석하는 게 통념이다. 따라서 인간은 죽음의 그늘 속에서 살면서 생명에 대한 애착을 갖고, 죽음에 대한 불안을 극복하기 위해 노력한다. 이로부터 인간은 죽지 않는 영원불멸의 절대자에 의존하려고 한다든지, '불로장생'의 신비를 추구한다. 대부분의 종교인들이 절대자에 의지하는 것도 근본적으로는 불완전하고 유한한 현세의 불안의식을 극복하려는 강력한 의지에서 비롯된 것이다. 고대사회로부터 현대에 이르기까지 거의 모든 종교가 죽음의 문제를 그 핵심으로 다루고 있는 것도 여기에 그 이유가 있다. 기독교·불교·도교가 대표적이다.

그러나 유교의 죽음이란 여타의 다른 종교가 말하는 것과는 색다르다. 유교가 종교인가 아닌가의 질문에 대한 논의 자체만으로도 많은 논란이 있지만 유가가 추구하는 궁극적 목표는 현세적인 인간의 삶에 있다. 그렇기 때문에 내세 지향적인 종교들과는 확연히 구별된다. 그렇다고 유교가 전혀 죽음의 문제, 나아가 내세의 문제를 다루지 않은 것은 아니다. 유교의 중심 내용이 현실적인 삶 속에서의 도덕·윤리를 지향하고는 있지만, 그 이면에는 나름대로의 죽음·영혼·내세 등의 문제도 깊이 성찰하고 있다.

선진시대 공자는 "삶도 제대로 알지 못하는데 어떻게 죽음을 알 수 있겠는가?"(『논어』 「선진」)라고 했다. 나아가 죽은 이에 대한 제사 문제도 "아직 살아 계신 분들도 제대로 모시지 못하는데 어찌 귀신들을 섬기겠는가?"(「선진」)라는 말로 정리했다.

즉 공자의 죽음과 그 이후에 전개되는 내세관은 명쾌하지 않다. 죽음

과 내세보다는 현실적인 삶과 살아 계신 분들에 대한 공경을 우선 과제로 삼았기 때문이다. 이로부터 공자 사상은 현실주의적 도덕의식의 틀 속에서 이해된 것이다. 그럼에도 제사를 강조한 것은 아마도 전해오는 전통에 대한 존중의 태도 때문인 것 같다. 기왕에 제사 지내는 것, 마치 귀신이 그 자리에 존재하는 것처럼|如在| 생각하라는 주문이 이를 증명한다.

선진유가에서 말하는 죽음은 불완전자로서의 현실적 삶에 대한 도피 내지는 단절의 의미가 아니다. 삶의 연장일 뿐이다. 다시 말해 혼魂이 하늘로 오르고 백魄이 땅으로 돌아간다|歸|는 죽음의 의미는 하늘과 땅, 다시 말해 음양의 한 형태이다. 음양은 대립되는 것이 아니라 조화 개념이다. 이런 점에서 삶과 죽음도 조화를 이룬다. 그 조화의 공간이 차세此世가 되었든 피세彼世가 되었든 양자는 연속선상에 있다. 인간은 살아 있을 때에는 하늘과 땅 사이에서 조화를 이루며 산다. 죽으면 이것이 흩어져 혼은 하늘로 백은 땅으로 돌아간다. 그렇다면 단절이요 끝이라고 할 수 있다. 그러나 결코 그렇지 않다. 인간의 형체는 죽으면 끝나는 것이 아니라 그 후손에 의해 연장되기 때문이다. 그러므로 한 인간의 죽음은 그 순간부터 후손에 의해 이어지는 연속의 한 부분이다. 조상은 후손에 의해 재현되고, 후손은 제사를 통해 조상을 기억한다. 죽어서 영원불멸하는 것이 아니라 후손에 의해서 끊임없이 이어지는 것이다.

공자 이전의 죽음에 대한 사고는 귀신이 되어 마치 불멸하는 듯한 인상을 준다. 하지만 공자에게 보이는 죽음관은 살아 있는 후손에 의해 연장된다. 죽은 자의 혼백은 하늘과 땅으로 돌아가 차츰 소멸될 뿐이다. 그렇기 때문에 공자의 세계관 속에는 영원불멸하는 죽음 이후의 세계는 존

푸젠성 남핑[南平]의 주희 묘. 봉분과 주변을 온통 주먹만 한 자갈로 덮은 반영구적 시설로 관리의 편리함을 도모했다.

저장성 위야오의 왕양명 묘. 무덤 위로 갈대와 대나무가 무성하다. 대나무의 이치를 깨우치려 했던 일화를 연상시킨다.

저장성 위야오의 황종희 묘. 황종희는 명말청초 대학자로 무덤 앞에는 인공연못을 조성해 명당의 조건을 만들어 놓았다.

재하지 않는다. 그렇지만 한 사람의 생명은 죽음으로 끝나는 것이 아니라 그 자손을 통해서 끊임없이 이어진다고 믿었다. 대를 잇는 것이 가장 큰 효이고, 대를 잇지 못하는 것이 가장 큰 불효라는 것도 이것과 연관이 있다. 조상은 후손을 통해 재현되고 기억되는 것이다. 여기서 효도는 가장 중요한 요소가 되었다.

『맹자』「이루하」 편에는 순임금이 부모에게 허락받지 않고 결혼한 것을 후손을 잇지 못하는 더 큰 불효를 면키 위한 것이라 했다. 어차피 허락받지 못할 결혼이라면 몰래 결혼해서 후사를 이어가는 것이 차선의 효라고 생각한 것이다. 후손을 잇는 것은 자신과 선조의 생명을 이어가는 대단히 중요한 의미를 지닌 것이다.

역사 속의
유가문화

유가문화는 춘추전국·진한·당송·명
청·근현대 등과 같이 하나의 흐름 속에서 이해해야 한다. 한 시대 한 공
간 안에 가둬두고 전체를 말할 수 없기 때문이다. 특정 시기의 유가문화
만을 가지고 전체를 판단할 수 없다. 변화[易]와 흐름[流行]을 중시하는 중
국 문화의 특성상 유가문화는 끊임없이 변화를 추구했다. 역동성[生生不息]
을 중시한 측면에서 본다면 더욱 그러하다.

춘추전국시대는 생존을 위해 변화에 능동적이지 않으면 안 되었다. 변
화란 정치와 무관할 수 없다. 사회 변화에 따른 능동적 삶을 정치 문제로
풀 수 있기 때문이다. 유가는 도덕정치를 강조한다. 유가의 도덕정치는 인
[仁]과 의[義]를 통해 표현된다. 그것은 정치를 바르게[正]하기 위한 방법이다.
바른 정치를 하면 백성은 모이고, 백성이 모이면 부강해진다. 부강한 나
라는 전쟁의 시달림에서 자유로울 수 있다.

그런데 도덕이 곧바로 민생고를 해결해주지는 못한다. 아무리 "배부른

돼지보다는 배고픈 소크라테스"를 말한다 하더라도, 일반 서민의 입장에서 춥고 배고픈 것은 가장 큰 문제다. 이 점에서 춘추전국시대 유가 사상가들은 경제적인 이익 추구를 무시할 수 없었다. 다만 도덕과 경제의 선후 문제에서 도덕적 가치의 중요성을 언급했을 뿐 경제적인 이익을 무시하지는 않았다. 도덕적 의義와 경제적 이利는 분별해야 하지만, 양자를 대립시킨 것은 아니다. 정치사회적 혼란기 속에서 지나치게 이익만을 추구하는 이들에 대한 경계일 뿐이다.

진한시대로 접어들면서도 정치적 혼란은 계속되었다. 정치적 혼란은 민생의 불안 요소였다. 이로부터 민간은 자신의 삶에 대한 궁극적인 해결책을 모색했다. 때 마침 도교와 불교가 종교 조직으로 자리 잡으면서 민간의 의식을 사로잡았다. 유가 또한 이들과 경쟁 관계에 놓이면서 보다 강력한 이념 구축을 하지 않으면 안 되었다. 결국 유가는 한대 동중서(기원전 197~104)에 의해 강력한 이데올로기를 구축했다. 이른바 봉건적 통치 이념의 가장 힘있는 기반으로 유가가 유교로 자리 잡게 된 것이다. 삼강오륜은 이제 더이상 윤리 도덕이 아닌 법제적 구속력을 지녔다.

이것은 당송시대로 이어졌지만 민심은 도교와 불교에 이미 경도된 상황이었다. 특히 당대의 도교와 불교는 유교 의식으로 무장한 귀족 관리들은 물론 궁정에까지 영향력을 미쳤다. 결국 유교는 재무장을 시도하지 않으면 안 되었다. 바로 송대 성리학을 탄생시킨 것이다. 성리학은 도교와 불교의 강력한 도전에 대응하기 위한 유교의 새로운 태어남이었다. 그래서 신유학이라고 했다. 이기理氣를 기본 개념으로 새롭게 태어난 신유학은 기존의 유학 범주를 한 계단 끌어올린 획기적인 것이었다. 기존의 유학이 현실적인 도덕·윤리적 차원에 크게 의존했다면, 신유학은 철학적으로 종교적으로 그 범위를 확장했다.

하지만 신유학이 지나칠 정도로 불교와 도교의 영향을 받았다는 비난도 만만치 않다. 특히 신유학의 핵심 이론인 이기론을 불교에서 그대로 따온 개념이라 해서 신유학을 유학이 아니라고 비판하기도 한다. 그러나 이를 재비판하는 논리가 재밌다. 깊은 산속에 굶주린 호랑이가 주변에 있던 산토끼를 덥석덥석 잡아먹었다. 그래서 호랑이 뱃속은 온통 산토끼로 가득 찼다. 그러면 이것은 호랑이인가 산토끼인가? 그만큼 신유학이 불교와 도교 이론에 영향을 많이 받았다는 것이다.

그러나 신유학의 철학적·형이상학적 모습은 구체적 현실의 생활 문제와는 다소 거리가 있다. 이에 대한 반작용으로 유학은 다시 한번 변화를 모색했다. 명청시대 경세치용의 실학사상이 그것이다. 실학사상은 실용적 가치와 현세적인 삶을 중시하는 유학의 가장 핵심적인 요소로의 복귀였다. 철학적·종교적 성리학으로부터 다시 현실적 정치·경제 문제로 관심을 돌린 것이다. 실학사상이란 사회경제의 서민적 요청과 직접적인 관련을 갖는다. 이런 실학적 풍토는 유학 본래의 모습으로 돌아가자는 것이다. 한대 이후 강압적 정치 논리와 강제적인 윤리 관념으로 재포장되었던 유교를 선진유가가 추구했던 현실 문제로 초점을 바꾼 것이다. 정치적인 지배 논리를 정당화시키며 어용 사상으로 변질되었던 유교문화를 다시 민생을 위한 현실적인 사회문제로 돌린 것이다. 그것은 부패한 정치 조직과 강압적인 윤리적 구속으로부터 인간을 해방시키려는 노력이었다. 그 주역이 바로 명청대 실학사상가들이다. 그 내면에는 전과 달리 개인의 각성된 자아가 강조되었다. 개인의 각성된 자아의식은 욕구·욕망의 절제를 강제하던 봉건적 의식으로부터의 해방을 추구했다. 개인의 욕망 추구를 자연스러운 인간의 본모습으로 확인하는 단계로 나아간 것이다. 이런 의식의 전환은 중국의 동남 연안 지역의 도시 경제를 활성화시키는 데 기여했다. 새로운 사회를 향해 문을 활짝 여는 계기를 마련한 것이다. 이른바 동남 연안 도시의 활성화와 그로 인한 자본주의 맹아의 출현이다.

그러나 유학의 이런 시대적 요청에 의한 변화와 변신은 일부 지식인들과 서민들에게 국한되었다. 강력한 힘을 지닌 궁정을 비롯한 정치 행정의 중심부에서는 여전히 수구적이고 강압적인 유교 문화를 답습했다. 도성 밖의 문화는 변하고 있는데, 도성 안은 이전 그대로 유지되고 있었다. 영화 〈마지막 황제〉의 장면에서처럼 당시의 궁정이 얼마나 시대 조류에 어긋나 있었는가를 짐작할 수 있다. 도성 밖에서는 서구 제국주의 세력의 총성이 빗발치는데, 성 안에서는 궁녀와 환관에 둘러싸인 황제의 태평세월이 지속되었던 것이다.(이 같은 분위기는 사실 조선에서도 유사하게 진행되었다. 한국과 중국이 일본보다 근대화에 뒤처진 이유가 바로 여기에 있다. 일본도 쇄국정책을 폈지만 지도층 한편에선 근대적인 제도와 문물을 적극 수용하면서 일본 전체를 새로운 단계로 나아가게 했다.)

뭉치면 살고
흩어지면 죽는다

몇 해 전 중국에서 외국인 교수와 학생 수십 명이 기차로 5시간 정도 거리에 있는 지역의 문화축제에 참가한 적이 있다. 열차 안에는 미국인 교수 8명을 비롯 러시아·캐나다·영국·일본에서 온 교수 각각 1명, 그리고 20여 명의 한국 학생과 10여 명의 일본 학생, 대여섯 명의 러시아와 유럽, 아프리카에서 온 유학생과 이들을 인솔하는 중국인 책임자 2명이 함께 있었다.

중국에서 5시간 정도의 기차여행은 그렇게 먼 축에 들지 못한다. 하지만 익숙하지 않은 이들에게는 지루한 시간이다. 그때 한국 남학생 한 명이 열차 내에서 담배를 피웠다. 이를 못마땅하게 생각한 미국인 젊은 교수가 제지했다. 당연히 열차 안에서의 금연은 상식이다. 상식을 위반한 한국 학생의 분명한 과실이었다. 그런데 상황은 그렇지 않았다. 두 사람은 결국 몸싸움을 시작했다. 원활치 못한 언어 소통은 소동을 키워만 갔다. 여기서 중요한 것은 이 소동을 대하는 한국인과 미국인의 태도였다.

같이 있던 한국인과 미국인이 보인 행동에는 큰 차이가 있었던 것이다.

소동이 벌어지기 전까지 미국인들은 한편에선 카드놀이를 했고, 한편에선 정담을 나누었다. 그러나 일이 벌어지자 언제 그랬냐는 듯 각자의 일로 돌아섰다. 어떤 이는 책을 보고, 어떤 이는 잡지를 뒤적이고, 어떤 이는 차창 밖을 내다보며 명상에 젖었다. 모두가 나 몰라라 했다.

반면 한국 학생들은 전혀 달랐다. 처음에는 별로 신경 쓰지 않더니 사태가 심각해지자 소동 벌어진 자리로 하나둘 몰려들기 시작했다. 자연스럽게 한 덩어리가 된 것이다. 논리적으로 상식적으로 밀릴 수밖에 없던 한국 학생은 그 이후 자신의 행위를 더 큰소리로 강변했다.

요약하면 이렇다.

"당신 중국 여행 얼마나 해봤어! 어디 기차 안에서 담배 피우는 게 큰 위법인줄 알아! 중국 사람들 치고 차 안에서 담배 안 피우는 사람 어디 있어!"(지금은 사라졌지만, 당시 중국 여행을 하다보면 기차나 버스, 그밖의 금연 장소에서 담배 피우는 것은 심심찮은 일이었다.)

그러나 이 문제는 학교로 돌아와서도 계속되었다. 처음에는 한국 학생에게 불리하게 진행되었다. 하지만 한 덩어리로 뭉친 한국 학생들의 집단적 움직임은 오히려 미국인 교수의 해명 아닌 해명으로 끌고 갔다. 이유는 간단했다. 이전부터 그 미국인 교수가 한국 학생들을 대하는 태도에 문제가 있었다는 것이다. 그것이 기차 안에서 폭발한 것이라는 주장이다.

당시 한국은 IMF 체제 아래서 경제위기를 겪고 있었고, 유학생들은 하루하루 "오늘은 (환율이) 얼마야!"가 인사이던 시절이었다. 그때 그 미국인 교수가 100달러 지폐를 꺼내 보이며 엄지손가락을 추켜세웠고, 한국 학생을 가리키며 손가락으로 바닥을 가리켰다는 것이다. 아마도 한국의 치솟는 달러화 환율에 대한 수신호였던 것 같다. 하지만 한국 학생들에게 이것은 한국을 비하하는 행위가 되었다. 또다른 이유도 들었다. 그 미국인 교수는 한국 여학생들만 보면 이상야릇한 미소를 짓는다는 것이다. 이보다 치명적인 사유가 또 있겠는가? 이런 등등의 진정서를 연기명해서 학교에 제출했다. 처음에는 문제 삼지 않던 것들을 문제가 생기자 집단적으로 그것을 회상하며 문젯거리로 이용한 것이다. 상황이 이렇게 되자 대학 당국은 미국인 교수에게 주의를 환기시키며 해명을 요청했고, 그는 사과성 해명을 해야만 했다. 이렇게 해서 흡연으로 인한 사건은 일단락되었다.

이 문제는 결코 긍정적 사안은 아니다. 여기서는 다만 한국인의 기질을 말하고자 할 뿐이다. 수십억 세계인들이 지켜본 월드컵 기간 동안 한국인들이 보여준 기질도 마찬가지다. 지구상에 어느 나라도 흉내 낼 수 없는 엄청난 단결력을 보여준 일대 사건 중의 사건이다. 아마도 이 지구상 어디에도 우리만큼 강한 결집력을 지닌 나라도 없을 것이다. 그렇다면 어떤 문화적 요인이 우리를 이렇게 만들었을까? 그것은 아마도 전통적 공동체 논리의 핵심인 인仁 사상이 수많은 세월을 거치면서 이뤄 놓은 결과가 아닐까 생각한다.

인은 한마디로 사람과 사람의 관계를 규정짓는 말이다. 『중용』과 『맹자』에서는 인을 사람人이라고 했다. 글자로 봐도 인은 두 사람人+二이니 사람 관계를 표현한 것이라 해도 틀리지 않다.

구체적으로 어떤 관계를 말하는가? "사람의 마음을 인"(『맹자』「고자상」)이라 하고, "효도하고 공경하는 것을 인의 근본"(『논어』「학이」)이라고 했다.

따라서 그 관계는 부모 자식 간의 관계요, 형제자매 관계를 말한다.

인한 사람은 자기가 하고 싶은 것을 남에게 배려해야 한다고 했다.

"내가 서고자 하면 남을 세워 주어라."(『논어』「옹야」)

"내가 하기 싫은 일을 남에게 시키지 말라."(『논어』「안연」)

"(인은) 사람을 사랑하는 것이다."(『맹자』「이루하」)

인은 사회활동에서의 대인관계를 말하고 그에 대한 배려를 말한다. 그래서 인을 실천하는 사람은 개인적인 욕심을 이기고 공동체의 질서 회복에 앞장서야 한다고 했다.

"자기를 이기고 예(질서)를 회복하는 것이 인이다."(『논어』「안연」)

인은 더 크게는 사회공동체의 질서 확립을 표현한 것이다.

"인한 정치를 하는 사람은 자신이 큰 나라를 갖고 있으면서도 작은 나라를 존중한다. (…) 큰 나라를 다스리면서 작은 나라를 존중하는 사람은 하늘의 뜻을 즐거워하는 사람이고, 작은 나라를 다스리면서 큰 나라를 섬기는 사람은 하늘의 뜻을 경외하는 사람이다. 하늘의 뜻을 즐거워하는 사람은 천하를 보전하고, 하늘의 뜻을 경외하는 사람은 나라를 보전한다."(『맹자』「양혜왕하」)

큰 나라는 관용이 있어야 한다는 것이다. 인을 국가관계 속에서의 질서를 규정하는 원리로 확장시킨 내용이다. 오늘날 미국이 세계 경찰국가 행세를 하면서 그것이 통하는 것은 그래도 저 아프리카 오지라든가 제3세계 빈곤한 나라에서 봉사의 손길이 함께 이루어지기 때문이다. 일본이 강력한 경제대국이면서도 국제사회에서 인정받지 못하는 것은 약소국에 대한 온정이 작기 때문이다. 인한 정치는 강하면 강한대로 약하면 약한대로 베풂이 있어야 한다는 것이다.

가까운 사람을 사랑하는 친친親親(『맹자』「진심상」)은 인간의 정감상 당연하다. 따라서 이것을 위반하는 것은 문제가 있다는 것이 유가의 관계론이다. 이런 유가문화가 뿌리 깊은 이 땅에서 부모로부터 버림받은 어린아이를 입양하는 풍토는 낯설다. 내 부모를 사랑하는 만큼 옆집 아저씨와 아주머니를 같은 심정으로 사랑할 수는 없다. 그렇다면 내 자식을 사랑하는 만큼 남의 자식을 사랑할 수도 없다. 감정이 메말라서 그런 건 아니다. 남을 사랑하고 동정하는 데 사랑의 순서가 중요한 의미를 지니기 때문이다. 잘잘못을 떠나서 나와 가까운 사람은 언제나 내 편이다. 아무리 내 편이 잘못했어도 편을 드는 건 이상하지 않다. 객관적인 이성보다 주관적인 감성이 우선한다는 것이다.

이 때문에 유교문화는 불합리한 일들을 양산했다. 이성보다 감정에 의존했기 때문이다. 방송매체를 통해서 흘러나오는 휴먼드라마나, 이산가족 상봉의 장면을 보고 많은 사람들이 눈물을 흘린다. 외국에 입양되었던 아이들이 애타게 친부모 찾는 모습을 보며 안타까워하는 동정심도 대단하다. 남의 안타까움과 불행을 동정하고 이해하는 감정은 대단히 격정적이다. 그래서 정신적이든 경제적이든 돕고자 하는 충동을 행동으로 표현한다. 그러나 입양에 대한 견해는 다르다. 배다른 아이를 구박하는 것은 단지 옛날이야기가 아니다. 콩쥐팥쥐 이야기는 우리 친친 문화의 산물이다.

유가적인 문화가 뿌리 깊은 한, 남의 집 아이를 입양하는 것은 쉽지 않다. 정신과 육체가 자손에게 대물림된다는 유교적 의식은 어떻게 해서든 자신의 씨를 통해서 후손을 보아야만 했다. 자기 자식만이 순수 혈통으로 가치가 있다고 여기기 때문이다. 혈통이 필요한 집안은 씨받이를 통해서라도 대를 이었다. 양자를 들이더라도 주변 친척에서 찾았다. 이런 의식 풍토에서는 남의 아이를 내 자식처럼 키울 심리적 준비가 불가능하다.

이렇게 보았을 때 유교적 친친의 사랑은 묵자가 지적한 것처럼 '차별애'임이 분명하다. 차별애를 인간의 자연스러운 감정의 발로라고 여긴 것이다. 묵자의 겸애兼愛(박애)는 이것과 어긋난다. 겸애는 인간의 자연스러운 감정을 해치는 이단이란 것이다. 그래서 맹자는 양주를 자기만 아는 위아爲我(이기)주의자로 비난하고, 묵자를 남만 생각하고 자기를 돌볼 줄 모르는 비현실적 겸애주의자로 비판했다.

위아나 겸애 모두 유가의 입장에서 보면 인을 위반하는 것이다. 친친을 통한 관계 회복이 점차 확장되기를 기대하는 것이 유가적 인의 논리다. 나의 부모를 사랑하는 만큼 남의 부모를 똑같은 심정으로 사랑할 수 없다는 것이다. 그것이 자연스러운 인간의 마음이기 때문이다. 이것은 좋든 싫든 혈연·지연·학연을 근간으로 하는 공동체를 낳았다. 그로 인한 결속력은 불가능을 없게 만들었다. 그 공동체로부터 소외된 사람은 갈 곳을 잃고 일종의 '왕따'가 되었다.

이런 인간 심리가 오랜 기간 머물면서 인간관계의 끈은 더욱 공고해졌다. 결국 "우리가 남이가!" "미워도 다시 한번"이란 말을 무성하게 만들었다. 사회생활을 하는 사람들 입에서는 관계의 좋고 나쁨에 따라 "되는 것도 없고, 안 되는 것도 없다"는 자조 섞인 말도 나왔다. 관계가 좋은 사람은 불가능한 것이 없고, 관계가 나쁜 사람은 당연히 되어야 할 것도 안 된다는 소리다.

우리보다 관계(꽌씨)를 더 따지는 중국에서 주변 지인이 겪은 일이다. 장기 체류하면서 개인 전화를 가설하는데, 공식적으로는 한 달에서 세 달까지 기다려야 한다는 것이다. 마침 잘 알고 지내는 분에게 그 사연을 말하자 잠깐 있어보라고 하고서는 몇 군데 전화를 했다고 한다. 그러자 그날 저녁 전화가 설치되었다는 것이다. 꽌씨의 중요성을 여실히 보여준 예다.

사실 이것은 남의 나라 일이 아니다. 합리적인 일 처리보다는 주관적 판단이 우선하고 법치보다 인치가 이뤄지는 사회의 공통된 문제다. 누구와 관계를 맺고 있느냐가 일의 성패를 좌우하는 사회의 특성이 이런 현상을 낳은 것이다.

그런데 이 같은 우리의 문화유형은 역사 속에서 긍정·부정의 두 가지 결과 모두를 양산했다. 합리적이어야 할 때 주관적이었기 때문에 일을 그르쳤고, 능력보다는 관계있는 사람들끼리 서로서로 해먹다가 기업은 물론 나라 경제까지도 망치고 말았다. 반면 어려움에 처했을 때 혈연·지연·학연 등의 가까운 사람들과 더불어 난관을 극복한 경우도 허다했다.

이런 점에서 인과 친친은 고질병이자 동시에 치료약이다. 유가적 인과 친친의 논리가 뿌리 깊은 한국의 정체성으로 작용하면서 삶의 장애 요인도 되었고 성장 요인도 된 것이다. 또 그것으로 인해 위기를 자초하기도 했고 위기를 벗어나기도 했다.

관계를 기반으로 하는 사상적 사유가 본래 의미와 관계없이 변질되어 부정적 작용을 낳을 수 있다. 그러나 관계를 중시하는 문화가 반드시 부작용만을 양산했다고 단정하는 것은 곤란하다. 자연스러운 인간의 감정 전반을, 일부 이를 악용하는 사람들 때문에 버려야 한다고 말하는 것은 문제의 본질을 흐리는 것이다. "구더기 무서워 장 못 담그는가?"

처음의 상태로 돌아가자復其初는 말은 결코 복고주의가 아니다. 그간 왜곡되었던 그래서 부정적으로 변해버린 현실을 고쳐보자는 방법적 제안일 뿐이다. 일종의 '탁고개제托古改制'이며, '온고지신溫故知新'이다. 이것은 "아! 옛날이여!" "그래도 그때가 좋았지!"와는 질적으로 다른 문제다.

세계화 시대
세계화하지 못한 것

|둘|

사용자, 이용자보다는 유저User가 패배자, 실패자보다는 루저Loser가 쪽지 보내기보다는 메신저Messenger, 트위터Twitter가 어울리는 세상이다. 보람마을, 사랑마을, 꿈마을 하던 아파트 단지도 개나리, 진달래, 현대, 삼성 하던 아파트 이름도 구시대 산물이 되었다. 위브더스테이트, 타워팰리스, 스타클래스, 블루밍, 푸르지오, 힐스테이트, 해피케슬이란 서구식 이름이 자연스럽게 다가온다.

이런 세대에게 문지기(골키퍼), 오른쪽/왼쪽날개(라이트/레프트윙), 손다치기(핸들링), 공몰기(드리블), 금골(골든골), 가운데몰이꾼(센터포드), 팔방돌이(멀티플레이어)란 한글 용어는 낯설기만 하다. 예전에 월드컵 축구 중계를 하던 북한 아나운서의 말이 듣기 거북했던 이유다. 남산땅굴보다는 남산터널이 맞다고 판단하는 시대이니 당연한 일이다.

젊은 여성에게 예절 바른 남자, 매너 좋은 남자, 에티켓 있는 남자 중 하나만 고르라면 어느 쪽을 선택할까? 모르긴 해도 예절 바른 남자가 가장 적을 듯하다. 예절 바른 남자는 왠지 고리타분할 것만 같고 큰절을 해야만 할 것 같다는 생각 때문이다.

같은 말이라도 서구 언어를 사용하는 것이 세련되고 앞서간다는 느낌을 준다. 비록 그것이 선입견일지언정 시대적 대세인 것만은 분명하다. 세계화 시대에 세계 공용어를 사용하는 것은 자연스러운 일이다. 지나치게 우리 것만을 고집할 이유는 없다. 하지만 세계화하지 못한 부분도 없지 않다. 음식문화다. 전 세계 어디를 가도 자기 나라 음식을 싸들고 다니는 사람은 한국 사람뿐이다.

중국에서의 경험이다. 어느 나라를 막론하고 다양한 볼거리와 먹을거리는 현지 체험 중 매우 중요한 요소다. 특히 중국의 수만 가지 요리는 어디서나 맛볼 수 없는 귀한 기회다. 그걸 마다하고 일부 한국인들은 자신들이 싸들고 온 음식을 고집한다. 중국 식당의 주방장과 안내하는 종업원에게 직접 들은 이야기다.

"한국 사람들은 참으로 특이하다. 풍부하고 다양한 중국 요리를 앞에 두고 자신들 나라에서 가져온 음식을 먹는 사람들이다. 아마도 이런 모습은 한국 사람들이 유일할 것이다."

평소 국내 식당을 이용하면서 반찬 싸들고 다니지 않았다면 외국 나갈 때도 똑같이 적용되어야 한다. 까다로운 식성 때문에 할 수 없이 싸들고 간 반찬이라면 개인적 공간에서 해결할 일이지 현지 식당에서 먹는 것은 예에도 어긋난다. 한국 음식 특유의 맛과 향이 현지인들에게 똑같이 구미에 당기는 것은 아니기 때문에 더더욱 그러하다.

『예기』에 "예의 처음은 음식에서 비롯한다"고 했다. 모든 예절이 식탁에서 시작한다는 것이다. 예로부터 밥상머리 예절을 그렇게 강조한 것도 이 때문이다. 더구나 그 "예란 마땅함을 따르는 것이고, (만일 외국에 사신으로 갔다면) 사신으로 간 나라의 풍속을 따르는 것이다"라고 했다면, 외국 식탁에서 한국 음식 꺼내놓고 먹는 것은 엄청난 결례가 아닐 수 없다.

갈수록 해외여행객이 늘고 있다. 해외여행이 더이상 사치가 아닌 세계화의 현장 학습이고 자신은 물론 더 큰 한국사회 만들기의 당연한 현상이라면 현지 풍속을 따르고 현지의 식탁 예절을 존중하며 그에 맞게 적응해보는 것도 중요한 과제가 아닐까 생각한다.

문화 포용정책의
위력

동아시아 문화, 특히 유교문화는 이 땅에 뿌리 깊고 자존심 강한 민족의식으로 자리 잡았다. 우리 민족이 문화민족임을 자부하는 이면에는 유교적 의식이 강하게 자리하고 있다. 유교문화의 중심부를 중화문명이라 하고 주변부에서 영향 받은 한민족은 스스로 소중화라 하며 오랑캐, 이른바 반문명국과 구별했다. 몽골족의 원나라와 만주족의 청나라가 중원을 장악했을 때에는 중화의 정통적인 계승자로서 자처하기도 했다. 유교문화를 최고의 민족문화로 인식한 것이다.

일찍이 서구 문화로 무장한 일본인들이 한국의 전통문화를 말살하려는 정책을 펴면서 성과 이름을 바꾸고, 상투를 자르는 등의 문화적 단절을 요구했을 때, 우리의 선조들이 목숨 걸고 대항했던 것은 유교문화를 최고의 가치로 여겼기 때문이다.

이때 일본인들이 문화 포용정책을 폈더라면 오늘날 한국의 정체성은 어떻게 되었을까? 한국말을 쓰게 하고 복장도 머리 모양도 우리 식대로 내버려두고 생활 습관도 참견하지 않았다면, 그리고 단지 정치·외교 문제만 간섭했다면, 오늘날 한국은 어떻게 되었을까? 일본이 한국의 문화적 자존심을 건드린 것은 결과적으로 한국 문화를 더욱 견고하게 만들었고, 그 가치를 한껏 높여놓았다. 경제대국 일본을 지금까지도 내려다보는 한국인의 시각은 현재적인 관점에서의 문화적 자존심이라기보다는 기존의 고등한 문화 수출국으로서의 자존심이 아직도 우리의 의식을 지배하고 있기 때문이다.

명말청초 2퍼센트 내외의 만주족이 90퍼센트 이상이 한족漢族인 명나라를 정복했을 때, 한족이 입은 문화적 자존심의 상처는 매우 깊었다. 그때 상당수 한족 지식인들은 남명南明 정권을 수립하고 항청운동에 가담했다. 이것은 다른 한편으로는 문화적 자존심 회복운동이었다. 그런데 청나라 정부는 문화정책으로 그들을 달래려고 했다. 유구한 문화, 고등한 문화를 지닌 한족 지식인들을 위무하는 데 이것만큼 좋은 것도 없었다. 지금도 명·청대 수도였던 베이징의 자금성에 가보면 한자와 만주어가 병기되어 있다. 만일 일본 사람들이 한국에서 했던 것처럼 청나라 정부가 한족들에게 문화 말살정책을 폈더라면 청나라의 존속은 가당치 않은 일이었다.

또한 만주족 정권은 한족 지식인들을 자연스럽게 정권에 참여시키는 정책을 펼쳤다. 예컨대 전대의 역사, 곧 명나라 역사를 편찬하는 일에 청조가 관여하게 되면 어떻게 왜곡될지 모른다는 차원에서 한족의 역사는 한족의 손에 맡긴다는 원칙을 제시하고 한족 지식인들을 유인했다. 청조의 문헌 고증작업도 사실은 문화정책의 일환이었다. 지식인들을 거리의

베이징 자금성의 교태전. 한자와 만주
어가 병기되어 있다.

투사에서 연구실의 책상으로 자연스럽게 유도한 것이 바로 문헌 고증작
업이었고, 문화정책이었다.

이 같은 고등 문화정책을 지금의 중국 정부가 그대로 답습하고 있다.
55개 소수민족 정책이 이를 반증한다. 그들은 철저히 소수민족의 언어와
문화를 존중하고 보존할 것을 권유한다. 그리고 자치정부를 구성해주고
이를 국가 차원에서 보호해준다. 매년 소수민족 문화 잔치를 수도 베이
징에서 성대하게 여는 것도 중국만의 소수민족에 대한 포용정책이다. 오
늘날 세계 각지에서 민족·종교·이념 문제로 대립 갈등하는 것을 놓고 볼
때, 중국 정부의 이런 조치는 대단한 용단이자 지혜가 아닐 수 없다.

우리는 간혹 "뜨거운 물 속의 개구리는 튀어나와 살지만 미지근한 물
속의 개구리는 서서히 죽어간다"는 이야기를 한다. 중국의 문화정책이 바
로 이와 같다. 이미 오랜 세월 자신도 모르게 익숙해진 문화를 단번에 고
치게 한다면 당연히 반발도 거셀 것이다.

한족과 만주족의 문화는 점진적으로 섞여갔다. 한족은 만주족 정권

아래 있으면서도 만주족은 한족을 다스리면서도 서로가 서로에 동화되어 결국 고등한 문화가 저등한 문화를 자연스럽게 수용하는 형태로 드러났다. 그러다 보니 오늘날 만주족이 할거했던 옛 땅에는 만주족의 본래 문화가 사라졌다. 언어도 사라졌다. 민족도 사라져갔다. 90퍼센트의 한족이 정복자인 2퍼센트의 만주족을 문화적으로 정복한 것이다. 물론 만주족에게서 받은 것이 없는 것은 아니지만, 큰 흐름은 한족 문화가 주류를 이루었다. 당·송대 유교문화의 전통을 이은 우리나라 사람들이 현대 중국의 전통문화를 접하면서 차이를 느끼는 것도 이 때문이다. 그러나 한족의 문화적 우월감은 결코 만주족의 것을 만주족의 것으로 생각하지 않았다. 만주 땅도 만주족도 중국이란 생각을 갖고 있다. 사실 몇몇 민족을 제외하고는 현재 대부분의 소수민족은 중국의 문화 우월주의에 따른 '미지근한 물 속의 개구리' 신세가 되고 있는 것이다.

아무리 강력한 오염물질이라도 바다를 오염시킬 수는 없다. 어느 정도 시간이 흐르면 모두가 바닷물에 희석되고 만다. 강력했던 소수민족과 그들의 문화가 자신도 모르는 사이에 여유만만한 중국이란 대문명과 인해 人海에 빠져 자신을 잃게 된다. 일종의 중국이란 블랙홀에 빠진 것이다.

그만큼 문화는 점진적이며, 엄청난 에너지를 갖는다. 고등한 문화를 쉽게 볼 수 없는 이유다. 간단한 문제가 아니다. 수천 년, 수백 년 계승되어 온 문화를 말하면서 그것을 함부로 재단할 수 없다. 더군다나 강대국의 끊임없는 위협과 침탈을 받으면서도 5000년 가까이 고유한 문화를 지켜온 우리나라의 문화적 자존심에 대해 함부로 말할 수 없음은 당연하다.

우리 민족의 문화적 자존심은 곳곳에서 드러난다. 재외동포들의 삶에서, 잠시 여행하는 한국인의 모습 속에서 우리 문화의 자존심을 볼 수 있다. 우리 동포는 외국에 살면서도 민족문화에 대한 교육은 무엇보다 우선했다. 자유민주 사회가 아닌 억압된 사회나 폐쇄된 사회에서도 한민족은 민족 고유의 전통을 지키면서 그것을 후손들에게 교육했다. 중앙아시아의 소외된 동포나 죽의 장막 중국의 조선족들은 그 어느 소수민족도 엄두를 내지 못하던 대학을 만들고 후손들을 교육했다.

세계 각지에 퍼져 있는 한국인들은 쉽게 알아볼 수 있다. 한국인이 가는 곳에는 반드시 김치와 고추장이 따라가기 때문이다. 김치와 고추장이 한국인의 상징이 된 것이다. 혹 2~3년 단기 체류하는 유학생들에게 이것이 없다면 주방장에게 가르쳐서라도 비슷한 음식을 내놓게 하기도 한다.

주거생활도 마찬가지다. 온돌문화가 아닌 대부분의 외국에서 사는 한국 유학생들과 상사 주재원·공관원들은 어떻게 해서든 온돌문화와 유사한 형식으로 바꿔놓고 생활한다. 수천 년 내려온 우리의 습관과 문화를 받아들이는 데는 젊은이라고 예외가 되지 않는다.

중국 연변 조선족 자치주의 상가 건물. 한글 간판이 정겹다.

그렇다고 이런 문화와 습관이 처음부터 한국 고유의 것이라고 할 수는 없다. 예컨대 김치는 옛날부터 있었지만 고춧가루가 들어간 것은 임진왜란 이후다. 요즘 우리가 즐겨 먹는 김치의 역사는 불과 400년에 지나지 않는다. 하지만 김치는 한국을 대표하는 음식이 되었다.

이것은 비단 김치만이 아니다. 여타의 종교문화도 마찬가지다. 단지 전래 역사의 길고 짧음만 있을 뿐이다. 그 가운데 한국화되어 뿌리 내린 것이 한국 문화로 자리한 것이다. 그러다 보니 한반도에서 다양한 문화의 만남이 있었고, 만남을 통해서 원래 모습과는 색다른 형태의 문화가 창출되기도 했다.

현재 우리나라의 유교·불교·기독교·무교巫敎 문화는 서로 융합되어 기존의 형태와는 상당히 다른 모습을 하고 있다. 한국 땅에 들어온 어떤 종교든, 중국의 선진유교도 인도의 원시불교도 이스라엘의 초기 기독교도 그 모습 그대로 남아 있기보다는 서로 다른 문화의 영향을 주고받으며 또다른 모양과 형태로 변모했다. 이른바 한국화된 것이다.

그렇기 때문에 한국의 문화를 논하면서 이것은 타당하고 저것은 부당하다는 논리는 맞지 않다. 이미 섞여버린 것 속에서 무엇을 가지고 타당성을 따질 수 있겠는가? 과거의 단면을 가지고 그것을 기준으로 문제 삼는다면 문화의 흐름을 파악하지 못하는 천박한 처사다. 1919년 3·1운동을 주도했던 민족대표들이 각 종파의 안배에 신경 썼던 점을 망각해서는 안 될 것이다. 오늘날 다양한 문화·종교 행사에 각 종파의 대표들이 만나 교류하는 것은 한국적인 문화 흐름의 밑거름인 것이다.

역대 대통령의 장례식장에서 각각의 종교 행사를 자연스럽게 치르는 모습도 마찬가지다. 정치 지도자들이 자신의 종교와는 무관한 종교 행사에 자연스레 얼굴을 내밀어도 그 누가 시비를 걸지 않는다. 이것이 한국문화다. 일종의 종교 품앗이다. 다양한 문화가 만나 공생하면서 한국적인문화를 탄생시켰고, 현재도 이런 문화의 만남은 계속되고 있는 것이다.

날로 먹는 나라,
삭혀 먹는 나라

음식문화와 그 나라의 성향은 무관치 않다. 일본 음식은 날로 먹는 게 특징이다. 일식집 하면 생선회를 떠올린다. 생선만 날로 먹는 게 아니라 육상의 동물과 공중의 새들도 날로 먹는 것을 일본 도심에서는 자연스레 접하게 된다. 날로 먹는 데에는 사면이 바다라는 지정학적인 이유 말고도 또다른 충분한 이유가 있을 것이다.

반면 중국 음식은 삭혀 먹는 게 특징이다. 오리 알 삭힌 것, 두부 삭힌 것, 생선 삭힌 것, 고기 삭힌 것 등등 이런 음식은 중국 어디를 가든 쉽게 볼 수 있다. 음식을 삭혀 먹는 데에는 척박한 대륙성기후 말고도 또다른 이유가 분명 있을 것이다.

그런데 이런 음식문화가 그들의 역사의식과 무관하지 않음은 최근 일본과 중국의 태도를 통해서 알 수 있다. 날로 먹기 좋아하는 일본 사람들은 역사교과서라든지 영토 문제를 다루는 데에도 그대로 드러나고 있다. 역사와 영토까지도 날로 먹으려는 의도를 말한다.

얼마 전까지만 해도 일본 내 구석기 유적은 없었다. 그런데 어느 날 갑자기 구석기 유적이 발견됐다고 난리법석을 떨었다. 하지만 그것이 가짜임이 들통났다. 일본 내 최고의 고고학자 한 사람이 구석기 유물을 직접 묻어두었다가 얼마 후 그걸 천연스레 다시 캐내면서 유적 발굴이라고 떠들었던 것이다. 역사까지도 날로 먹으려 했던 습성의 한 단면이다. 날로 먹는 역사관으로 고대사를 대하듯 한·중·일 삼국의 복잡한 근대 문제도 보는 것 같아 안타깝다. 독도까지도 날로 먹으려 하는 것으로 보아 일본은 진짜 날로 먹는 걸 좋아한다.

삭혀 먹는 중국은 어떠한가? 한족과 55개 소수민족으로 이뤄진 중국은 분명 다민족국가다. 20세기 중반 이후 세계 곳곳의 다민족국가들은 분열의 고통을 경험했다. 하지만 중국만은 55개 소수민족을 하나로 묶는 데 성공했다. 한족 포함 56개 민족을 하나로 한 것뿐만 아니라, 이미 다른 나라의 영향 아래 있던 나라까지도 하나로 엮었다. 200년 가까이 서구 문화의 영향 아래 있으면서 서구화되었던 홍콩·마카오까지도 하나로 만든 것이다. 이것을 삭혀 먹는 음식문화에 비유하자면 200년 가까이 두 지역을 푹 삭혔다가 꺼내 먹는 것과도 같다.

국공내전을 거쳐 1949년 마오쩌둥이 건립한 신중국 이후 떨어져 나갔던 대만도 이제 어느 정도 삭혔으니 자연스레 중국의 품안에 품을 때가 됐다고 판단하는 듯하다.

이렇게 역사와 민족까지도 삭혀 먹는 중국의 태도는 비단 근현대사에서 드러난 것은 아니다. 이미 중원을 장악했던 원나라의 몽골족(1271~1368)과 청나라의 만주족(1644~1911)을 통해서도 알 수 있다. 비록 정치권력은 소수민족이 장악했어도 전체 90퍼센트 이상을 차지했던 한족과 그 문화는 장악되기보다는 오히려 몽골족을 97년간, 만주족을 267년간 한족 문화의 테두리 안에서 푹 묵혔다가 삼킨 것이다. 마치 몽골과 만주라고 하는 민물이 중국이라는 거대한 바닷물을 만나 잠시 주변부를 민물로 만들다가 자신도 모르게 짠물이 된 것과 같다.

중원을 호령했던 몽골과 만주는 오늘날 역사의 뒤안길로 조용히 사라졌다. 중국 입장에서 보면 몽골과 만주는 제발로 걸어 들어와 100~200년 중국 영토에서 삭혀 지내다가 조용히 중국화된 것이다. 그런 점에서 고구려가 중원의 지배자가 되지 않고 한반도로 말머리를 돌린 것은 지나놓고 보자니 절묘한 선택이 아닐 수 없다. 만일 고구려가 중원의 지배자가 되었다면 혹여나 중국의 삭혀 먹는 기질에 휘말렸을 가능성도 배제할수 없기 때문이다.

그런데 역사적으로 이렇게 엄연한 고구려 역사를 중국은 동북공정이란 명분 아래 중국에 예속시키려 하고 있다. 그동안 고구려 역사를 한반도 역사로 기술하던 그들이 별안간 태도를 바꿔 중국 역사라고 강변하는 것이다. 일찍이 중국 근대화 시절 첸무 같은 민족주의 계열의 학자들이 만리장성의 동쪽 기점을 허베이성 산하이관이 아닌 대동강변이라 했던 적은 있지만, 고구려를 중국이라고 했던 적은 없다. 아무리 한반도 통일 이후의 영토 문제를 사전 차단하기 위한 정치적 포석이라 해도 엄연한 역사적 사실을 왜곡하는 것은 심각한 문제가 아닐 수 없다.

중국은 고구려 유적을 세계문화유산에 등재시키고는 고구려를 상(은)나라 후예가 세운 나라라고 기술하기 시작했다. 그런데 상나라 하면 갑골문명을 이룩한 민족이다. 상나라는 하나라를 정복하고 중원을 장악했다. 바로 그 상나라가 동이족 정권임을 알고 그랬는지 모르겠다. 그 상나라를 다시 주나라가 정복한 것이다. 주나라는 오늘날 한족들의 선조다. 할 수 없이 상나라는 주나라에 쫓겨서 동쪽으로 이전했다. 이렇게 해서 동이족 정권은 한족 거주 지역으로부터 주로 동북쪽에 자리했다. 동이족은 지금의 산둥성·랴오닝성·저장성은 물론 한반도 전역과 일본 열도에 정권을 수립했다.

막상 중국 근대 민족주의 계열의 사상가 량치차오는『중국 문화사상사』에서 춘추 이전의 사회를 황제黃帝시대·하우夏禹시대·주초周初시대·춘추春秋시대라고 해서 상나라 시대를 기술에서 빼고 있다. 이민족 정권이기 때문에 고의로 뺀 인상이 짙다.

중국 내 고구려 유적을 기술하며 상나라 후손들이 세운 정권이라 했다면 틀린 말은 아니다. 이 말은 곧 동이족이 고구려를 세웠다는 말로 바꿀 수 있다. 한족이었던 주나라가 몰아낸 동이족 정권이 고구려였기 때문에 역사적으로 고구려는 한족을 경계하고 대적했다. 그렇다면 고구려는 분명한 한반도 정권이고 역사가 된다. 고구려를 억지로 중국에 예속시키는 것은 근거가 약하다. 고구려는 상나라 후예들이 세웠고, 상나라는 동이족 정권이므로 고구려를 한족의 역사로 보는 것은 무리다.

아무리 삭히는 재주가 많더라도 삭힐 수 없는 게 있다. 고구려 영토의 일부가 현재 중국에 속해 있다 해도 고구려 역사가 중국 역사가 되는 것은 아니다. 당시 한족의 영토는 서북쪽에서 시작해서 황허 유역 일부에 지나지 않았다. 오늘날 허난성·후베이성·산시성山西省·산시성陝西省·산둥성 일부가 한족 통치 지역이었고, 대부분의 영토는 소수민족들이 각기 독립국가 체제 속에서 점령하고 있었다. 동북쪽에 정권의 기반을 두었던 몽골족(원나라)과 만주족(청나라)이 한족에 먹히면서 중국의 동북쪽 영역이 오늘날처럼 넓어진 것이다. 하지만 동아시아를 호령했던 고구려는 중국에 한번도 지배당한 적이 없다. 그런 점에서 고구려는 몽골이나 만주와는 질적으로 다르다. 또 그 후손들이 한반도에 여전히 건재하다는 점도 망각해서는 안 될 것이다.

일본이 부러워하는 한국의 효문화

일본인이 한국을 부러워하는 두 가지가 있다. 하나는 한글이고 다른 하나는 효문화다. 한국에서의 오랜 경험을 글로 써서 『맞아죽을 각오를 하고 쓴 한국, 한국인 비판』이라는 책을 낸 이케하라 마모루의 말이다. 일본인이 한글을 부러워하는 것은 일본어 표현 체계가 너무 단순하기 때문이다. 예컨대 Battery를 일본어 외래어 표기법인 가타카나로 표기하면 빠데리バデリ다. Slipper는 쓰레빠スレパ. 영어 원음이 배터리가 됐든 배러리가 됐든 슬리퍼가 됐든 한국어 발음은 자연스럽게 원어에 가깝게 쓸 수 있다. 이 점을 이케하라 마모루는 부러워하는 것이다.

그러고 보면 한글의 우수성은 다양한 소리를 잘 표현할 수 있다는 데 있다. 어느 나라 말이든 한글로 표기할 수 있으니 말이다. 한번 정한 약속을 그대로 지켜간다는 것도 장점 중의 장점이다. 알파벳만 하더라도 O를 '오'로 가르쳤다면 Out는 '오웃'이 되어야 하지만 실제는 '아웃'이다. 그래서 영어 발음은 반드시 발음기호가 따라 다닌다. 하지만 한글은 어떤가? 'ㅏ'는 언제 어디서나 '아'다. 'ㅗ'도 언제 어디서나 '오'다. 그때그때 달라지는 영어의 발음 체계와는 전혀 다르다. 별도로 발음기호를 표시하지 않아도 늘 같은 발음을 할 수 있다. 한번 약속한 발음을 그대로 지키는 것이 한글이다. 이런 한글의 우수성은 언어학자들도 공통적으로 인정하는 내용이다. 극히 간단하고 단순한 일본어의 표현 체계를 놓고 본다면 한글은 대단히 우수하고도 합리적인 글자다.

점 하나의 위치만 달라도 틀리는 중국어와 비교해도 한글의 우수성은 확인된다. 태ㅅ와 견ㅅ은 점 하나 차이로 전혀 다른 뜻이 된다. 간ㅓ과 우ㅜ는 아래 삐침 부분의 미세한 차이로 전혀 다른 뜻이 되고, 천ㅈ과 요ㅈ는 맨 위 획의 기울기 차이로 다른 뜻이 된다. 중국에서 경험한 일이다. 한참 대화하다 알아듣지 못했을 경우 메모지에 써 달라고 부탁한다. 그런데 상대가 얼굴이 빨개지면서 자신이 한 말을 쓰지 못한다. 못 쓰면 못 쓰는 글자가 한자이고 중국어이기 때문이다. 비슷한 글자가 비슷한 뜻이라면 대략이라도 쓸 수 있을 텐데 그렇지 못한 것이 뜻글자 중국어의 특징이다.

반면 한글은 어떠한가? 못 써도 쓴다. 글자가 틀려도 맞다. 뜻글자인 중국어 체계로는 도저히 상상할 수도 없는 일이다.

이런 한글은 한국의 효문화와 무관하지 않다. 세종대왕 때 패륜 사건이 일어나자 일반 백성들을 교양할 방법을 궁리하다가 생각한 것이 그림을 통한 교육이었고, 이로부터 『삼강행실도』가 나왔다. 일종의 계몽용 포스터를 제작한 것이다. 하지만 그림은 글로써 가르치는 것만 못하다. 누구나 쉽게 쓸 수 있는 쉬운 글자가 필요했다. 백성을 바르게 가르치기 위한 훈민정음訓民正音의 탄생을 말한다.

이제 이케하라 마모루가 부러워한다는 효문화에 대해 살펴보자. 그는 "한국사회에는 서구의 합리주의로는 이해하기 힘든 훈훈한 인간미가 살아 있다"고 하며, 우리의 공동체 문화를 부러워한다. 같은 동아시아 문화권에 속해 있으면서 일찌감치 서구화의 길을 걸었던 일본은 개인주의 사회로 변모했다. 탈아입구脫亞入歐를 주창했던 그들이 서구적 개인주의를 뿌리내리는 데 성공한 것이다. 공동체주의가 희박해지면서 훈훈한 인간미도 사라졌다.

그러고 보면 우리는 일본인과는 다른 공동체 문화를 향유한다. 몇 해 전 미국 남부의 어느 도시가 허리케인 피해로 완전히 폐허가 되었다. 연방정부 차원에서 재난지역으로 선포하고 대규모 이재민촌을 만들어 피해 주민들을 수용했다. 이재민 가운데에는 미국인은 물론 한국·중국·일본 등 동아시아 출신들도 상당수 있었다. 하지만 한국인만이 이재민촌에 들어가지 않아서 언론에 보도된 적이 있다. 한국인들은 피해를 당하지 않은 한국인 가정으로 갔다는 것이다. 어려울 때 서로 돕는 한국인의 인간미를 보여준 사건이다.

물론 일본인들에게도 우리와는 다른 공동체 정신이 있다. 남에게 피해를 주지 않으려는 배려정신이다. 아기를 안은 어머니가 지하철을 탔다고 가정해보자. 아기가 울기 시작한다면 일본인 어머니라면 다음 역에서 바로 내릴 것이다. 남에게 피해를 주지 않으려는 처신이다. 하지만 같은 상황을 한국인 어머니가 당했다면 어떻게 할까? 아무리 아기가 운다 해도 다음 역에서 내릴 것 같지는 않다. 그렇다고 문제가 더 커지는 것은 아니다. 부탁한 것도 아닌데 우는 아이를 달래려고 주변 사람들이 함께 나서기 때문이다. 한국인 어머니는 남에게 피해가 좀 가더라도 버티는 게 다반사고 주변 사람들은 버틴 어머니를 위해 함께 문제 해결에 나선다. 문제를 나홀로 지고 가는 일본인의 생활 방식과 많이 다르다. 개인의 문제가 개인의 문제가 아니라 공동체의 문제란 인식이 부지불식간에 작용한 한국인만의 생활 방식이다. 옳든 그르든 그것이 한국인의 훈훈한 인간미로 비춰진 것이다.

　전 세계 수많은 나라 사람들 가운데 일본인만큼 '미안하다'는 말을 많이 하는 사람들도 없을 것이다. 대중들이 모이는 곳에서는 '스미마셍'이란 소리를 어렵지 않게 들을 수 있다. 발을 밟은 사람도 '스미마셍' 밟힌 사람도 '스미마셍'. 밟은 사람이 미안한 것은 당연하지만, 밟힌 사람까지 미안하다는 것은 심한 것 아닌가? 하지만 당신이 놓아야 할 자리에 내가 먼저 발을 디딘 것이 미안하다면 말 다한 것 아닐까? 대중교통을 이용하며 다반사로 밟고 밟히는 것을 당연스레 여기는 사람들 입장에서 깊이 생각해 볼 일이다. 그리고 보면 일본이란 나라는 국가 차원의 사과는 인색해도 개인 차원의 사과는 너무 헤픈 것이 아닌가 생각된다.

　일본인들의 철저한 배려정신은 식사 시간에도 드러난다. 혹 다른 사람이 부담이 될 수 있다는 생각으로 함께 식사하는 것을 꺼린다는 것이다. 얼마 전 일본의 어느 고등학교에 "화장실에서 도시락을 먹지 말라"는 경고문이 붙었다는 보도가 있었다. 함께 어우러져 식사하는 것을 오히려 어색하게 여기는 일본인의 습관을 생각한다면 넉넉히 이해가 간다. 이 점을 이해한다면 개인의 프라이버시가 가장 잘 존중되는 화장실이란 공간이 식사 장소로 적격이었을 것이다. 일본 총리가 점심식사를 혼자 한다는 언론보도도 이상할 것도 없다. 일본에서 거행되는 국제학술세미나에 참석하더라도 이런 일들은 자연스럽다. 단체로 몰려다니는 한국과 중국 학자들과는 달리 일본인 학자들은 도시락을 들고 조용히 어디론가 사라진다. 혼자 밥 먹는 것을 엄청난 부담으로 생각하는 우리의 상식으로는 이해하기 힘들지만, 일본 사람들은 그게 편한 것 같다. 최소 4인 이상의 좌석을 비치해 놓고 홀로 먹는 것을 오히려 부담스럽게 여기는 한국의 대중식당과는 달리 홀로 먹는 1인 식탁을 주로 배치한 일본 식당은 그들만의 개별적 식습관을 대변한다. 이 같은 개인주의 문화에 물든 일본인이 한국인의 어우러짐의 문화를 훈훈한 인간미 넘침으로 보는 것은 아닐까 생각해 본다.

또한 이케하라는 한국의 효문화를 말하면서 "특히 부모를 공경하는 지극한 효심이야말로 많은 외국인이 가장 부러워하는 덕목"이라고 했다. 한국의 효문화를 외국인들이 가장 부러워한다는 것은 외국에는 우리와 같은 효문화가 없거나 부족하다는 뜻일 것이다. 물고기가 물의 소중함을 모르다가 물을 떠나면 그 소중함을 알 듯 정작 우리는 효문화 속에 살면서 효의 소중함을 몰랐을 수도 있기 때문에 이 지적은 주목해야 할 것이다.

"명절 때마다 부모 형제를 찾고 차례를 지내기 위해 민족 전체가 고난의 여정을 마다하지 않는 것을 보면 정말 대단한 생각이 든다"는 말도 우리는 습관적으로 겪는 일이라서 특별할 것도 없지만, 외국인의 눈에는 매우 인상적이면서도 부러운 모습이라는 것이다. 평소보다 몇 곱절 더 많은 시간을 소요하며 가는 고생길이지만 그래도 그 길은 따뜻한 마음을 안고 가는 행복의 길이 아니겠는가.

또 그는 "한국 사람들은 습관적으로 이런 일을 할지 모르지만 오늘의 나를 있게 해준 조상의 은혜를 되새기는 것은 교육적인 측면에서 대단히 바람직한 일이다"라고 했는데, 교육의 기본이 내가 누구인가라는 정체성 확인에 있다면 부모를 생각하고 조상을 기리는 한국인의 마음이야말로 교육적인 차원에서 매우 중요하다는 지적이다. 그것도 탁상에서 이뤄지는 것이 아니라 생활 속에서 이뤄지는 교육이니만큼 더 소중하다고 할 것이다. "한국 사람들이 자기 가족을 생각하는 마음을 점점 넓혀 나간다면 세계에서 가장 존경받는 민족으로 성장할 것이다"라는 지적도 한국의 효문화가 갖는 의미와 위력을 잘 표현한 것이라 생각한다.

자연재해가 만든 일본인의 품성

통상적으로 왜국(倭國)이란 일본을 낮춰 부르는 말이다. 『후한서』 이래로 중국 역사 기록에서는 일본을 동이(東夷)의 한 부류로 취급했다. '동이'란 중국의 동쪽에 사는 오랑캐를 뜻하고, 한반도와 그 주변에 터전을 두었던 고대 국가 모두를 포함한다. 문명의 중심을 자처한 중국의 중화사상에서 주변 지역을 비문명권으로 대하며 한 말이기 때문에 동서남북 어디에 살아도 중국인들에게는 오랑캐였다. 동이, 서융(西戎), 남만(南蠻), 북적(北狄)이 그들이다.

『후한서』「동이전」에 전하는 왜국, 곧 일본에 대한 기록은 진시황의 불로장생 추구와 관계가 있다. 진시황이 방사(方士) 서복(徐福)에게 불로장생을 위한 선약(仙藥)을 구해오라고 명령하자, 서복이 동남동녀(童男童女) 수천 명을 데리고 바다 동쪽으로 항해하다가 이른 곳이 일본이라고 한다. 이 설화가 한국의 제주도와 남해안에도 전해 내려오는 것이 흥미롭다.

서복이 도달한 곳이 어디가 됐든 그는 선약을 구하지 못했다. 이에 서복은 처벌을 받을까 두려워하며 일행과 함께 일본 섬에 머물렀고, 이후로 그들이 정착하면서 수만 호에 이르는 후손으로 번창했다는 얘기다.

고대 중국인이 보았을 때 초창기 일본인은 어느 정도 문명생활을 하고는 있었지만, 한나라 이후로 국교처럼 내려온 유교의 영향은 거의 없었던 것 같다. 『후한서』「동이전」에 그들은 성책城柵이나 집과 방이 있어서 부모형제가 각각 다른 방을 사용했지만 남녀끼리는 구별 없이 한방에서 생활한다고 기록하고 있다. 유교문화의 부부유별, 남녀유별 의식이 영향을 주지 못한 것이다.

또 고대사회의 일본인들은 음식을 먹을 때 그릇은 썼지만 손으로 먹었고, 맨발로 다니면서도 어른 앞에서는 공손하게 무릎을 꿇고 앉았다고 한다. 여기서 우리는 그릇이라는 물질문명보다는 어른 공경이라는 정신문명에 더 큰 의미를 부여해야 할 것이다. 어른 공경의 정신은 상대를 배려하고 존중하는 사회 공공의 예절로 나아가기 때문이다.

『후한서』에 "(일본) 사람들은 술을 좋아하고 장수하는 사람이 많아서 100살이 되도록 사는 사람도 매우 많았다"고 전해준다. 열악한 환경 속에서도 장수하는 나라가 된 이면에는 남을 배려하고 공경하는 정서적인 요소가 크게 작용한 것이 아닐까 생각된다.

적어도 일본인들에게 자연은 은택의 대상이기보다는 두려움의 대상이다. 예나 지금이나 끊임없는 자연재해는 일본인들을 불안하게 한다. 『수서』「동이전」에 "(일본에) 아소산阿蘇山이라는 산이 있는데, 아무 까닭 없이 불이 타올라 하늘에 닿았다. 이것을 이상하게 여기며 기도하고 제사를 지냈다"는 기록이 있다. 화산활동과 이에 굴복한 일본인들의 종교 행위를 표현한 글이다.

화산섬 일본에 사는 사람들은 지진, 해일과 같은 자연재해로 늘 고통 속에 살아왔다. 애초부터 자연신 숭배 사상이 발달할 수밖에 없는 조건이었다. 엄청난 자연의 위력 앞에 일본인들은 무기력한 인간 존재를 깨닫고, 자연을 숭배한 것이다. 이런 뿌리 깊은 자생적 자연종교를 믿는 일본인들에게 전해진 훗날의 불교와 유교는 본 모습을 드러내지 못했고, 근현대 이후의 기독교도 힘쓰지 못하게 되었다.

그럼에도 불구하고 그들이 장수하는 것을 보면 참으로 신기하다. 아마도 자연환경적인 혜택보다는 자연을 대하는 정서적·사회적 요소가 더 크게 작용한 것은 아닐까? 섬나라 일본은 물산 부족에 늘 시달려왔다. 자연재해도 끊이지 않았다. 사람이 살기에는 악조건임에 분명하다. 하지만 그들은 이를 극복하는 그들만의 방법을 터득하며 대처해왔다.

어쩔 수 없는 자연의 위력에 순응하며, 타인을 배려하는 정신이다. 자연의 재앙 앞에서 대항한들 자신들이 더 힘들고 괴롭다는 것을 터득했으리라. 그럴 바에는 처음부터 순응하고 함께 고통받는 인간들끼리는 피해를 주지 말자는 생각이 지배한 것 같다. 그리고 이를 문란케 하는 사람들에게는 철저한 응징을 가했다. 순응과 배려정신을 기본으로 하면서 여기서 벗어난 이들에 대한 보복정신이 공존한 것이다.

『후한서』 이래 어떠한 역사 기록을 보더라도 일본의 풍속은 도둑질을 하지 않는 것이며, 이웃 간에 소송을 하는 경우도 거의 없다고 전한다. 대신 범법자는 처자를 없애고 중한 범죄자는 가문을 멸하는 가혹한 처벌을 가했다고 기록한다. 상대를 배려하고 존중하면서 혹 남에게 피해를 끼

쳤을 경우에는 가차 없이 처벌했다는 내용이다. 이런 사회적 약속이 몸에 배면서 오늘날의 일본이 된 것은 아닐까 생각한다.

2011년 3월 11일 일어난 대지진과 대형 쓰나미로 일본 열도가 흔들리고 있다. 최고의 기술로 안전을 자랑하던 일본의 원자력발전소가 엄청난 비극을 예고하고 있다. 그런 가운데서도 재앙에 대응하는 일본인들의 침착함과 절도 있음에 세계가 감동하고 있다.

생사의 다툼 앞에서 무기력하지 않으면서도 질서 있는 일본인들을 본다. 가족이 순식간에 사라지는 천붕지해天崩地解와도 같은 비극을 목전에서 겪으면서도 슬픔을 삭이며 절제된 그들만의 흐느낌 속에서 일본인의 정신을 실감한다. 자기만 살기 위해 몸부림쳤다는 이야기는 그 어디에서도 들리지 않는다. 이것이 하루아침에 이루어진 것이 아니라 일본의 오랜 삶의 방식이자 정신이었음을 여러 고대 역사서를 통해서 확인하게 된다.

|일곱|

외국인의
눈에 비친
한국의 명당

언젠가 중국 산둥성에서 온 대학교수
와 청량리발 안동행 열차 안에서 나눈 대화다. 한국의 농촌 들녘과 정겨
운 마을, 아름다운 산하를 바라보며 중국의 농촌 마을과 무엇이 다른가
를 질문했다. 그는 세 가지로 말했다. 하나는 구불구불한 길이고, 또 하
나는 농촌 마을마다 가장 좋은 자리엔 우뚝하게 교회가 있다는 것, 또다
른 하나는 어디건 아늑한 곳엔 무덤이 있다는 것이다. 한국 농촌사회의
특징적인 모습을 꼭 짚어낸 대답이다.

첫째, 구불구불한 지방도로는 지형 조건에 따라 길이 생겼고, 그 위에
포장을 했으니 가도가도 끝없는 지평선만 달려보았던 그들에게 신기한 풍
경이 아닐 수 없었을 것이다. 자연적 지형 조건을 바꾸기보다는 자신을
거기에 맞춰가며 살았던 우리 조상들의 삶이 구불구불한 도로 형태를 낳
았던 것이다. 신기한 바위나 나무를 숭배했던 자연신 숭배 사상도 토템신
앙과 풍수론에 의한 명당론도 농촌의 길을 구불구불하게 만든 원인이었

고, 그것이 우리나라 지방도로의 특징이 된 것이다.

둘째, 동네마다 우뚝한 교회 건물이 있다. 교회는 서구화의 상징이고, 근대화의 산물이다. 중국도 우리와 마찬가지로 근대화는 서구화를 의미했다. 근대화는 단순히 산업 부문에서만 일어난 것이 아니라 문화 전반에 걸쳐 일어났다. 국민 의식과 종교 양식까지도 바꿔놓았다. 중국사회에서는 공산주의가 정착했고, 한국사회에서는 자본주의가 정착했다. 자본주의의 이면에서 한국은 교회가 자연스럽게 퍼져나갔다. 공산주의와 교회는 양극단을 이루지만 모두 서구 문화에 뿌리를 두고 있다. 한국이나 중국 모두 서구화되면서 서구 문화로 새롭게 태어났다는 데에는 이론의 여지가 없다. 다만 중국은 유물론으로 무장한 공산주의가 뿌리내렸고, 한국은 자본주의 체제에서 교회가 발달했다. 따라서 한국 농촌사회의 교회는 서구 문화의 유입과 그에 따른 농촌 근대화와 무관하지 않다. 교회를 통해 교육된 지식인들이 농촌과 사회를 계몽시켰고, 그들이 사회 근대화의 역군이 되었다. 교회가 인물을 배출할 수 있었던 것은 의식 혁명이 선행되었기 때문이다. 오랜 세월 봉건문화에 젖어 있던 이 땅의 젊은이들에게 신문화를 일깨운 곳이 교회였다. 교회는 신분에 관계없이, 재산의 많고 적음에 관계없이 누구나가 출입할 수 있는 곳이었다. 그렇기 때문에 동네에서 가장 잘 보이는 곳에 세웠다. 이곳에서 지도자가 상대적으로 많이 배출된 것은 당연한 일이다. 근대 이전의 향교나 서원에서 많은 인재를 배출한 것처럼 근대 이후로는 교회에서 인물을 배출한 것이다. 인물을 배출했으니 교회도 명당이라 할 수 있다.

셋째, 아늑한 곳을 차지하고 있는 묘지는 한국인의 풍수에 얽힌 생사관을 보여준다. 산 사람의 거처를 양택陽宅이라 하고, 죽은 자의 거처를 음택陰宅이라 한다. 풍수 사상에 입각한 양택과 음택은 모두 명당자리이다. 삶과 죽음을 차별하지 않는 문화가 양택과 음택에 서려 있다. 오히려 죽은 자의 음택을 잘 씀으로써 복을 받는다는 신비주의가 한국의 일부 전통적 사고였다. 기득권을 가진 사람일수록 이런 의식이 강했기 때문에 지소인다地小人多의 형편 속에서도 명당자리는 늘 묘가 차지했다. 명당에 무덤을 써야 후손이 복 받고 출세한다고 믿었기 때문이다. 최고의 실권자들이 비난을 감수하면서도 이장移葬을 마다하지 않는 것도 같은 이유다. 명당을 차지한 사람들이 그렇지 못한 사람들보다 더 잘될 가능성이 높은 것은 우리 사회의 뿌리 깊은 문화적 특색 때문이다. 수직적 신분사회에다 농경적 정착사회라고 하는 특수한 환경은 힘있는 자가 계속 힘을 유지하는데 도움을 줄 수 있는 풍토가 되었다. 재산과 명예와 권력이 대물림되는 사회의 특성상 그럴 수밖에 없다는 뜻이다. 그 틈바구니에 풍수에 얽힌 명당론이 끼어든 것이다. 물론 살기 좋은 풍수상의 명당이 없는 것은 아니다. 겨울은 냉한대기후처럼 춥고, 여름은 아열대기후처럼 더운 풍토상 겨울에 따뜻하고 여름에 시원한 곳이 명당이다. 북반구이니 만큼 대개가 그런 곳이 배산임수의 형국을 하고 있다. 그러나 그 자리의 주역은 역시 권세가들이다. 권세 있는 가문 출신이 출세의 기회가 더 많은 것도 우리의 현실이다. 명당에서 인물이 난다는 말은 그래서 설득력을 얻었다. 명당의 기운이 평범한 사람을 뛰어난 인물로 만든 것이 아니라 사회적인 풍토가 그렇게 만든 것이다.

|여덟|
이상사회,
아무것도 안 해야
이뤄진다?

춘추전국시대는 끊임없는 살육 전쟁이 민생을 괴롭혔다. 전쟁을 억제하고 중지하는 것은 민생을 위해서다. 전쟁은 단지 지배자를 위한 수단과 방법에 지나지 않다. 전쟁의 결과는 승패를 떠나서 일반 서민에게는 오로지 상처와 피해만 안겨줄 뿐이다. 그렇다면 당대 지식인(士人)들은 무엇을 두고 고민했겠는가? 부국강병이다. 부강한 나라만이 민생을 책임질 수 있다. 부강한 나라의 조건은 무엇인가? 강한 군사력과 넉넉한 경제력이다. 강력한 군대와 풍성한 경제는 어떤 환경에서 조성되는가? 민생이 편안할 때 이뤄진다. 강압적인 사회에서 백성은 떠난다. 백성이 떠나는 나라는 강한 나라가 될 수 없다.

따라서 좋은 정치는 부국강병의 가장 중요한 요소다. 춘추전국시대 대부분의 사상가(제자백가)들이 현실 정치에 민감했던 것도 이 때문이다. 민생을 등진다면 어떠한 사상도, 문화도, 정치도, 경제도, 군사도 무의미하다.

간혹 도가 사상을 반정치적이고 현실 도피적이고 은둔적이라 말한다. 맞는 말이다. 그러나 꼭 그렇게만도 볼 수 없다. 비바람이 칠 때 이를 피하는 건 자연스럽다. 난세에 숨는 것은 어찌 보면 당연하다. 그러나 비바람을 맞으며 난세에 저항하는 이들도 있다. 그런 사람들 입장에서 본다면 숨는 것은 비겁하다. 하지만 숨는 사람 입장에서 보자면 비바람을 맞아가며 대항하는 것은 어리석은 짓이다. 세차게 몰아치는 비바람은 잠시 피해 있으면 저절로 사라진다. 세찬 비바람이 사라지는 것은 경험자만이 알 수 있다. 경험이 없다면 비바람을 피할 줄도 모른다. 그러므로 조금 있으면 사라질 비바람을 굳이 맞고 있는 건 무모한 일이다.

질병을 치료하는 방법도 한 가지가 아니다. 예컨대 감기에 걸렸다고 하자. 어떤 사람은 당장 병원으로 달려가 주사를 맞고 약을 먹는다. 어떤 사람은 면역력을 키워 치료하겠다며 버틴다. 주사를 맞거나 약을 먹으면 면역력만 떨어뜨려 장기적으로는 역효과라고 말한다. 둘 다 감기는 나았지만, 방법은 달랐다. 면역력을 키워 때를 기다리는 것이 바로 도가적인 치료 방법이다.

인공 구조물을 만들면서 자연환경을 대하는 태도도 마찬가지다. 물의 흐름을 도와준다고 구불구불 흐르던 하천을 중장비를 동원하여 곧게 만들었다. 한눈에 보아도 시원하게 뚫린 물줄기다. 주변 경관도 산뜻한 인공미를 더했다. 하천이란 장애물 때문에 역시 꼬불꼬불 났던 도로도 곧게 포장되었다. 하지만 이곳에 큰비가 내렸다. 전과 달라진 유속 때문에 편리함을 위해 만들어 놓았던 인공 구조물들이 처참하게 유실되었다. 유실된 그 자리에는 원래 있던 하천의 구불구불한 모습이 복원되었다. 수십 년 동안 묻혀 있던 하천 바닥의 돌들이 드러났다. 자연환경을 바꿨기 때문에 생긴 일이다. 인간이 한동안 자연을 정복하고 있었지만 자연이 다시 인간을 정복한 것이다. 자연을 정복한 인간이 위대한 것으로 보였지만, 그건 위대함이 아니었다.

자연하천 그대로인 경우를 보자. 역시 많은 비가 내렸다. 하지만 수천수만 년 동안 자연히 만들어진 하천이기 때문에 아무리 큰비가 와도 이전 그대로다. 비록 갑작스러운 폭우로 물바다가 되긴 했지만, 물이 빠지자 자연의 물줄기나 형세는 변함없이 그대로였다. 도가가 추구하는 '자연이연(自然而然'이 증명된 것이다. "스스로 그러해서 그러한 것" 그것이 자연이다. 자연은 자연스러울 때 보존된다. 보존하기 위해 인공을 가미하면 파괴를 부를 뿐이다.(이 내용은 몇 년 전 강원도 일대에 내린 엄청난 폭우로 인공 시설이 많았던 남대천과 자연 상태 그대로인 동강이 보여준 두 가지 다른 결과다.)

정치원리도 마찬가지다. 자연에 맡기면 정치도 순조롭다는 것이다. 난세에는 난세에 맞게 치세에는 치세에 맞게 움직이면 된다. 난세에 피비린내 나는 정치 현실을 목도한 사람만이 정치를 제대로 비판할 수 있고, 피할 수도 있다. 정치 현장에서 쓴물 단물 다 마셔본 경험자가 도피도 은둔도 할 수 있다. 역으로 나설 때를 알기 때문에 숨는다는 것이다. 그러므로 도가 사상가들은 오히려 더 무서운 정치 지향적인 사람들이다. 따라서 "하는 것이 없어도 하지 않은 것도 없다(無爲而無不爲)"고 하는 그들의 사상은 단순하지 않다.

대개 정치 생명력이 긴 사람들의 특징을 보자면 도가적인 경우가 많다. 아옹다옹 싸울 때 뒷전에 있는 사람들은 정치인으로 장수한다. 전면에

나서서 명패 던지고 멱살 잡고 욕설하는 사람들은 정치 생명이 짧다. 성급하게 나서기보다는 한 템포 늦춰 말하고 늦게 행동하는 사람은 정치 생명이 길다. 그래서 대과大過·대공大功 없이 긴 정치를 누린다. 그들은 티내며 일을 도모하지 않는다. 정치 장수의 비결이다.

그래서 서양의 대표적인 철학자 야스퍼스는 도가의 대표자 노자를 가리켜 겸양과 유화柔化의 덕을 겸비한 사상가라 한 것 같다. 노자는 물을 비유로 해서 자연스러운 흐름을 강조했다. 물은 자기를 주장하기보다는 주변 환경에 맞춰 흐를 뿐이다. 자기를 타자에 맞춰 가는 것이 물이다. 개인적인 일상에서도 국가를 통치하는 데에서도 이렇게 하면 안 되는 게 없다는 주장이다.

"하는 것이 없다無爲"고 진짜 아무것도 안 한 것이 아니다. 어떤 사람이 전날 특별한 일 없이 평상적인 하루를 보냈다. 다음날 친구를 만났다. 친구가 "어제 무슨 일 했느냐?"고 물었다. 그때 "아무것도 안 했다"고 답했다. 그러나 그는 전날 아무리 특별난 일은 안 했다고 하더라도 밥을 먹었고 화장실도 갔고 잠도 잤고 숨도 쉬었다. 그는 아무것도 안 했지만 안한 것도 없다. 바로 이것이다. "아무것도 안 했지만 하지 않은 것도 없다."

물도 마찬가지다. 주변 환경에 맞춰 흐르면서 알게 모르게 주변을 변화시키는 게 물이다. 물은 하는 일 없이 아래로 흐르기만 하는 것 같지만, 주변을 자기 뜻대로 조금씩 조금씩 바꿔가고 있는 것이다. 하염없이 아래로 아래로 내려가기만 하는 것이 물 같지만, 물은 하늘로도 나무 꼭대기로도 올라간다. 내려가지만 올라가는 게 물이다. 물 같은 사람을 싱겁다고 하지만 사실 물 같은 사람이 무서운 사람이다. 물의 속성이 이렇기 때문이다.

특별한 제도나 법령이 내려지지 않아도 정치가 돌아가고, 특별한 일을 도모하지 않아도 경제가 돌아간다. 만일 그런 사회라면 정치인이나 경제인이 있어도 있는 것 같지 않고, 일을 해도 안 하는 것처럼 느껴질 것이다. 이렇게 특별히 기억에 남는 것은 없어도, 티내는 일을 하지 않아도 저절로 돌아가는 시스템을 연상한다면 도가 사상의 원리를 충분히 이해할 수 있다. 정치인이 있어도 없는 듯이 정치가 돌아가고, 경제인이 있어도 없는 듯이 경제가 돈다면 그것이 가장 이상적인 사회가 아닐까? 그래서 도가는 충신은 난세에 나고, 효자·효부는 불효 때문에 난다고 한 것 같다.

"나는 사도세자의 아들이다"

우리 삶 속에서 수원과 화성은 긍정적 이미지보다는 부정적 이미지가 더 강하다. 수원하면 개성과 더불어 깍쟁이의 고장으로, 화성하면 연쇄살인 사건을 연상시키는 악명 높은 고장으로 인식되기 때문이다.

그러던 수원과 화성의 이미지가 달라졌다. 정조대왕의 효심이 본격적으로 논의되면서부터다. 200년 넘게 사장되었던 역사의 진실이 서서히 빛을 보면서 수원과 화성의 이미지가 변화된 것이다. 그것도 한국의 문화에서 세계문화유산으로 재평가되면서 진가는 더해졌다. 그간 몰라서 묻혀 있었던 것이 아니다. 문화에 대한 애정이 부족했기 때문이다. 지방화 시대가 열리고 각 지방자치단체별로 굴뚝 없는 산업으로서 문화에 대한 발굴 사업이 시작되면서부터 정조대왕의 효성이 깃든 수원과 화성이 변신을 도모한 것이다. 정조 덕분에 수원과 화성은 깍쟁이의 도시, 연쇄살인이 일어난 도시의 오명에서 벗어나 전통문화의 도시로 거듭날 수 있었던 것

화홍문과 방화수류정. 두 건축물은 화성의 시설물 중 건축미가 가장 빼어나다. 특히 방화수류정의 십자가 문양은 인상적이다.

이다.

그 후로 굴뚝 없는 산업, 문화에 대한 각 지방자치단체 간의 경쟁은 전에 볼 수 없었던 치열한 양상으로 전개되었다. 역사와 문화의 고장임을 강조하며 경쟁적으로 문화 인물을 조명했던 것이다. 퇴계 이황 선생을 배출한 경상북도 안동은 '한국정신문화의 수도'란 명칭을 상표등록까지 할 정도다. 문화 인물 부각 열풍에는 실존 인물이 아닌 전설이나 소설 속의 인물도 포함된다. 효녀 심청이를 두고 전남 곡성, 충남 예산, 인천 옹진이 삼파전을 하고 있는 것이 대표적이다. 의녀 논개를 두고는 전북 장수와 경남 진주가, 홍길동을 두고는 전남 장성과 강원 강릉이, 향가 「서동요」의 주인공 백제 무왕을 두고는 충남 부여와 전북 익산이, 콩쥐팥쥐 설화를 두고는 전북 김제와 완주가 경쟁하고 있다. 문화가 지역 경제에 미치는 엄청난 효과 때문이다. 이 같은 각 지방자치단체 간의 치열한 경쟁은 사실 수원 화성의 영향이 크다.

그렇다면 정조는 누구인가? 이미 사극이나 역사서 속에 그려진 그의 모습은 너무나도 상세하다. 그는 숱한 사색당파의 갈등 속에서, 군권君權보다는 신권臣權이 기세를 떨치던 시절 왕위에 오른 정치적으로는 대단히 불행한 군주였다. 정권을 담당한 권신들 앞에서 차기 대왕이자 아버지였던 사도세자가 무력하게 죽어가는 모습을 목격한 불행한 사람이기도 했다. 그렇기 때문에 그는 왕세손으로 책봉되고서도 언제 폐위될지 모르는 불안한 형극荊棘의 세월을 보내야만 했다. 국왕의 권좌에 오르기까지 가해졌던 온갖 수모는 인간적으로 감내하기 힘든 것들이었다.

하지만 결국에는 그에게 기회가 왔다. 기회를 잡은 정조는 나라의 분위기를 쇄신하는 쪽으로 정국의 방향을 잡았다. 왕위에 오르던 날 문무백관들 앞에서 "나는 사도세자의 아들이다"란 일성으로 그간의 심회를 한꺼번에 피력했다. 억울하게 돌아가신 아버지 사도세자를 공개적으로 거론하며, 비뚤어진 역사를 바로잡겠다는 강한 의지를 표명한 것이다.

권좌에 오른 정조의 카리스마는 아버지 사도세자에 대한 효심과 무관하지 않았다. 정치적·군사적 목적으로 철저히 계획된 신도시 개념의 화성 축조는 효심의 극치를 보여준다. 돌아가신 아버지 곁에 가서 새로운 정치를 펼쳐 보이겠다는 야심찬 계획을 실현한 것이다. 무엇보다 중요한 것은 이것이 백성들의 효심을 자극했다는 점이다. 유구한 한민족의 정서를 활용한 정치질서의 확립이었다. 솔선수범한 정조대왕의 효행은 온 백성의 존경을 불러일으켰고, 이것은 정조의 통치 기반을 튼튼하게 만들었다.

| 열 |

왜란 때
의병의 배후에
있었던 것은

우리 민족이 맞은 몇 차례 멸국의 위기 가운데 임진왜란은 가장 큰 국난이었다. 일본의 내부 모순을 외부로 돌리려는 불순한 의도에서 시작된 임진왜란은 한반도 전역을 쑥대밭으로 만들었다. 왜군의 침략으로 국토가 유린되어갈 때 이 땅은 오히려 자중지란에 빠졌다. 백성과 영토를 수호해야 할 군인들은 곳곳에서 산산조각이 나면서 패전했다. 국가 통치의 최고 책임자 군왕은 국경 지대로 줄행랑을 쳤다. 한양—파주—개성—평양—신의주로 가는 피난길은 여차하면 중국(요동)으로 도망가겠다는 그야말로 무책임한 발상이었다.

이제 나라는 망한 꼴이나 다름없었다. 국왕도 신하도 관리도 군인도 모두 도망간 조선은 오로지 백성들만 남은 형국이었다. 백성과 영토를 버리고 떠나가는 군왕을 향해 수많은 군중들이 돌팔매질을 한 것은 이미 군왕을 군왕으로 인정하지 않겠다는 표현이었다. 더군다나 물밀 듯 쳐들어오는 왜군을 피해 허겁지겁 도망가던 군왕 일행이 파주 임진강변에서

184

파주 화석정, 맞은편이 임진강이다.

보인 행동은 많은 생각을 하게 한다. 날은 저물고 적군은 코앞까지 다가
왔는데 대왕의 피난길에 장애물이 생긴 것이다. 마침 강가에 화석정花石亭
이란 정자가 있었다. 다급한 선조 일행은 여기에 불을 놓아 앞을 밝히면
서 강을 건널 수 있었다. 화석정, 왜군에 대항할 10만 대군 양성을 주장
했던 율곡 이이 선생의 유지가 서린 곳이다. 그 화석정을 횃불 삼아 피난
가는 선조 일행의 마음에 10만 양병설은 기억에나 있었을까? 역사의 아
이러니가 아닐 수 없다. 이런 대왕의 피난길에 돌팔매질을 한 것은 당연
한 민심의 표현이 아니었을까 생각해 본다.

　의병을 모으기 위해 함경도로 달려간 임해군과 순화군 두 왕자를 백성
들이 붙잡아 왜군에 넘긴 것은 당시 민심의 동요가 얼마나 심했는가를 보
여준다. 군왕이 떠나버린 도성에서는 백성들의 분노가 격렬하게 표출되면
서, 경복궁·창경궁·창덕궁이 방화되었다. 형조 장례원에 보관 중이던 노
비문서도 소각되었다. 지도자 없는 도성은 온갖 무질서가 방치된 현장이
었다. 더군다나 도성을 지켜야 한다던 관리나 선비들도 모두 도망갔기 때

문에 도성 사수로 전사한 사람은 한 사람도 없었다고 하니, 말로만 충성했던 이들이다.

군왕도 군인도 떠나버린 이 땅은 이제 백성들 스스로의 힘으로 지키는 수밖에 없었다. 이렇게 해서 조직된 군대가 바로 의병이다. 당시 향촌사회는 구조상 혈족을 중심으로 한 혈연공동체였다. 향촌의 주요 사안은 집안 어른들에 의해 결정되었고, 젊은이들은 그에 순응하는 것이 도리였다. 구조적으로 의병 조직은 집안 어른 중심으로 시작되었다. 더군다나 내 고향 내 가족은 내가 지킨다는 의병의 슬로건은 탄탄한 혈연공동체를 기반으로 하고 있기 때문에 일종의 향토방위군로서 더욱 힘을 발휘할 수 있었다. 낫과 곡괭이로 무장한 의병들은 어찌 보면 오합지졸이었지만, "부모형제 나를 믿고 단잠을 이룬다"는 가사를 몸으로 체현한 향토군대였다. 의병들은 혈연·지연으로 연결된 사이였기 때문에 그들에게 지켜야 할 대상은 나라와 군왕이 아닌 내 고향, 내 가족, 내 친척이었다.

마침 해전에서 이순신 장군의 혁혁한 전과는 왜군의 보급로를 끊어놓았다. 이로부터 지상의 의병들은 왜군을 물리치는 데 더욱 활기를 띨 수 있었다. 의병들의 전과가 전국적으로 확산되면서 의병을 관군으로 재편하려는 의도도 있었다. 하지만 대개의 의병들은 관군을 기피했다. 관군은 조정의 명령에 따라 전국 어디로든 이동해야 하지만, 의병은 관군과는 달리 자신의 고향을 넘어서지 않았기 때문이다. 혈연과 지연에 얽힌 의병의 속성상 그럴 수밖에 없었던 것이다.

의병들의 전과가 속속들이 저 신의주로 도망간 군왕과 신하들에게 알려지면서, 나라를 포기했던 그들에게 승전보는 즐거움이 아니라 오히려

독산성 내 세마대. 물이 없는 민둥산의 약점을
이용하려고 왜군이 십리진을 펴자, 역으로 말
잔등에 쌀을 끼얹으며 목욕시키는 것처럼 위
장하여 산 위에 물이 많음을 보여줬다는 이야
기가 전하는 곳.

권율 장군의 의병부대가 왜적을 물리쳤다는
경기도 오산의 독산성. 전혀 다른 돌 쌓기 방
식으로 엉성하게 복원한 것이 거슬린다.

불안한 소식이었다. 의병들이 점차 강력한 힘을 지니는 것에 대한 두려움

때문이었다. 이를 해소하기 위해 일부 의병장들을 나라의 정식 관료로 임

명하기도 했지만, 그것이 본심은 아니었다. 의병을 해산하라는 명령을 내

린 경우도 다반사였기 때문이다.

　그렇다면 의병 조직은 향촌 어른의 뜻을 존중해서 조직된, 그야말로

효를 매개로 한 향촌 군대라 할 수 있다. 애초부터 나라를 구하겠다는 충

성 군대는 아니란 것이다. 싸움의 반경도 지역 단위로 한정되었다. 하지

만 의병들의 연합전선이 확대되면서 효로 출발한 의병부대는 나라를 위한 충의 군대로 재편되기 시작했다. 전쟁터도 지역에서 나라 전체로 확대되었다. 의병활동이 효에 기초한 향촌 살리기 운동에서 충에 기초한 나라 살리는 운동으로 확산된 것이다. 효심에서 촉진된 의식이 나라를 살리는 충심으로 승화되었다는 말이다.

경종이 후사를
두지 않은 진짜 이유

역대 제왕들은 본의든 타의든 여성편력이 심했다. 특히 군권과 신권의 긴장관계 속에서 신권이 기승을 부릴 때 더욱 그러했다. 비록 군주사회라 하더라도 군주는 상징적 존재일 뿐 신권에 의해 좌지우지되는 경우가 많았다. 이런 상황에서 군주의 안식처는 자신을 어려서부터 보호해준 궁궐 내시였고, 한번 빠져들면 벗어나기 힘든 술과 여자였다.

조선의 숙종도 그 가운데 한 명이다. 숙종에게는 마음씨 곱고 아름다운 왕비 인현왕후 민씨가 있었다. 하지만 국모로서 후사가 없다는 핸디캡이 있었다. 이것이 여인으로서 최고의 지위에 올랐더라도 진정한 최고가 될 수 없었던 이유다. 그녀는 후사 없는 불효를 안고 죄인 아닌 죄인생활을 했다. 왕비에게 후사가 없는 것은 국가 차원의 문제였다. 따라서 인현왕후가 받았던 스트레스는 이만저만한 게 아니었다.

이때 숙종의 눈을 유혹한 이가 바로 소의 장씨였다. 장씨는 성은을 입고 아들을 낳아 희빈에 올랐다. 그 후로 그녀의 끝없는 욕망은 정비 인현 왕후를 몰아내는 데까지 이르렀다. 장희빈이 왕비의 자리에 오르면서 비극은 극한을 달렸다. 장희빈을 얻은 숙종의 여성편력은 여기서 그치지 않았다. 물동이를 이고 가는 여인의 뒷모습에 반하면서 이야기는 복잡한 데로 흘렀다. 무수리가 하루아침에 숙종의 사랑을 받고 아들을 생산하면서 궁궐 내부의 쟁투는 심화되었다. 궁궐 내 쟁투가 인현왕후와 장희빈의 양각구도에서 무수리 최씨가 가세한 삼각구도로 확대된 것이다. 거기다 세 여인을 둘러싼 정치 세력 간의 갈등은 더 큰 소용돌이를 일으켰다.

그밖에 숙종의 연인으로는 명빈 박씨가 있다. 명빈 박씨에게는 아들(연령군)이 하나 있었다. 그는 숙종 말년 총애를 받아 폐비 장씨의 아들 윤을 대신할 세자로 부각되었다. 연령군은 늦둥이로서 아버지의 사랑을 톡톡히 받은 것이다. 그러나 연령군은 숙종보다 먼저 세상을 떴다. 이 때문에 그는 후계자 문제로 인한 쟁투에서 해방되었다.

하지만 살아남은 자들의 권력 쟁탈전은 점입가경이었다. 일단 장희빈을 중심으로 형성된 신흥 세력은 인현왕후를 폐출시키고, 희빈의 아들 윤(나중에 경종)을 세자로 책봉했다. 세자 책봉과정에서 이를 반대했던 당대 최고의 학자들은 원치 않는 희생제물이 되었다. 서인 출신이자 노론의 우두머리 송시열(1607~1689)은 유배 후 사사되었다. 인현왕후 폐출과 장희빈이 왕비에 오르는 데 적극 반대했던 박태보를 비롯한 노론 선비 80여 명이 참혹한 형벌을 받았다. 한 여인의 욕망과 정권에 눈이 어두운 당파 때문에 수십 명의 인재가 희생된 것이다. 위기를 기회로 살린 남인들은 장희빈의 치마폭에서 정권을 잡았다. 하지만 여론은 약자를 동정하는 쪽으로 흘렀다. 비록 후사는 없었지만, 가녀린 인현왕후는 아름다운 마음씨로 주변의 동정을 샀다. 특히 출신(무수리) 때문에 대권 욕심이 약했던 숙빈 최씨의 후원은 인현왕후에게는 큰 희망이자 서광이었다. 결국 폐출되었던 인현왕후는 왕비에 복위되었고, 전횡하던 장희빈은 강등되었다. 그로부터 장희빈의 서슬 퍼런 질투는 더욱 하늘을 찔렀다. 장희빈의 한은 결국 인현왕후를 병들어 죽게 했고, 그것이 원인이 되어 장희빈 본인도 사약을 받게 되었다. 죽임이 죽음을 부른 것이다.

이제 칼자루는 숙종과 세력 갈등의 틈바구니에서 저울질하는 대신들에게 쥐어졌다. 사사된 장희빈의 아들은 이미 세자로 책봉되었다. 인현왕후는 후사가 없었지만 그를 후원한 최숙빈에게는 건강한 아들이 있었다. 신권이 힘을 발휘하는 건 줄서기를 어떻게 했느냐에 달려 있다. 장희빈의 아들 윤의 줄에 섰던 사람들은 소론이었다. 최숙빈의 아들 금(훗날 영조)의 줄에 섰던 이들은 노론이었다. 어차피 세자도 군왕도 한 명뿐이다. 따라서 1단계는 세자 책봉이고, 2단계는 왕위 등극이다. 1, 2단계는 당파의 생존과 직결된다.

노론과 소론, 양 당파 간의 목숨 건 대결은 결국 피를 부르는 혈투극으로 이어졌다. 1단계 장희빈 소생 윤은 세 살 되던 해 세자가 되었지만, 희빈이 폐출되고 사약을 받았기 때문에 세자로서 불안한 나날을 보낼 수밖에 없었다. 연산군 조를 회상한 노론의 폐세자론과 소론의 세자옹호론이 엄청난 소용돌이를 일으킨 것이다.

그러나 숙종이 소론의 손을 들어줌으로써 이 문제는 일단락되었다. 거기에는 물론 세자 윤의 효성이 한몫했다. 세자 윤의 효심은 아버지 숙종은 물론 생모 장희빈, 계모이자 왕비인 인현왕후 모두에게 극진했다. 세자의 효심은 생모 장희빈에게는 용기 있는 간언으로 나타났다. 정권욕에 사로잡힌 어머니의 지나친 언행에 세자는 때로는 눈물로 때로는 충심어린 간언으로 자신의 뜻을 표현했다. 생모의 과욕을 고통스러워하면서도 어머니를 바른 길로 인도하려는 세자의 고충을 보인 것이다. 장희빈이 사사될 때 세자는 대신들의 옷자락을 붙잡고 어머니를 살려달라고 애원했지만 이미 때가 늦은 상황이었다.

그리고 비록 생모는 아니지만 국모로서 받든 인현왕후에 대한 극진한 효성은 주변을 감동시키기에 충분했다. 여러 설이 난무하긴 하지만 훗날 왕위에 올라 후사를 두지 않았던 것도 숙종과 생모, 계모(인현왕후), 그리고 이복동생(영조)을 위한 배려였다. 부모에 대한 효성과 동생에 대한 배려가 후사를 보지 않는 방향으로 표현된 것이다.

만일 경종이 후사를 두었다면 어떻게 되었을까? 이미 지나간 역사적 사실을 바꿔 생각하는 건 흥미 이상의 의미는 없다. 그러나 경종이 후사를 두지 않은 것을 긍정적 차원에서 바라본다면 바꿔 생각해보는 것도 무의미할 것 같지는 않다.

당시 경종은 무능하고 나약했던 것처럼 보였다. 그래서 후사를 두지 못한 것으로 알려졌다. 하지만 실록에 보이는 경종은 결코 무능하지도 나약하지도 않았다. 그는 세자로서, 혹은 군왕으로서 후사가 없을 경우 드러나는 심각한 문제를 알고 있었다. 따라서 그는 어떻게 해서든 후사를 보려고 노력했을 것이다. 하지만 경종은 후사에 대한 미련을 일찌감치 접었다. 그것은 생모 장희빈이 물려준 '죄인의 자식'이라는 유산 때문이었다.

경종 입장에서 '죄인의 자식'이 왕위에 오른 것은 대단히 부담스러운 일이었다. 더구나 후사를 둔다면 그 짐을 또 그 자식이 짊어져야 한다는 연이은 부담이 생기는 것이다. 경종은 이를 근심했던 것 같다. 근심에 휩싸인 경종의 선택은 결국 후사를 포기하는 쪽이었다. 그것이 곧 정치 안정이었고, 아버지 숙종에 대한 도리였고, 생모 장희빈에 대한 대속이었고, 인현왕후에 대한 배려였을 것이다.

경종의 선택은 결과적으로 정권을 동생(영조)에게 양보한 형제간의 사랑이었다. 그리고 이것은 아버지 숙종과 인현왕후에 대한 효심의 표현이었다. 이렇게 함으로써 생모 장희빈의 죄를 대속할 수 있다고 생각한 것이다. 이것은 자신의 명예와 권력보다는 정치 안정을 바라는 나라에 대한 충성심의 발로였던 것이다.

|열둘|

동양의 가족은
마치 생명체 같다

우리에게 개인의 존재는 서양사회에서 처럼 천하국가를 구성하는 기초 단위라는 인식이 희박하다. 개인 대신 가족이 그 구성의 기초 단위가 된다. 예컨대 특정 개인의 죗값을 물으며 "삼족을 멸한다"고 하는 것은 개인과 가족을 별개로 보지 않는 하나의 좋은 본보기다. 국가의 통치 기반도 가족제도에서 비롯된 경우가 다반사다. 가족이 국가사회의 축소판이라는 이야기다. 가족 내 상하 주종관계의 질서가 곧바로 국가사회로 이어진다. 부자·부부·형제 관계는 단지 가족 내에 국한되지 않고, 국가사회로 그대로 연장된 것이다.

서양 지식인이 본 동양의 이러한 가족주의는 대단히 특이한 것이었다. 프랑스의 동양학 전문가 자크 제르네Jacque Gernet의 기록이다.

"(동양인의) 가족에 대한 감정은 우리 서구 사람들이 상상하는 것 이상으로 강하고 또 보다 큰 넓이를 가진 것이었다. 양친에 대한 존경은 단순히 양친 개인에 대한 존경이 아니라 조상숭배의 신앙이 실생활 속에 예시되어 있는 추상화한 존재에 대한 신앙이었다. 이 마음은 특정한 개인에 대한 것이 아니라 비인격적으로 명백히 의식 가능한 마음이었다. 대가족 생활은 여러 세대가 동거함으로써 서로의 장단점을 보충한다는 것을 가르쳤다. 특히 시기심과 다툼으로 입 싸움이 자주 일어났던 아녀자들 사이에서 서로 이해의 충돌이 있었음에도 불구하고 대가족이 화기애애하게 살고 있으면 그 지방의 수령이 이 집 가장의 높은 덕을 중앙에 보고했다." (『전통 중국인의 일상생활』)

합리성보다는 감성적으로 운영되는 동양의 대가족주의의 전통을 그리고 있는 내용이다. 대가족주의 사회에서 개개인의 이해관계는 가장의 판단에 좌우되었고, 가장의 판단은 사회적인 기반으로 작용했다. 동시에 가족주의 도덕은 사회의 도덕률로도 작용했다.

동양사회의 가족은 각각의 가족에 머물지 않고 확장된 하나의 사회공동체를 이루었다. 사회 전체가 가족과 가족, 또는 개인과 개인끼리 맺어진 관계의 거대한 그물망이다. 동양의 가족, 특히 유력한 가족을 제르네는 "많은 촉각을 가진 살아 있는 물체"라고 표현했다. 개인보다는 공동체가 중시되었던 동양사회의 특성을 보여준다.

이런 가족주의 문화는 효 윤리를 강조하는 방향으로 나아갔다. "모든 형벌 가운데 불효보다 큰 것이 없다"(『효경』 「오형장五刑章」)고 한 설명은 이를 증명한다. 다시 말해 효는 윤리이지만 이를 다하지 않을 경우 형벌상의 징계를 받는 법제적 성격을 지녔다. 불효에 대해 이렇게 강력히 처벌했던 것처럼 형제간 공경하지 않은 것 또한 엄중한 범죄로 처벌했다.

"봉이여! 매우 악한 자는 크게 미워해야 할 것인데, 하물며 효를 하지
않고 우애 없는 자이랴! 아들이 그 아버지를 공경하고 순종으로 섬기
지 않아 그 아버지의 마음을 상하게 하면, 아버지로서도 그 아들을
사랑하지 못하게 될 것이고, 그 아들을 미워하게 되리라. 아우로서 하
늘이 밝히신 도리를 생각지 아니하고 그 형을 공경하지 못한다면 형도
역시 어린 동생의 가련함을 생각지 아니하고 동생에게 크게 우애치
못하게 될 것이다. 이렇게 되면 우리 다스리는 사람에게는 죄를 지지
않았다 하더라도, 하늘이 우리에게 내려준 법도가 크게 혼란해질 것
이니, 속히 문왕께서 정해 놓으신 벌을 내려 그들을 벌주어 용서치 말
아야 할 것이다."(『상서尙書』 「강고康誥」)

다시 말해 불효不孝와 불우不友에 대한 처벌은 매우 중했는데, 하늘이
준 법도를 어겼기 때문이다. 구체적으로 전국시대로부터 진한시대의 법령
에는 불효자가 사형에 처해졌거나 또는 관노비가 되었다고 전한다. "파출
백가罷黜百家, 독존유술獨尊儒術" "이효치천하以孝治天下"를 모토로 한 한대
에는 불효가 역시 '대죄'의 하나였고, 삼국시대로부터 남북조시대에는 더
더욱 진일보하여 강화되었고, 당률唐律에서는 앞서 말한 『효경』의 "죄 가
운데 불효보다 큰 것이 없다"고 한 것을 더욱 구체화했다. 송·원·명·청
시대에도 불효는 당률에 근거하여 여전히 가중 처벌되었다. 나아가 독자
獨子가 가사능력이 없는 조부모나 부모를 두고 범죄를 저질렀다면 부양을

위해 죄를 면해주기도 했고, 여러 명의 자녀가 함께 범죄를 저질렀다면 그 가운데 가장 죄가 가벼운 자녀는 방면해서 부모를 모시게 하는 제도도 있었다.

또한 같은 범죄행위라 하더라도 장유長幼 질서의 존중에 따른 처벌도 차이를 두었다. 예컨대 부모(형)가 자식(동생)을 살인한 경우는 자식(동생)이 부모(형)를 살인한 경우보다 감형 또는 면형免刑되었다. 가족적 효질서의 확립이 사회질서와 무관하지 않았던 처결이다. 가족 질서를 국가 질서와도 같이 여겼던 것이다. 『대학』에서 "한 집안이 인(仁하면, 한 나라에 인이 흥하고, 한 집안이 인하면, 한 나라에 인이 흥하고, 한 집안이 양보하면, 한 국가에 양보가 흥한다"고 한 것과 상통한다. 이것은 가족의 화목이 사회 안정의 기본 질서라는 인식이 깔려 있었기 때문이다. 개인에 대한 인식 체계가 희박하고 가족이 국가사회의 기초 단위가 된 상황 속에서 개인의 안녕은 당연히 뒷전이었다. 가족의 화목이 우선이고, 그것으로 사회가 안정된다고 생각한 것이다. 가족제도의 연장이 국가제도라는 도식 속에서 설명 가능한 말이다.

이렇듯 가족주의에 따른 효 윤리가 강조되었던 것은 그만큼 가족제도가 발달했다는 반증이기도 하다. 동시에 유교 전통의 효도는 윤리 차원이 아닌 강제적·법률적 효력까지 지니고 있었다. 효 윤리는 가족주의의 기초였다. 그것이 강상과 윤리로 작용하며 요지부동의 가치로 이어져 왔던 것이다. 다시 말해 전통적 가족주의는 오랫동안 법률적 보호를 받으며 내려왔고, 그 내면에는 효도라고 하는 법률보다도 강력한 윤리가 내재하고 있었다.

|열셋|

가족주의의
재활용은 가능한가?

전통적 가족주의의 문제점은 명확하다. 그것은 본래의 취지를 떠나 한쪽의 일방적 희생과 헌신을 강요했다. 그렇기 때문에 개인주의를 근간으로 하는 근대 민주주의의 기본 맥락상 전통적 가족주의는 한계가 있다. 그렇다고 오랫동안 지속된 문화적 흐름과 민족적 감정을 무시한 채 합리성과 인권만을 내세운 개인주의가 우리의 정서와 반드시 일치하는 것도 아니다. 그렇기 때문에 타당한 가족문화 형성을 위해서는 그간 내려온 유교문화권의 속성을 고려하면서도 동시에 근대적 개인주의의 장점을 보완하는 데 주력해야 할 것이다.

유교문화의 발생지인 중국의 경우를 보자. 중국에는 그간 수많은 외래문화가 전래되었다. 하지만 유교문화를 초극한 경우는 한번도 없었다. 유교와 불교의 충돌은 결국 불교의 유교화로 결말이 났다. 다시 말해 재가주의在家主義의 유교와 출가주의出家主義의 불교의 충돌은 불교가 유교에 타협하는 것으로 드러났다. 그것은 20세기 이후 본격적으로 전개된 사회

198

주의 체제도 마찬가지다. 사회주의는 본질적으로 개인주의를 부정한다. 마오쩌둥도 철저히 개인주의를 공격하고 배격했다. 적어도 17세기 이후 유교문화를 그 어느 지역보다 잘 지켜온 한국의 경우도, 비록 근대 자본주의 사회를 근간으로 하는 개인주의 사회가 전개되었다 하더라도 유교적인 한계를 초극하지는 못했다.

다만 아시아를 넘어 서구화를 추구하자며 '탈아입구脫亞入歐'를 표방한 일본만은 한국·중국과는 달리 서구 근대 개인주의를 모방하며 유교적 공동체주의와 가족주의를 해소했다. 이것은 유교문화가 한국·중국만큼 오래되지도 견고하지도 못했기 때문이다. 그렇기 때문에 일본에서 유교는 한국이나 중국에서처럼 국교로 대접받지 못했다. 근세 에도시대에 한때 유교가 비호되었지만 국교로까지 숭앙되지는 않았다. 또한 유교 지식인을 양성하는 제도로서의 과거시험도 없었기 때문에 유교가 학문적으로 성숙하지도 못했다. 따라서 일본에서의 가족주의는 애당초 한국적 가족주의와는 거리가 있었다. 대신 가족주의에 기반한 효孝보다는 국가주의에 기반한 충忠이 중시되었다. 일본에서의 가家(いえ)는 일종의 '사회관계의 틀'로 비혈족을 포함하는 경제 집단의 의미가 강했다. 아마도 이것은 유가보다는 법가의 영향이 강한 듯하다.

법가는 전국시대 말기부터 유가와 대립하며 특히 가족주의에 반대하는 성향의 시스템을 구축했다. 특히 한비자(기원전 280~233) 같은 이는 국가 지상주의를 천명했다. 그는 선진유가가 가족주의적 입장에서 도덕·윤리·정치·경제 등 사회의 모든 표준을 세웠던 것을 반대했다. 각 개인이 가족을 통해서 국가에 예속된다는 생각을 배제하고, 개인이 국가에 직접 예속되어야 한다는 입장을 갖고 있었다. 이를 도표화하면 이렇다.

유가: 개인 〈 가족 〈 국가

법가: 개인 〈 국가

반면 한국사회는 유교적 공동체주의가 국교로 숭앙되면서 가족주의가 강력히 자리했다. 물론 이에 대한 반론이 없었던 것은 아니다. 유교문화가 한국사회 속에 뿌리 내린 것은 실제로 17세기 이후의 일이며, 그 전에는 전통적 가족주의에서처럼 가부장 중심의 일방적인 시스템보다는 부계·모계 모두 존중되는 자유주의 형이었다는 주장이다.

이런 주장의 이면에는 호주제 폐지에 따른 전통문화에 대한 해석상의 차이가 크게 작용했다. 다시 말해 헌법 제9조의 "국가는 전통문화의 계승발전과 민족문화의 창달에 노력하여야 한다"는 조문 해석을 두고, 현행 가족주의는 전통문화이므로 지속되어야 한다는 측면에서 호주제는 존속되어야 한다는 입장이었고, 또 하나는 호주제 폐지를 주장하며 전통적인 가족주의는 17세기 이후 고착된 것이기 때문에 결코 고유한 전통문화일 수는 없다는 주장이었다.

그리고 2008년 1월 1일로 호주제는 이 땅에서 사라졌다.

오늘날 가족주의는 전통문화인가 아닌가의 논의보다 현 시대에 적합한가의 여부가 가장 중요하다. 즉, 가족주의 문화는 현대사회가 요구하는 쪽으로 논의되어야 한다. 현대사회는 상호주의에 입각한 윤리관계를 요구하며, 가족주의 또한 마찬가지다. 기존의 가족주의는 그런 점에서 일방적·수직적이라는 인상이 강했다. 본래는 그렇지 않았다 항변하더라도 비춰지는 기본 틀은 그러했다. 부모 자식 관계가 그 어떤 인간관계보다 희생과 헌신을 요구했다. 일방적인 것은 현대 가족주의의 대안이 될 수 없다. 자식에 대한 맹목적인 애착과 과잉보호, 부모에 대한 무조건적 헌신이 아닌 책임과 도리 차원에서의 윤리가 강조되어야 한다. 이것은 부모의 자애慈愛와 자식의 효정신에 어긋나지 않기 때문에 기존의 가족주의에서 벗어나는 것은 아니다. 더군다나 고령화 사회로 가는 마당에 약자인 노인과 또 자라나는 어린이에 대한 배려를 생각한다면 우리 고유의 자효慈孝 사상은 매우 의미 있다. 이것이 앞으로 정말 귀중한 정신적 자산으로 작용할 수 있다는 것이다.

가족해체와
애완동물

"멍! 멍!"

"형님! 저 놈이 제 팔자보다 좋아요. 저 놈에게 들어가는 돈이 한 달에
얼마인줄 아세요? 못해도 15만 원에서 20만 원 들어요."

며칠 전 잘 알고 지내는 지인의 가정을 방문했을 때 들은 얘기다. 요즘
은 애완견에게 신장병이 생겨 약값도 보통 아니게 들어간다고 한다. 그나
마 애견보험을 들어 혜택을 받기에 이 정도란다. 평소 애완동물을 별로
좋아하지 않는 나로선 모든 게 신기하고 이해 못할 일들이다. 하지만 애
완동물을 기르는 것은 이제 특별난 일도 아니다. 일상이 되었다. 애완동
물이 자연스레 가족의 일부가 되었다.

일본 도쿄에서 가족에 대한 국제학술대회가 있었다. 가족주의 해체에
따른 다양한 문제를 다룬 학술대회였다. 그 가운데 눈에 띄는 논문 발표
가 있었다. 일본에서의 '애완동물과 그에 따른 새로운 가족'이란 주제와

'비정규직으로 인한 만혼, 미혼, 출산 기피 현상'을 다룬 내용이었다. 그것이 관심을 끈 것은 조만간 우리에게 닥칠 수도 있는 문제이고, 이미 진행되고 있는 문제이기 때문이다.

먼저, 비정규직의 급속한 증가가 가족구성에 엄청난 변화 요인이 되고 있다는 주장이 눈길을 끌었다. 결혼과 출산은 라이프 이벤트life event의 가장 중요한 두 요소다. 그런데 경제 환경의 변화가 라이프 이벤트를 미루거나 포기하게 만든다는 주장이다. 만혼·미혼, 저출산의 일반화가 비정규직의 증가와 비례해서 증폭되었다는 것이다.

특히 결혼 적령기에 속한 젊은이들의 비정규직 증가는 만혼·미혼 풍토를 만들었고, 혹 결혼을 한다 하더라도 저출산 또는 출산 포기의 환경을 조성한다는 것이다. 일본에서 평생 미혼으로 사는 사람이 전국 평균(2005년 기준) 남자는 15.4퍼센트, 여자는 6.8퍼센트인데, 미혼자 70퍼센트 이상이 부모와 동거하며 부모의 수입에 의존하며 살아간다고 한다. 가정과 가족을 거느려야 할 적령기의 남녀가 미혼 상태로 남는다는 것은 엄청난 사회적 재앙이 아닐 수 없다.

그런데 가정과 가족이 없는 이들에게 부족한 애정을 애완동물이 채워준다는 것이다. 이것은 애완동물 공양과 새로운 가족이란 주제의 논문을 통해서 확인할 수 있다. 애완동물이 더 이상 애완동물이 아니라 새로운 가족구성원이란 것이고, 그렇기 때문에 애완동물의 애경사가 인간의 삶의 중요한 부분이 되었다는 것이다.

가족처럼 함께 살던 애완동물이 죽게 되면 그에 따른 장례 절차와 추모의식까지 이전 인간에게 하던 방식을 그대로 적용한다는 것이다. 비록 법률로는 애완동물이 죽으면 폐기물로 취급한다고 하지만, 막상 애완동물을 기른 사람들은 법이 무색할 정도로 가족 이상으로 대우하며 처리한다는 것이다.

종교법인이 운영하는 동물 묘지만도 도쿄도에 200곳 이상 성업 중이고, 애완동물에 들어가는 비용도 1년에 1조 엔 이상 된다는 자료도 공개됐다. 이처럼 애완동물을 가족처럼 대하는 것은 이미 일본의 각 언론보도를 통해서도 언급되었다.

일본에서 애완동물은 가족의 일부이고, 최근 들어 더욱 일반화되었다는 것이다. 동물의 이름을 사람과 똑같이 짓고, 죽은 뒤 추모할 때에는 주변 친지를 초청하는 것은 물론이고, 장례식 뒤에는 정기적인 추모 행사도 갖는다는 것이다.

위 두 논문은 깊은 상관관계를 갖고 있다. 비정규직으로 인한 생활 불안정이 만혼·미혼, 저출산·무출산의 풍토를 낳았고, 그로 인한 고독과 불충분한 가족애는 애완동물이라는 새로운 가족구성원을 통해 해소한다는 것이다. 사회적 고용 불안정이 전통적 가족 관념을 깨고 새로운 가족 환경을 조성하는 데 머물지 않고, 나아가 애완동물을 새로운 가족구성원으로 받아들이는 요소로 작용했다는 것이다.

과거 일본은 평생직장 개념으로 급속한 경제성장을 이룩한 나라다. 평생직장은 안정된 사회와 화목한 가족의 기반이었다. 하지만 신자유주의 경제가 세계경제의 흐름을 지배하면서 비정규직 고용 환경이 대세를 이루었고, 그로부터 사회불안과 가족해체 등 다양한 문제를 낳았다.

최근 들어 이에 대한 문제점을 간파한 일본의 일부 지도자들에 의해 고용 안정을 통한 성장 시대의 틀을 다시 회복하자는 주장이 설득력을 얻고 있다. 고용 안정은 곧 가족의 회복을 의미하며 가족의 회복은 사회 안정의 초석이자 국가 성장의 원동력이라는 것이다.

이제 문제는 우리 한국사회다. 비정규직으로 인한 고용 불안이 첨예한 사회문제가 된 것은 이미 오래전 일이고, 가족의 해체 역시 이것과 맞물려 급속히 진행되고 있다. 애완동물을 자신의 자녀나 애인처럼 애지중지하는 이들을 어디서든 쉽게 볼 수 있는 것도 결코 이와 무관할 수 없다.

그것이 사회적인 추세이기 때문에 어쩔 수 없다는 체념에 앞서 문제의 실마리를 풀어가는 지혜가 필요하다. 가족이 살아야 나라의 장래가 있다. 가족이 살기 위해서는 안정된 고용 구조가 필수다. 안정된 경제 환경이 조성되지 않고서는 가족을 꾸릴 수가 없다. 경제 안정, 화목한 가정, 안정된 국가사회가 결코 별개일 수 없다는 것이다.

멀수록
더 간절해지는 효

어미의 자식사랑은 헌신적이면서도 희생적이며 숭고하다. 그러나 성장한 자식이 어미를 사랑하는 것은 흔치 않은 일이다. 대부분의 동물들은 어느 정도 자립 기반이 마련되면 어미 곁을 떠나는 게 상례이고, 또 떠나면 그만이다. 날짐승은 홀로 날 수 있을 정도면 둥지를 떠나고 들짐승은 혼자 먹을거리를 해결할 수 있으면 어미 곁을 떠난다. 둥지를 떠나고 어미 곁을 떠난다는 것은 완전한 독립을 의미한다. 이제 더이상의 어미 자식 관계는 물론 형제자매 관계도 무의미해진다. 그저 동류로만 남을 뿐, 각각의 독립적인 개체가 된다는 뜻이다.

사람도 성년이 되면 자립 기반을 다지며 부모로부터 독립하는 것이 원칙이다. 그런 점에서 인간도 다른 동물과 다르지 않다. 그러나 인간은 부모 곁을 떠난다고 관계가 단절되는 것은 아니다. 독립적인 생활을 한다 해도 인간은 끊임없는 관계를 이어가며 정을 다져나간다. 부모 자식 간의 관계, 형제자매 간의 관계는 철없던 어린 시절보다 오히려 성년이 된 이후 독립된 개체로 살면서 더 다져지고, 또 그래야 한다고 윤리적으로 규정한다. 부모 자식 간의 관계를 자애와 효도로, 형제자매 간의 관계를 신의와 공경의 윤리로 규정한 것이다.

효‡란 글자는 늙은 어버이를 젊은 자식이 업고 가는 모습을 본뜬 상형문자다. 그런 점에서 효에는 강자의 약자 보호정신이 깃들어 있다. 효란 자녀가 부모를 모시며 공경한다는 뜻 말고도 강자가 약자를 보호한다는 뜻도 함께 있다는 것이다. 부모가 강자일 때에는 부모가 보호자이지만, 자식이 강자일 때에는 자식이 부모를 보호해야 한다는 뜻이다. 효가 일방적 의무가 아닌 쌍방향적 도리임을 말하고 있다. 효에는 인류 보편적 사랑이 내재한다.

그러나 효에도 정도와 단계가 있기 때문에 모든 효를 보편적인 사랑이라 할 수는 없다. 높은 단계의 효와 낮은 단계의 효를 구별해서 말할 수 있다는 것이다.

가장 낮은 단계의 효는 양구체養口體의 효다. 말 그대로 입과 몸을 봉양한다는 뜻이다. 심청이가 눈먼 아버지를 위해 품을 팔아가며 봉양한 것을 말한다. 나아가 어른 먼저 음식을 드시게 한다든지 힘든 일을 젊은 사람이 대신하는 것과 같은 일상의 행위도 양구체의 효에 해당한다.

두 번째 단계는 부모의 뜻을 존중하며 받드는 양지養志의 효다. 공자는 "부모를 봉양하면서 공경하는 마음과 뜻이 없다면 개나 말에게 먹이를 주는 것과 무엇이 다르겠는가?"라고 양지의 효를 말했다. 공경은 부모의 뜻을 살피는 데 있다. 양지의 효가 양구체의 효보다 한 단계 위라는 것은 그만큼 어렵고 힘들기 때문이다.

마지막 최고 단계의 효는 예를 실천하는 것이다. 맹무백이 효에 대해 질문하자, 공자는 "어기지 말라[無違]"고 답했다. 여기서 "어기지 말라"고 한 본 뜻은 "예를 어기지 말라"는 뜻이다. 예는 어느 시대나 존재하는 보편적 가치이고 남을 우선 생각하는 배려정신이다. 자기의 욕심을 앞세우는 사람을 버릇없는 사람이라 말하고, 자기보다 남을 먼저 생각하는 사람을 예절바른 사람이라 말한다. 예를 갖춘 사람을 최고의 효 실천가라 한 것은 인류의 보편적 가치를 준수하고 남을 배려하는 정신이 투철하기 때문이다. 그것이 부모에게 적용되면서 살아계실 때에도 예로, 돌아가셨을 때에도 예로써 섬기라는 뜻이다.

그러나 무엇보다 중요한 효는 다양한 환경에 맞는 행위가 되어야 한다. 일방적으로 정의된 개념에 따른 실천보다 상황에 맞는 실천이 존중되어야 한다는 것이다. 기본적으로 효를 부모와 어른에 대한 마땅한 도리라 규정한다면, 그에 따른 실제 행동은 누구나 꼭 같을 수는 없을 것이다. 몸이 허약한 사람의 가장 큰 효는 건강일 것이고, 인상이 험상궂은 사람의 효는 밝은 얼굴빛을 띠는 것이다. 물론 이 내용은 『논어』에 드러난 공자의 맞춤형 교육의 산물이다. 효에 대한 질문을 받은 공자가 상대가 처한 상황에 따라서 건강도 효도, 밝은 얼굴도 효도라 한 데서 나온 말이다.

효 관념은 어버이의 사랑에 대한 보은에서 출발한다. 부모님의 자애에 대한 보답이 효라는 것이다. 따라서 효는 상호 간의 호혜정신이라 할 수 있다. 나아가 강자의 약자 보호라는 보편적 가치 기준으로까지 확대 가능하다.

모든 종교가 공히 효를 강조하는 것은 거기에 보편적 사랑이 깃들어 있기 때문이다. 효를 가부장적 질서 유지를 위한 수단이라 생각한다면 일면으로 전체를 호도하는 일이다. 부모 자식 간의 사랑, 가족 간의 사랑은 그 자체로 합목적적이다. 거기에 일방적으로 강요된 효는 없다. 나아가 강자의 약자 배려정신이 아닌, 권위에 복종하는 이데올로기적 효도 설 자리가 없다. 잘못된 판단과 기준으로 귀중한 가치를 저버린다면 얼마나 안타까운 일인가.

고산족의 살인에
종지부를 찍다

오봉이란 사람은 대만에서 성인으로 추앙받는 인물이다. 원적은 중국 푸젠성이지만, 부친이 대만으로 건너와 고산족高山族을 상대로 장사하면서 대만에 머물렀다. 오봉은 스무 살이 넘으면서 정부를 대표하는 통역관으로 고산족 관리가 되었다. 고산족들은 그의 인격에 감화되어 모두 그를 존경하고 따랐다.

고산족들은 매년 한 사람씩 죽여서 제사하는 관례가 있었다. 오봉은 그들에게 사람을 죽이지 말 것을 권했지만, 고산족들은 "당신은 좋은 사람이므로 당신의 말이라면 모두 들으려고 하지만 이 일만은 들을 수가 없습니다. 이것은 우리 선조들이 해오던 관습으로 바꿀 수가 없습니다. 만일 이렇게 하지 않으면 일족이 모두 재앙을 받습니다"라고 말했다.

오봉이 방법을 바꿔서 "당신들은 지난해에 다른 부족과 큰 싸움을 벌여 수십 명을 살해했으니, 그 피살된 사람들의 시체를 모두 보관했다가 매년 하나씩 사용하면 좋지 않겠는가?"라고 제안하자, 고산족들은 그렇게 하기로 했다.

30~40년이 경과한 후 보존해놓았던 시체를 모두 사용하고는 오봉에게 "우리들은 오늘부터 하는 수없이 또 살인을 시작해야겠습니다"라고 했다. 오봉은 이미 일흔 전후의 노인이 되었다. 그는 "당신들은 몇십 년 동안 살인을 하지 않았는데도 이와 같이 무사하지 않았는가? 나는 당신들이 살인하여 신께 제사드리는 것을 영원히 멈추기를 바라오"라고 권고했다. 그러나 효과는 없었다.

그러자 오봉은 "당신들이 반드시 살인을 하여야 한다면 나도 어찌할 도리가 없소. 그렇다고 함부로 사람을 죽일 수도 없는 노릇이니 올해는 내가 당신들에게 한 사람을 보낼 것이오. 어느 날 어떤 곳을 어떤 사람이 머리에 붉은 수건을 두르고 지나는 것을 보면 그를 죽이시오"라고 했다.

고산족들이 그렇게 하겠다고 하자 오봉은 집으로 돌아와 후사를 정돈하고 가족들에게 고산족들을 잘 선도하여야 하고 그들을 멸시해서는 안 되며, 또 절대 원한을 품고 복수해서도 안 된다는 것을 간곡히 분부했다.

그날이 오자 오봉은 자기 머리에 붉은 수건을 두르고 그가 지정했던 길로 걸어갔다. 고산족들은 화살로 걸어오는 사람을 쏘고는 앞으로 달려가 목을 베었다. 그런데 죽은 사람은 그들이 존경하던 오봉이었다. 아무리 설득해도 효과가 없자 부득이 몸소 희생을 선택한 것이다. 고산족들은 이를 깨닫고는 영원히 살인하지 않았다.

오봉은 자신이 관리하던 고산족들을 사랑했다. 굳이 자신이 순사하지 않았어도 그 누구로부터 비난받을 일을 하지도 않았다. 그러나 그는 고산족들의 잘못된 관행과 구습을 뿌리 뽑고자 자신을 희생했다. 대가를 바

란 것도 아니었다. 고산족들을 감화시켜 이후로는 살인하지 말 것을 교훈
하고 싶었을 뿐이다.

지하철만 타면
눈을 감는
사람들

동양의 산업 기반은 농업이다. 농업
문화는 자급자족이 가능한 자연경제이므로 상업문화와는 여러모로 다르
다. 상업문화 속에서는 언어가 발달하고 개방적인 대인관계를 요구한다.
언어 구사력이 떨어지는 사람과 폐쇄적인 사람은 상업문화에 적합한 사
람이 아니다. 논리적으로 말하고 구체적으로 말하는 사람이 능력 있는
사람이다. 상업문화는 소피스트처럼 기막히게 말 잘하는 학자들을 배출
했다.

상업사회에서 대인관계는 개방성을 요구한다. 낯선 사람이건 미운 사
람이건 표면상으로는 우호적으로 대해야만 한다. 생존의 문제이기 때문
이다. 여기서 수평적인 대인관계가 발달했다. 개인의 역할과 기능도 공동
체보다 우선하게 되었다.

반면 농업사회는 언어를 크게 필요로 하지 않는다. 오히려 말 잘하는
것을 멀리했다. 언어를 대신하는 매개체가 존재하기 때문이다. 대개는 자

연自然이 그것을 대신했다.

농촌의 노부부가 아침을 먹으면서 아무런 대화가 없어도 전혀 이상할 것이 없다. 전날 밤 싸워서 그런 게 아니다. 그냥 말을 안 하는 게 편할 뿐이다. 상을 물리고 아저씨가 조용히 삽을 들고 나갈 때에도 굳이 어디 가느냐는 말이 필요치 않다. 묻지 않아도 이미 일어나고 있는 주변의 상황이 대신 알려주기 때문이다.

대화가 차단된 밥 먹을 때의 속도는 성격과는 관계없이 당연히 빠를 수밖에 없다. 반공 사상이 판을 치던 시절에는 "말 많으면 공산당"이라 했다. 공산당이 말이 많아서라기보다는 말이 많은 것을 경계했던 문화적 풍토가 그랬다. 과묵한 사람이 이상적인 인간형이 될 수밖에 없는 상황이다.

만남 자체가 어색하기도 하지만 간혹 피할 수 없는 만남 속에서 주고받는 대화도 극히 추상적이다. 사실 두 사람 간의 대화는 없어도 될 말들이다. 길 가다 마지못해 주고받은 말들은 단지 어색함을 피하기 위한 수단일 뿐이다. 그래서 농업문화는 '거시기' 문화를 낳을 수밖에 없다. '거시기'를 남발해도 불편할 것이 없다. 폐쇄적인 자연환경 속에서 함께 사는 사람들은 모두 알 수 있는 것들이기 때문이다.

농경사회에서 생활의 주무대는 자연이다. 대인관계가 폐쇄적일 수밖에 없는 조건이다. 사람과 사람의 만남이 자연스럽지 못하다. 자주 만나는 사람이든 오랜만에 만난 사람이든 어색하긴 마찬가지다. 오히려 동식물을 대하는 것이 편하다. 주변 사람들과 대면하는 시간이 농장에 나가 동식물과 대하는 것만 못하다. 그러다 보니 남과 마주치는 것은 어색하다.

이런 폐쇄적인 생활 방식은 상업사회로 변모한 오늘날까지도 연장되고 있다. 폐쇄적인 사고로 개방적인 사회를 맞은 것이다. 처음 만난 사람들과 좋든 싫든 미팅하는 자세로 가야만 하는 지하철이란 공간은 이를 잘 대변한다. 지하철을 타고 가는 사람치고 앞을 주시하는 사람은 거의 없다. 무심히 옆을 보든지 아니면 캄캄한 밖을 본다. 그래도 가장 편한 건 눈을 감는 것이다. 눈을 감고 있다 보니 자기 앞에 노약자가 서 있는 것도 깜박할 때가 있다. 자리를 양보해야 할 순간을 놓친 젊은이가 자신의 미안한 감정을 자는 척하는 것으로 피하기도 한다. 그래서 그런지 2열 종대로 앉아 가는 시내버스에서의 자리 양보율은 지하철보다 높다. 부담 없이 앞사람 뒤통수 바라보며 가다가 노약자가 타게 되면 즉시 양보할 수 있기 때문이다.

혹 앞사람과 눈을 마주치게 되면 누가 먼저랄 것도 없이 외면하는 것이 자연스럽다. 인상 쓰지 않는 것만도 많이 달라진 모습이다. 붐비는 지하철도 마찬가지다. 눈 둘 곳이 마땅치 않은 이들의 눈길은 자연히 광고 문구에 머문다. 따라서 광고 문구는 억지로 외우지 않아도 저절로 외워진다. 이런 우리의 습성 때문에 지하철 광고 효과는 매우 높다. 평소 보지 않던 책이나 신문을 지하철에서는 열심히 보는 것도 이와 무관치 않다. 대인기피증 아닌 기피증을 앓고 있는 우리에게 다양한 기능이 장착된 핸드폰의 등장은 구세주와도 같다. 핸드폰이 부자연스러운 만남과 행동을 단번에 해결해준 것이다.

엘리베이터에서의 어색한 만남도 폐쇄적이었던 우리를 얼마나 난처하게 하는가? 고층건물을 이용하는 사람은 아마도 엘리베이터에서의 애매한 만남의 시간이 가장 길고도 지루한 시간일 것이다.

오래된 주제,
선과 악

인간의 본성은 선할까 아니면 악할까?
인간 본성의 선악 문제는 동양사상의 주요 질문 가운데 하나다. 이 질문
이 교육 방법을 결정하는 중요한 단서가 되기 때문이다. 인간의 본성이
선하다면 선한 본성을 회복하는 방법으로 내용이 짜여질 것이고, 본성이
악하다면 본성을 뜯어고치는 쪽으로 내용이 정해질 것이다.

공자는 인간 본성의 선악善惡을 말하지 않았다. 다만 "타고난 본성은
서로 비슷하지만 후천적인 습성은 차이가 있다"(『논어』 「양화」)고 했다. 그
이후 본성은 하나이고, 습성은 다르게 보려는 관점이 생겨났다. 대표적
인 경우가 맹자의 성선설과 순자의 성악설이다. 물론 인간의 본성은 선하
지도 악하지도 않다는 '성무선무불선설性無善無不善說'도 있고, 선하게도 될
수 있고 악하게도 될 수 있다는 '성가이위선가이위불선설性可以爲善可以爲不
善說'도 있다. 하지만 성선설과 성악설의 논쟁에 파묻혀 큰 빛을 보지는 못
했다.

그렇다고 성선설·성악설 양측의 격론을 재론할 여지는 없다. 여기서는 다만 교육을 보다 강조한 순자의 성악설을 한번 살펴보고자 한다. 성악설이 우리의 교육에 가장 큰 영향을 주었기 때문이다.

맹자는 '인간의 본성은 선하다'고 말한다. 내 생각에는 그렇지가 않다. 예로부터 오늘에 이르기까지 세상에서 말하는 선이라고 하는 것은 도리에 들어맞고 평화롭게 다스려지는 것을 말한다. 악이라고 하는 것은 치우쳐 도리에 어그러지고 혼란한 상태를 말한다. 이것이 곧 선과 악의 차이다. 그런데 참으로 사람의 본성이 나면서부터 도리에 들어맞고 평화롭게 다스려지는 것이라고 보는가? 그렇다면 여기에 무슨 성왕이 필요하겠으며, 예의는 또 무슨 필요가 있겠는가? 비록 성왕이나 예의가 있어도 모든 게 다 도리에 들어맞고 평화롭게 다스려진다면, 다시 무엇을 더한게 있겠는가?" (『순자』「성악」)

이 문장에는 순자가 생각하는 선과 악의 개념이 분명히 드러나 있다. 선이란 도리에 맞고 평화롭게 다스려지는 것이고, 악이란 치우치고 도리에 맞지 않으며 혼란한 상태라는 것이다. 그럼 어떻게 해서 혼란한 상태가 만들어지는 것일까? 만일 악이 혼란 발생의 원인이라면 그 악의 본질은 무엇일까? 역시 순자의 말로 풀어보자.

인간의 본성은 악하며 그것이 선한 것은 인위적인 것이다. 지금 인간의 본성은 나면서부터 이로움을 좋아하는 것이 있는데, 이것을 따르기 때문에 쟁탈이 생기나고 사양하는 것이 없어진다. 나면서부터 미워하고 싫어하는 것이 있는데, 이것을 따르기 때문에 잔적이 생기고 충忠과 신信이 없어진다. (…) 그러므로 인간의 본성을 따르고 인간의 감정을 따른다면 반드시 쟁탈로 나아가게 되어 분수를 무시하고 이치를 어지럽히는 데로 합쳐져 난폭함으로 귀결된다. (…) 이것으로 살펴본다면 인간의 본성은 악한 것이 분명하며, 그것이 선하게 되는 것은 인위적인 것이다. (『순자』「성악」)

이제 순자가 말하는 성악설의 근거가 좀더 분명해졌다. 인간은 이익을 좋아하고, 또 그대로 따라가다 보면 갈등과 쟁탈이 일어난다는 것이다. 성왕聖王과 예의禮義가 필요한 것은 바로 이 혼란을 잠재우기 위해서이고, 이렇게 해서 찾아온 평화는 인위적인 결과라는 것이다. 이 맥락에서 순자의 성악설은 철저한 인간 교육을 강조하는 방향으로 나아간다.

굽은 나무는 반드시 도지개에 넣거나 불에 쬐어 바로잡은 연후에 곧게 되고, 무딘 쇠붙이는 반드시 숫돌에 간 뒤에 날카롭게 된다. 이제 인간의 악한 본성은 반드시 스승이나 법도를 기다린 뒤에 바로 잡히며 예의를 얻은 뒤에 다스려진다. (『순자』「성악」)

인간이 선해지고 사회가 안정되고 평화롭게 되는 것은 철저히 인위적인 산물이란 것이다. 인위의 주요 산물은 예의고 법도다. 그 예의와 법도를 통해서 드디어 인간은 선해진다는 것이다. 따라서 예의와 법도를 교육

받지 못한 인간은 악한 상태로 방치되고 그런 환경이 지속되면 쟁탈이 일어나 혼란해진다는 것이다.

예를 들어보자. 어떤 사람이 길을 가는데 배가 고팠다. 길가 제과점에 맛있는 빵과 과자가 즐비했다면, 그 사람의 본성은 그 과자를 먹는 것인가? 아니면 참고 먹지 않는 것인가? 일단 본성의 차원에서 본다면 배고프면 먹는 게 맞을 것 같다. 아니 그것을 본능이라 해도 순자의 표현대로 말한다면 본성과 다르지 않다. 하지만 대가를 지불하지 않았다면 보통은 그 빵이나 과자를 먹지 않을 것이다. 그렇게 교육받았기 때문이다. 만일 교육받지 못한 사람이라면 과자를 거리낌 없이 입에 넣을 것이다. 또 그로 인해 제과점 주인과 그 사람은 다투게 될 것이다.

이렇듯 악한 본성대로 행동한다면 이 사회는 혼란에 빠진다는 것이다. 그래서 성악설을 주장한 순자는 철저히 인간은 교육되어야 함을 강조한다. 교육되어야 선해지고 사회는 평화롭게 된다는 주장이다. 교육이라는 강제적 행위가 가해져야 비로소 바로 잡히고 사회적 평화도 찾아온다는 것이다.

이로부터 동양사회는 어려서부터 철저한 교육을 강조했다. 철저한 교육을 순자는 '인간의 행위(人爲)'로 규정했다. 교육 자체가 인간의 행위란 것이다. 인간의 행위, 즉 교육받은 인간만이 선해질 수 있다는 '위선(僞善)'론이다. 여기서 '위선'이란 우리가 상식적으로 생각하는 '위선'이 아니다. 인간의 행위, 즉 人+爲=僞로서의 '위선'이다. 그렇다면 최초의 교육 장소는 어디이겠는가? 가정이고, 최초의 교육자는 부모와 형제자매 등 가족구성원일 것이다.

최초의 교육 장소인 가정에서 제일 먼저 배워야 할 항목은 무엇일까? 가정 내 질서, 즉 예절이다. 위아래로 부모와 형제자매에 대한 예절 교육은 필수이고, 나아가 사회생활에 필요한 기본 덕목도 가정에서 배운다.

| 열아홉 |

첫 단추를
잘못 끼운 것이
화근이다

서양철학이든 동양철학이든 철학은 보통 어렵고 따분하다. 이런 결과는 학기 초마다 하는 설문조사를 통해서 드러난다. 질문 내용은 크게 다음 세 가지다. 첫째, 그간 알고 있던, 혹은 생각하던 철학이란 무엇인가? 둘째, 지금 머리에 떠오르는 철학자 3명만 써보라. 셋째, 수업 내용과 방법에 대한 희망사항을 써보라는 주문이다.

이 조사 결과는 예외 없이 다음과 같다.

첫 번째 질문에 대해서는 '어렵다' '따분하다' '골치 아프다' '말장난이다' '밥 먹고 할 일 없는 사람들의 신선놀음이다' '운명을 점치는 일이다' '사주팔자나 관상 보는 것이다' '인생의 가치관을 다루는 학문이다' '내 생각을 주장하는 것이다' 등의 내용이 대부분이다.

두 번째 질문에 대해서는 대개 소크라테스·플라톤·아리스토텔레스를 가장 많이 쓰고, 그다음 칸트·헤겔·니체·공자·맹자·노자·장자 등을 쓴다. 아주 드물게 이황·이이도 있다.

세 번째 질문에 대해서는 첫 번째 질문과 연관시키며, 그렇기 때문에 '쉽고 재미있게' '옛날이야기처럼' '졸리지 않게' 등의 요구로 맺어진다.

여기서 주목할 것은 두 번째 질문에 대한 답변이다. 하나같이 한국 사상가는 없거나 뒷전이다. 이 결과를 갖고 곧바로 질문한다. "여러분들은 어느 나라에서 유학을 왔습니까? 유럽에서 유학 온 학생들입니까?"

이와 똑같은 질문을 중국 학생들을 대상으로 해본 경험이 있다. 그들은 마오쩌둥과 덩샤오핑을 가장 많이 썼다. 그다음 쑨원·후스·천두슈, 그다음은 마르크스·레닌·캉유웨이·량치차오·탄쓰통·노자·장자·공자·맹자 등 다양했다.

여기서 서구사상가 중심으로 편향된 우리 학생들과 다른 점을 발견하게 된다. 중국 학생들은 현대 중국을 있게 한 장본인들을 가장 먼저 떠오르는 사상가로 여기고 있다. 나아가 단순히 기억하는 정도가 아니라 절대적인 신뢰와 존경을 보내고 있다. 서양철학자들에 대한 평가와 인지도 여부를 떠나 우리 학생들과는 다른 각도에서 철학자들을 평가하고 있었다.

그들은 마오쩌둥이 아무리 대약진운동·문화대혁명과 같은 역사의 돌이킬 수 없는 과오를 저질렀고, 덩샤오핑이 천안문광장에서 민주화를 외치던 수천의 젊은 목숨을 앗아갔다 해도, 한 사람은 오늘의 중국을 있게 한 주역으로, 또 한 사람은 십수억 중국인을 먹여 살린 영웅으로 기억하고 있었다. 중국 대륙과 대만에서 동시에 영웅시되는 쑨원을 사상가로 기억하는 것은 어찌 보면 당연한 일이다. 그리고 공자와 맹자, 노자와 장자 같은 고대 사상가들의 이름을 후순위에 기록하는 것도 신기한 일이다.

이들을 통해서 우리 대학생들의 의식 가운데 우리나라의 근대를 이끈 사상가들이 어떻게 자리하고 있는지가 궁금했다. 그 어느 학생도 신채호·김구·조만식·이승만·안창호·박은식·김창숙 등의 근대 사상가들을 떠올리지도 못하고 아는 경우도 드물다. 그나마 생각하는 한국 사상가는 이황·이이 같은 조선시대 성리학자에 머물러 있다. 근대 사상가를 거치지 않고 조선에서 곧바로 현대로 건너뛰며 근대화의 주역들을 기억 속에 묻어버리고 있다. 그 대신 아주 자연스럽게 서양사상가들을 우리의 선조인양 달달 외운다.

게다가 각각의 사상가들이 처했던 시대와 공간을 체험적으로 느끼지 못하고 무조건 암기하듯 철학을 접했다. 그러다보니 철학은 가장 따분한 학문이 되고 말았다. 철학과 사상은 그 시대와 공간에서 배태된 종합적인 의식의 산물이다. 철학이 어려운 것은 그 시대와 공간의 참모습을 이해하지 못하기 때문이다.

철학이 비록 어렵더라도 인생의 참된 의미와 올바른 가치관을 형성해준다는 점에서 이제 철학 공부의 방식은 바꿔어야 한다. 지금까지 해온 철학 공부가 선입견을 불러일으켰다면 이제는 과감하게 새로운 방법과 내용으로 철학을 접해볼 필요가 있다.

회초리와
교육

어느 초등학교에서 있었던 일이다. 담임선생님이 한 아이의 손바닥에 회초리를 댔다. 문제는 그 아이의 할아버지가 "감히 남의 집 귀한 자식을 누가 때렸느냐?"는 항의를 그것도 교감선생님께 하면서 붉어졌다. 정당한 체벌이었음에도 현행 법규상 체벌을 가한 담임선생님만 난처해질 수밖에 없는 사건이었다. 물론 이런 일들은 교육 현장에서 종종 벌어진다. 이 사연을 접하고 김홍도의 〈서당도〉를 다시 보게 되었다.

김홍도, 〈서당도〉

맨상투 머리 위로 모난 두건을 쓰고 선비 옷을 입은 훈장 선생님과 학동들의 모습을 표현한 그림이다. 방 안의 분위기상 수준 있는 동네 모습

서당도

은 결코 아니다. 표정이나 복식에서 느껴지는 훈장 선생님도 깐깐한 실력을 뽐내는 인상이기보다는 털털한 동네 할아버지의 자상함만이 느껴진다. 왼쪽에 있는 3명의 학동들은 모두들 허리에 띠를 매고 있는 것으로 보아 오른쪽에 앉아 공부하는 학동들보다 약간은 지체 높은 양반의 자제들로 보인다. 물론 이 서당도의 백미는 중앙에서 울고 있는 학동의 모습이다. 복장 상태나 얼굴 표정으로 보아 왼편의 양반 자제 자리에 앉았던 학동으로 보인다. 같은 부류에 속한 왼쪽 학동들의 표정은 동료 학동의 불행에 자못 동정적이지만, 오른편 학동들은 다소 고소해하는 듯한 표정들이 역력하다. 무슨 사연으로 야단을 맞았는지는 모르지만 서글피 울고 있는 학동 옆에는 회초리 서너 자루가 눈에 띤다. 울고 있는 학생과 옆에 놓여 있는 회초리는 직접적인 관계가 있을 것이다. 왜 어린이는 훈장 선생님으로부터 매를 맞았을까?

『대학』의 '수신제가치국평천하'가 한 개인의 사회화 과정을 말한 것이라면, 서당 교육은 주로 '수신제가'에 집중되어 있다. 물론 '수신'이나 '제가'가 안 된 사람이라도 '치국평천하' 못할 것도 없다. 따라서 '수신제가'가 필수라고는 말할 수 없고, 또 그런 사람도 많다.

하지만 온전한 '치국평천하'의 전제가 '수신제가'임은 더 말할 것도 없다. 교육이 편법이나 비정상적인 방법으로 충분히 목적을 달성할 수는 있다. 하지만 온전한 교육은 순서에 입각한 정상적인 방법을 통해서 이뤄져야 한다.

'육예六藝'의 '예악사어서수禮樂射御書數'에서 왜 '예'가 첫 번째 과제인가는 공동체를 인식한다면 당연한 것이다. '예'란 공동체의 기본 질서로서 선택 아닌 필수이기 때문이다. '예'는 너와 나의 약속이며, 당연히 지켜야 할 도리이기 때문에 때로는 강제되기도 했고, 그 과정에서 체벌이 수반되었다. '예'가 개인에 국한된다면 체벌은 과한 것이겠지만, 공동체의 불가피한 약속이라면 체벌은 당연한 수단이 될 수 있다. 같은 맥락에서 "사랑하는 아이에게 매를 치고, 미워하는 아이에게 떡을 주라"(『명심보감』)는 말도 자연스럽게 통용되었다. 구약성경에서도 "채찍으로 아이를 때릴지라도 죽지 아니하리라. 그를 채찍으로 때리면 그 영혼을 음부에서 구원하리라"(잠언 23:13)고 하며, 체벌의 필요성을 강조했다.

이제 다시 〈서당도〉로 돌아가자. 울고 있는 학동은 아마도 훈장과의 약속을 어겼거나 공동체의 약속을 저버렸기 때문에 매를 맞았을 것이다. 그렇다면 여기서 매는 잘못을 잘못으로 일러주는 중요한 요소로 작용한 것이다. 잘못을 지적하는 방법이야 여러 가지 있겠지만, 우리네 서당 교육에서는 매가 큰 역할을 했다.

그렇다고 교육의 중심에 매를 둘 수는 없다. 매는 단지 교육의 한 수단일 뿐이다. 오늘날 학교 현장에서 매가 문제되는 것은 서당식의 열린 교육을 지향하면서도 그와 같지 않은 풍토 때문이다. 오늘날 선생님은 교과목을 책임지지만 서당식 교육 형태에서는 학동의 인격을 책임졌다. 학생의 지적 발달에 치중하는 교과 중심의 교육과정에서 가해지는 매와 전 인격체 실현을 위해 가해지는 매가 같을 수 없다. 6년(초등)-3년(중등)-3년(고등)이라는 제한된 시간, 곧 획일적인 학년제 교과과정에서는 어떻게 해서든 학생을 끌고 가야 한다는 분위기가 불가피하다. 따라서 그 가운데 가해지는 체벌은 학생의 지적 능력에 따라 달라질 수 있다. 제한된 시간을 두지 않는 서당식 교육 시스템에서의 체벌과 같을 수 없다. 개인의 능력 차이가 있음에도 획일적으로 적용되는 학년제는 결국 저능아를 문제아로 만들 개연성이 높다. 체벌도 그에게 집중되는 악순환의 고리를 끊을 수 없다. 반면 학년이나 시간에 구애되지 않고 필요한 교과과정을 자기 속도대로 이수하게 하는 서당식 교육은 전체보다는 개인의 능력에 알맞은 교육을 베풀 수 있기 때문에 체벌이 특정 아이들에게 집중되는 현상을 피할 수 있다. 대신 사제 간의 약속과 공동체에 필요한 예절을 위반한 사람에게 체벌을 가함으로써 개인에게는 인격을 함양하고 공동체에서는 질서를 유지할 수 있다.

오늘날 교육 형태가 겉으로는 서당식과도 유사한 열린 교육을 지향하는 것 같지만, 실제로는 오히려 닫힌 교육의 연장이다. 그 가운데 행해지는 체벌도 결코 서당에서 행하던 효과를 기대하기 어렵다. 이것은 단지 변화된 사회의 학부형과 학생의 문제이기 이전에 본질적인 교육 시스템의 문제다.

그렇다고 하더라도 회초리의 순기능적 측면은 계속 이어가야 한다. 일부 지나친 회초리 사용으로 인한 부작용 때문에 회초리를 강단에서 없애는 것은 지나치다. 혹 회초리가 문제라면 이는 회초리가 아니라 몽둥이, 곧 사람을 해치는 흉기였다. 회초리와 몽둥이는 다르다. 회초리는 소리는 요란하지만 힘이 과하면 부러진다. 몽둥이는 소리는 둔탁하고 힘이 지나쳐도 잘 부러지지 않는다. 그간 문제가 된 회초리는 몽둥이였다. 교단에서 몽둥이를 배척하는 것은 당연하다. 하지만 회초리는 오히려 강화되어야 한다. 회초리의 순기능은 교육 현장을 바르게 하는 데 있다. 바른 교육을 위해서는 교권이 살아야 하는데, 회초리는 교권 확보에 대단히 중요한 기능을 할 수 있을 것이다.

빗자루를 거꾸로 드는 아이들

어린 시절 이야기다. 시골에서 태어나 자라며 하루 일과를 마당 쓸기로 시작했던 기억이 생생하다. 요즘이야 시골집 마당도 대부분 주차공간으로 변모했지만 이전에는 시골집 앞마당은 다용도 공간이었다. 마당의 기능이 다양한 만큼 언제나 청결을 유지해야만 했다. 간혹 마당이 깨끗하지 못한 집은 집 안도 어수선하고 지저분했기 때문에 가고 싶은 마음도 덜 했다.

마당을 쓸 때면 아버지는 으레 물을 먼저 뿌리셨다. 먼지를 방지하기 위한 사전 정지 작업이었다. 어린 마음에 물이 묻지 않은 곳을 쓸 때 나는 뽀얀 먼지가 재미있어서 그곳만 골라가며 쓸다 야단맞은 적도 한두 번이 아니다. 한겨울 눈이 오는 날이면 마당 쓸기는 자기 집 앞마당에 그치지 않고 저 멀리 큰 길거리까지 확대되며 이웃과의 만남의 통로를 열었다.

마당 쓸기는 우리 집만 그런 것이 아니라 집집마다 되풀이되는 하루 일과의 시작이었다. 동네 어른들과의 공손한 만남도 친구들과의 자연스러운 만남도 마당 쓸기를 통해서였다. 마당 쓸기가 아련한 추억의 공간으로 밀려날 때 우연히 『소학』을 읽게 되었다. 학문의 순서로 치자면 『소학』을 읽고 『대학』을 읽어야 마땅하지만 명색이 어른이라고 『소학』은 건너뛰고 『대학』을 읽었다. 그렇다고 『소학』의 내용을 알고 있었던 것도 아니다. 공부에 좀 재미가 붙고 철이 들면서 건너뛰었던 『소학』을 차분히 읽어보겠다 마음먹고 들춰보는데 많이 익숙한 내용이 눈에 들어왔다. 바로 시골에서 몸으로 보여주셨던 아버지의 청소하시는 모습이 떠올랐던 것이다.

> "옛날 소학교에서 사람을 가르치되, 물 뿌리고 쓸며 응하고 대답하며 나아가고 물러나는 예절과 부모님을 사랑하고 어른을 공경하며 스승을 높이고 친구와 가까이하는 것을 가장 중요한 방도로 했다. 이것은 모두 몸을 닦고 집안을 가지런히 하고 나라를 다스리고 천하를 평안히 하는 근본이 되는 것들이다."

『소학』「서제書題」의 말이다. 소학은 8세가 되면 들어가는 최초의 어린이 교육기관이다. 거기서 물 뿌리고 청소하는 것을 제일 먼저 교육했다는 말이다. 『소학』에는 모두 일곱 번이나 청소를 필수 교육으로 언급할 정도로 청소의 중요성을 말하고 있다.

그렇다면 시골에서 몸소 물 뿌리고 쓰레질하며 시범을 보이신 아버지의 행동은 어린 자녀를 교육하기 위한 모범이셨다. 우리 집만 그런 것이 아니요 이웃집에서도 비슷한 일이 벌어졌으니 가정마다 자연스럽게 『소학』 교육이 이뤄진 셈이다. 마당 쓸기가 동네로 이어질 때에는 어른과의 만남, 친구와의 만남으로 이어지며 공경과 우애의 마당도 저절로 이뤄진 것이다.

물 뿌리고 청소하는 것이 단순 개인적 청결 행위로 끝나지 않고 자연스럽게 이웃과의 만남으로 확대되면서 바른 공동체 교육의 장이 마련된 것이다. 여기서 우리는 청소를 삶의 기본이자 교육의 기본으로 여겼던 조상들의 지혜가 올바른 대인관계로 이어짐을 발견하게 된다.

2006년 국회 예산결산조정위원회에서 전국 초·중·고등학교 청소 용역비 때문에 설전이 오간 적이 있다. 청소도 교육의 일부이기 때문에 예산을 줄 수 없다는 의원들과 요즘 아이들은 집에서도 청소를 안 할 뿐더러, 청소를 시키면 빗자루를 거꾸로 들고 하는 아이들도 있기 때문에 청소 용역이 필요하다는 교육부 관계자의 말이 충돌한 것이다.

교육의 목적이 바른 인간의 삶을 위한 것이라면 청소를 용역으로 맡겨야 한다는 교육계 현실은 심각한 문제가 아닐 수 없다. 기본을 상실한 교육 현장에서 어떻게 백년대계를 논할 수 있으며, 제 주변도 가지런히 못하는 아이들에게 어떻게 국가의 장래를 맡길 수 있겠는가? 또 그 응석을 받아주어야 한다는 교육계 목소리를 어찌 정당하다고 할 수 있겠는가?

청소와 교육, 나아가 국가의 장래는 일단 아무런 관계가 없어 보인다. 하지만 인간 소양의 입장에서 본다면 대단히 중요한 상관관계를 갖는다. 자신의 주변을 닦지 못하는 사람이 어떻게 큰일을 도모하며 닦을 수 있겠는가?

서당의
작은 역사

중국 문화의 영향 아래 놓였던 우리의
교육기관과 그 형태의 원류를 따지자면 공자의 사학 개창까지 소급함
이 마땅하다. 이렇게 본다면 유학의 한반도 전래 이후로 교육기관이 성립
되었다고 하겠으나, 유학의 전래 시기를 고증하는 것 자체가 또 하나의 엄
청난 과제이므로 여기서는 이미 밝혀진 교육기관만을 살펴보자.

보통 우리나라 전통시대의 교육기관은 크게 공·사립의 두 종류로 나눌
수 있다. 공립학교로는 고구려의 태학, 통일신라의 국학, 고려의 국자감,
조선의 성균관과 사학·향교가 있고, 사립학교로는 고려의 사학12도,
조선의 서원·서당 등이 있다.'

서당은 글방·서재·서방·책방이라고도 했다. 명칭만 갖고도 그저 동네
사랑방 수준의 책 읽던 곳이란 인상을 주기에 충분하다. 실제로 서당은
정식 학제에 포함되지 않았다. 하지만 서당의 역사는 그 어느 교육기관보
다도 오랜 전통이 있다. 문헌상으로 확인된 서당은 삼국시대로 올라간다.

고구려 경당扃堂은 집안이나 일정한 장소에서 어린이를 교육하는 맹아적 형태의 사립초등교육기관이었다. 이것은 고려의 경관經館과 서사書社로 계승되었고, 고려 말에는 서재書齋로 발전하면서 조선 초까지 존속했는데, 이것이 바로 서당의 전신이다.

그러나 비록 학문이 성행하고 성리학이 국학이 되고 과거시험이 일반화되었다 하더라도 교육기관으로서 서당이 자리 잡기까지는 상당한 시간이 걸렸다. 서당이 본격적인 사립학교로서 저변이 확대된 것은 대략 16세기 사림파의 출현과 맞물려 있다. 다시 말해 정권 초반기 강력한 지배를 필요로 했던 조정에서는 공립학교를 통해서 주로 성리학을 교육했으며, 사학은 있다 하더라도 관학 때문에 위축될 수밖에 없었다. 이것은 고려 말 사회 전반에 걸친 부조리한 모습을 일신하기 위해서도 일사불란한 관학적 교육 시스템이 필요했기 때문이다. 여기서 공립학교였던 향교와 성균관은 대단히 중시되었다. 순수 학문적 성과도 여기서 비롯되었고, 엘리트 관료들도 이들 공립학교를 통해서 배출되었다. 하지만 학문 연마와 예비 관료를 희망하는 수많은 사람들을 수용하기 위한 공립학교는 부족했다. 날로 늘어나는 지식인 집단을 수용하는 데 한계가 있었다. 공립학교의 제한된 정원과 시설은 결국 사립학교를 세울 수밖에 없는 풍토를 만들었다. 한편으로는 15세기 조선왕조가 안정기로 접어들면서 초기 집권 세력들의 부정부패도 새로운 지식층의 출현을 예고했다. 이들이 바로 16세기 등장한 사림파이며, 이들에 의해 설립된 사립학교는 훈구파와 대결 양상을 빚는 일종의 집합소로 흘러갔다.

이렇게 새로운 사립학교의 설립과 사림파는 처음부터 맞물려 있었다.

조선의 공립학교였던 서울 성균관의
명륜당.

한국 최초의 서원인 경북 영주의
소수(백운동)서원.

경북 안동 도산서원. 도산서당에서
출발해서 도산서원으로 확대되었다.

16세기 훈구파에 반기를 든 사림파가 득세하는 데에는 사립학교 격인 서원과 서당의 역할이 컸다. 그렇다고 그들이 단지 훈구파에 저항하기 위한 또다른 정치 세력의 집합소로 서원과 서당을 만든 것만은 아니다. 그들은 조선의 통치 기반인 성리학을 통한 백성의 교화를 무엇보다 우선하는 목적이자 사업으로 삼았다. 조선이 성리학을 국시로 삼았다 하더라도 아직도 민간에서는 불교·무교적 신앙이 극성을 부리고 있었고, 이것이 성리학적 사회 시스템으로의 전환에 여전히 장애 요소로 작용하고 있었다. 성리학을 통한 교화사업에는 더 많은 학교가 필요했고, 그것이 사립학교 형태로 등장한 것이다. 이들 사립학교도 공립학교와 마찬가지로 예절 교양과 과거시험 준비에 필요한 유교경전이 필수과목으로 다뤄졌다. 이 같은 노력은 일반인의 삶 속에 성행하던 불교적 요소를 없애고 『주자가례』를 통한 성리학적 시스템으로의 전환을 가져오는 결정적 계기를 마련했다. 과거시험 과목은 아니었어도 『삼강행실도』 『소학』 등 예절 교재를 통해서 민심을 순화하려고 했던 것은 이들 학교가 단지 과거시험 준비만을 위한 기관이 아니었음을 증명한다.

특히 서당은 서원보다 하위의 교육 기능을 담당했지만, 그 기능은 향촌사회에서 대단히 중요한 지위에 있었다. 향촌사회를 지배하던 재지사족在地士族, 다시 말해 생원이나 진사를 비롯하여 관직에 나가지 않았거나 관직에서 물러난 사람들이 중심이 되어 설립된 서당은 『소학』이 제시하는 초등교육을 그대로 준수하는, 일종의 성리학적 가치질서를 일반인들에게 심어주는 교육기관의 뿌리 조직과도 같았다.

17세기 들어서 서당은 더욱 활성화되었다. 양란 이후 중앙 정치 세력이 약화되고 지방 세력이 강화되면서 교육 기능도 중앙에서 지방으로 이전되었다. 우후죽순처럼 서당이 설립되었고, 향촌사회의 기반이었던 향약의 기능도 서당이 대신했다. 서당이 기존의 서원과 비슷한 활동을 하면서 평민을 배제한 사족士族 중심의 기관으로 변질되기도 했다. 그 후 지방 세력의 한 축으로 성장한 서당은 18세기 들어 학전學田·학름學廩 과 같은 경제적인 자립 기반까지 형성하고, 서당계書堂契까지 조직하기에 이르렀다. 이 것이 가능했던 것은 중앙정부와 재지사족의 입장이 맞아떨어졌기 때문이다. 재지사족은 어떻게 해서든 중앙 정계로 나가는 기반이 필요했고, 중앙정부는 지방 조직을 통제하고 교화할 새로운 형태의 조직이 필요했기 때문이다. 다시 말해 기존의 향교나 서원이 정치적 붕당체로 전락하면서 본래 기능을 상실했기 때문에 중앙정부에서는 새로운 향촌 조직이 필요했고, 서원과 붕당에 희망을 등진 재지사족들은 또 하나의 새로운 돌파구가 필요했는데, 그것이 바로 서당이었다는 것이다.

하지만 이렇게 변질된 서당은 교육이라는 본래의 기능을 뒤로하고 정치권력 다툼의 장이 되거나, 어떤 경우 일부 문중에 독점되면서 또다시 침체할 수밖에 없었다. 나아가 교육 기능이 중심이었던 서당이 서원과 향교에서처럼 제사 기능까지도 담당하면서 역시 본질로부터 멀어졌다. 그렇다 하더라도 서당은 향교나 서원과는 달리 정부의 획일적인 규제를 받지 않았기 때문에 19세기 후반까지 지속적으로 늘어만 갔다. 이것은 그래도 서당이 향교나 서원의 폐단에 따른 대안교육장으로서의 기능을 어느 정도는 담당했다는 증거다. 물론 서당의 생명력이 서원·향교보다 나았던 것은 공동체적 기반, 특히 좀더 혈연적·지연적인 기틀에 깊이 묶여 있었다는 측면도 무시할 수 없다. 나아가 순수 교육적 기능을 상실하지 않았고, 교육 내용과 방법도 제도권 교육과는 달랐기 때문이다. 서당이 정치적 소용돌이에 덜 휘말렸고, 묵묵히 향촌사회의 청소년들을 예절과 지식의 장으로 이끄는 역할을 수행했다는 것이다.

서당의 조직과 교육 프로그램

서당에는 훈장·접장·학도가 있다. 요즘 식으로 말하자면 훈장은 교사를 말한다. 훈장의 자격은 별도로 규정된 것은 아니지만, 일반적으로 뛰어난 학식은 아니더라도 글귀를 어느 정도 이해하는 사람, 덕망을 지닌 사람, 과거에 낙방한 경험이 있는 사람, 권력 지향적인 선비보다는 학문을 좋아하는 처사들이 많았다. 물론 개중에 경經·사史·자子·집集에 능통하고 서序·발跋·기記·명銘 등을 쓸 수 있을 정도의 뛰어난 훈장도 있었지만, 대개는 낮은 단계의 지식 소유자들이었다. 따라서 애당초 서당을 통한 과거시험 합격은 매우 힘든 일이었다. 훈장도 뛰어난 제자를 중앙의 관리로 키우겠다는 생각보다는 기본 예절이나 가르치며 소일하는 정도로 여겼다. 다시 말해 훈장이 직접 운영하는 서당이 가장 일반적인 서당 형태였다는 것이다.

접장은 학동들의 우두머리 격이니 요즘의 반장이다. 그러나 훈장의 보조역할과 때로는 아래 학동들을 가르쳤으니 반장보다는 약간 지위가 높은 조교 정도의 지위로 보인다. 따라서 접장은 일단 통솔자이자 준교육자였기 때문에 어느 정도 나이와 지도력이 있어야 했고 학문도 겸비했다.

학도는 말 그대로 학생이다. 학동·서생·생도라고도 했다. 학도는 나이 제한이 없었으므로 구체적으로 뭐라 말할 순 없지만, 보통은 7~8세에 서당에 입학하여 15~16세에 과정을 마치는 게 일반적이었다. 하지만 의외의 만학도가 있었기 때문에 서당은 무학년제에 월반도 가능한 열린 학교였다.

서당의 교육 내용과 교과목은 훈장의 성향 따라 천차만별이나 기본적으로는 두 가지 형태 속에서 진행되었다. 하나는 인성 교육으로서의 예절 교육이며, 다른 하나는 관리 등용 시험인 과거 준비를 위한 교육이다. 특히 입신양명을 도모하려는 뿌리 깊은 의식은 뜨거운 교육열로 드러났고, 그것의 기초 작업은 서당을 통해 이뤄졌다. 서당에서 기초 교양을 습득한 이들이 향교나 사학(四學)을 거쳐 성균관에 입학하면 절반의 성공을 거둔 셈이니, 동네에서의 서당 입학은 청운의 꿈을 안고 관리의 길을 가려는 자의 첫걸음과도 같았다.

그러나 이미 지적한 대로 과거를 위한 교육은 훈장의 수준이 따라주어야 가능했기 때문에 주로 서당에서는 기본 글자 익히기와 인성 교육에 초점이 맞춰질 수밖에 없었다. 이것은 당시 교과목을 보면 알 수 있다. 문자 교육용 『천자문』을 필두로 『동몽선습』 『명심보감』 『소학』 『효경』 『격몽요결』 등이 주된 교재로 쓰였는데, 이들 책의 공통점은 인륜을 밝히는 교양서·수신서라는 점이다.

양(梁)나라 주흥사가 하루 저녁에 편찬하여 머리가 하얗게 셌다는 일화를 갖고 있는 『천자문』은 문자교육용 책이기는 하지만, 전체 글 구성상 일정한 주제를 염두에 둔 체계적 서술이 아니기 때문에 이해보다는 무조건 암기해야 하는 수고가 따른다. 따라서 초학자들이 느꼈던 부담은 아마도 컸을 것이다. 하지만 1000자 정도를 무조건 외우고 나면 뒤따르는 한자 중심의 교재를 익히는 데에는 그런 대로 편리했다. 따라서 『천자문』 암기가 갖는 의미는 대단한 것이었다.

1541년 박세무가 찬술한 『동몽선습』은 "어린이가 먼저 익혀야 한다"는 제목을 달고 있는 순수 초학자용 교양 교재다. 이 책은 서당에서 『천자문』과 함께 가장 많이 애독되었는데, 내용은 오륜과 역사를 소개한 것이다. 이 책은 최초의 어린이용 교재적이나, 중국을 문화선진국으로 우리나라를 소중화로 묘사한 것은 시대적인 한계를 벗지 못했다는 비난을 면키 어렵다. 하지만 이 책은 역사의식을 불어넣는다 해서 일제강점기에는 금서 처분을 받기도 했다. 한국의 단군 시대를 중국과 똑같은 역사시대로 끌어 올렸던 것이다.

저자가 누구인지 편찬 연대가 언제인지 여러 설이 갈리는 『명심보감』이나, 송나라 주희가 제자 유자징과 함께 편찬했다는 『소학』은 모두 역시 초학자들의 수양서이자 필독서로 오래전부터 서당의 기본 교재로 애용되었다.

고대 중국의 13경에서 제일 먼저 '경'자가 붙은 『효경』은 저자가 공자라는 설과 증자라는 설, 증자의 문인이라는 설이 있으나, 증자 문인설이 유력하다. 이 책 역시도 초학자의 입문 교재로 널리 쓰였고, 1577년 율곡 이이가 저술한 『격몽요결』 또한 초학자들의 입문 교양 수신서로 서당의 주교재였다.

이상에서 간략히 소개한 책들은 한결같이 심신의 수양과 교양을 담고 있는 초학자용 필독서들이다. 이를 통해 서당의 교육 내용을 미루어본다면 일단 예절 교육이 중심을 이뤘음을 알게 된다. 또한 이것은 전통적인 사대부의 필수 요목인 '육예'의 기본 교육과도 맞아떨어진다. 일찍이 사대부의 필수과목으로 '예악사어서수'를 두었는데, 그 가운데 가장 기초가 되는 것은 예였다.

예란 개인에게서는 기본 수양(修養)이지만 공동체 속에서는 질서에 해당된다. 하지만 수양과 질서는 동시적이다. 질서의 전제조건이 자기를 억제하는 것에 있기 때문이다. 공동체의 질서 회복을 위해서는 남의 요청과 요구가 선행되고 자신의 욕망과 욕구를 뒤로하는 훈련이 필수적이다. 이것을 기준해서 교육의 근본 목적을 살핀다면 역시 너와 나의 공동체 생활에 필요한 기본 예절을 알게 하는 것이며, 그것을 교육의 가장 기초가 되는 서당에서부터 시행했음을 알게 된다.

맞춤형 교육기관, 무엇이 다를까?

서당 교육의 구체적 방법은 크게 강독(講讀)·제술(製述)·습자(習字) 등으로 나뉜다. 강독은 교본을 자꾸 큰소리로 반복적으로 읽게 하여 문리가 트이게 하는 것이다. 막상 큰 소리, 작은 소리의 강약을 섞어가며 읽으면 지루함도 달래고, 거기에 운율까지 더하면서 자연스레 상반신을 앞뒤로 혹은 좌우로 움직이면 간단한 체조도 된다. 강독하는 서책의 내용을 통해 정신을 고양시키고 건강까지도 챙기는 일석이조의 공부 방법이랄 수 있다. 그렇기에 학동들 사이에선 "맹자 삼천독이면 뚝딱 소리가 난다"는 말이 생겨났고, 반복적인 읽기로 "독서백편의자현(讀書百遍義自見)"(책을 백 번 읽으면 뜻이 저절로 드러난다)이 가능했던 것이다. 훈장은 학동들의 글 읽는 소리만 듣고도 그 학문의 정도를 평가할 수 있었고, 학부형들은 자제의 글 읽는 소리에 흐뭇함을 감추지 못했다.

제술은 작문이다. 사율四律, 오·칠언절구 등의 작문이 기본이고, 서당과 훈장의 수준과 능력에 따라서 서書·기記·발跋·부賦·제문祭文 등의 각종 문체를 익히기도 했다. 과목의 특성상 제술은 낮 시간보다는 좀더 감성이 풍부해지는 밤 시간을 이용했고, 겨울철보다는 여름철 산야를 찾아다니며 현장에서 실습하는 것으로 짜여졌다.

습자는 쓰기다. 해서에서 점차 행서·초서로 그 격을 높여가며 익혔다. 지역에 따라 경제적인 편차가 심했으므로 제법 유복한 지역에서는 화선지에 습자했고, 그렇지 못한 지역에서는 평평한 돌이나 나뭇잎, 또는 모래판을 이용했다.

교육을 하는 데에는 세 가지 특징이 있다. 첫째, 반복 교육이다. 끊임없는 반복 교육은 공부 내용을 몸에 배게 만드는 효과를 가져왔고, 일상 속에 그 내용이 저절로 실현되는 결과를 가져오게 만들었다. 하지만 이해보다는 암기 위주의 교육이었다는 문제도 동시에 안고 있다.

둘째, 현장 교육이다. 최대한의 교육적 효과를 살린 현장 교육은 공부 내용을 더욱 절실하게 만들었고, 자발적인 참여를 유도하는 분위기를 자아냈다. 하지만 현장 교육은 시공간의 제약이 뒤따랐으므로 여건이 허락하지 않는 서당이나 학동들에게는 제한적일 수밖에 없었다. 유복한 지역의 서당이야 경제적 지원이 뒤따랐기 때문에 이런 현장 교육이 문제될 게 없었지만, 빈궁한 농촌지역의 서당이나 경제 여건이 좋지 못한 학동들에게는 제약이 뒤따랐다. 물론 이것은 특수한 여건을 감안한 제약일 뿐 서당식 교육의 한계일 수는 없다. 서당식 교육은 오히려 열려 있었다.

셋째, 개방적 교육 시스템이다. 서당식 교육은 개방성을 추구한다. 서당은 어른·어린이를 한정하지 않고 누구나 나이에 구애받지 않고 공부할 수 있었다. 교재 선택 역시 학동의 수준에 맞게 이루어졌으며, 자율학습은 학문을 스스로 체득하게 만드는 열린 학습의 장이었다.

이것이 서당 교육의 가장 큰 특징이라면, 이것을 극대화하기 위한 수단으로 때로는 체벌이 뒤따랐다. 체벌은 불가피한 선택이었다. 최대의 교육적 효과를 도모하기 위한 체벌은 매우 구체적으로 적시되었다. 체벌이 가해지는 것은 게으름과 나태해지는 것을 방지하고, 사제 간, 학동 간의 질서를 위한 일종의 약속이었다. 서당에 자식을 맡긴 학부형들은 뽕나무나 싸리나무 한 다발을 교육용 회초리로 제공하며 자기 자식에 대한 체벌을 당연시했고, 훈장도 체벌을 적절히 사용했다. 오늘날 교육자를 '교편 잡은 사람'으로 말하는데, '교편'이란 '가르침|教|'과 '채찍|鞭|'을 아우른 표현이다. 이미 글자 속에 교육 방법의 일단을 적나라하게 보여주고 있다.

황제도
스승 앞에서는
예를 갖췄는데

사부師父·사부師傅·경사經師·노사老師
등은 모두 스승을 일컫는 말이다. 사부는 군주·스승·아버지가 같다는
군사부일체에서 나온 말이고, 사부師傅는 무림의 스승처럼 들리지만 실제
로는 춘추시대 제후의 스승을 가리켰고, 경사는 글자 그대로 경전을 가르
쳤던 선생님이고, 노사는 송나라 이후 소학을 가르치던 선생님이다. 오늘
날 중국에서 선생님을 '라오스'라고 하는 것도 여기서 기원했다.

사부·경사·노사, 무엇이 됐든 공통점은 스승을 상징하는 사師가 있다.
스승 사는 언덕 부阜와 빙 두를 잡帀이 합해진 글자다. 여기서 언덕은 대
단히 중요한 의미를 지닌다. 언덕은 멀리 내다볼 수 있는 관망대이자, 하
늘과 가까운 연결 통로다. 또 홍수가 나면 피난처가 되고, 더울 때에는 시
원한 바람을 쐴 수 있는 곳이다. 그래서 고대문명은 언덕을 끼고 발생했
고 발전했다. 지역을 지휘 통솔하는 행정의 중심 기능도 언덕에 자리했
다. 언덕은 쉼터·관망대·지휘본부였으며, 하늘 가까이 다가가 기도했던

예배 처소였다. 그렇다면 스승이 왜 언덕과 관련되는지 알 수 있다. 스승은 언덕과도 같은 존재라는 것이다.

백사 이항복이 재상으로 재직할 때의 일이다. 재상 하면 오늘날 국무총리에 해당하는 나라의 제2인자였으니, 찾아온 손님이 임금이 아닌 이상 늘 앉아서 절을 받았다. 그런데 어느 날 훈도 신 아무개가 왔다는 문간지기의 소리를 듣고는 버선발로 뛰어나가 맞이했다. 임금님이 오신 것도 아닌데 허겁지겁 달려 나가는 모습에 다들 깜짝 놀랐다. 어렸을 적 가르침을 주셨던 스승님이 오신 것이다. 훈도란 시골에서 어린아이들을 대상으로 천자문 등 기초 학문을 가르치는 종9품의 미관말직이다. 그런 미관말직의 훈도를 맞이하는 데 조정 최고의 재상이 버선발로 달려가 맞은 것은 그가 스승이었기 때문이다.

천하의 제왕도 스승 앞에서는 예를 갖춰야 했다. 스승이 남면南面하고 제왕이 북면北面했던 것이다. 제왕은 언제나 남쪽을 바라보며 정사를 논하기 때문에 남면이라 말하지만 공부할 때만은 스승을 향해 북면을 해야 했다. 스승 앞에 선 군주는 북쪽을 바라보는 신하와도 같다는 것이다. 스승의 학문적 권위가 제왕의 정치적 권력보다 위라는 생각에서다. 스승에 대한 천자와 재상의 예가 이 정도라면 다른 사람은 말할 것도 없다. 중앙이든 지방이든 지위고하를 막론하고 관리로 있는 자들은 스승 앞에서 반드시 북면하고 두 번 절하는 예를 갖추어야 했다.

상아탑·우골탑, 그리고 인골탑

'학재관부學在官府'란 말이 있다. 학교가 관청 소속이었다는 말이다. 춘추시대 이전의 학교는 모두 관청 소관이었다. 일종의 공립학교다. 사립학교가 처음 생긴 것은 춘추전국시대 제자백가의 활동이 활발해지면서부터다. 사학私學의 개창자로 제자백가의 한 사람이자 유가를 대표하는 공자를 말한다.

공자는 누구나 공부하기를 원하면 신분의 차별 없이 교육했다有敎無類. 하지만 최소한의 수업료를 받았다. 말린 고기 서너 근의 예를 갖춘 사람에게 교육을 베풀었다. 일명 속수례束脩禮라 한다. 아마도 최초의 수업료에 해당될 것이다. 그 후로 속수례는 우리나라 학교의 당연한 관행이 되었다. 수업료라고는 하지만 속수례의 의미가 학생이 갖춰야 할 최소한의 예의였기 때문에 이것으로 학교를 운영하는 것은 불가능했다. 그러자 정부에서는 토지와 노비를 주어 학교 운영을 도왔다. 공·사립을 막론하고 학교는 정부 지원으로 운영된 셈이다.

작헌례酌獻禮도 있다. 속수례 직전에 문묘에 올리는 예식이다. 정식 학문에 입문하기 전 공부에 매진하겠다는 다짐을 하는 일종의 입학식이다. 작헌례가 사표되는 공자를 대상으로 올리는 예식이라면, 속수례는 교육을 직접 담당할 박사에게 드리는 예식이다. 『조선왕조실록』에 전하는 작헌례와 속수례는 매우 엄숙했다. 왕세자라도 똑같은 의식을 치렀는데, 하루 종일 걸렸다는 기사다.

그러고 보면 옛날의 공·사립학교는 모두가 미션스쿨이었다. 학교에서 제사와 교육 기능을 함께 감당했던 것이다. 종교 공간으로 대성전이 있고, 교육 공간으로 명륜당이 있다. 거기다 전원 동재와 서재라고 하는 기숙사에서 생활했으니 기숙형 학교였던 셈이다. 종교·교육·생활 기능을 모두 갖춰야 했다면 학교의 운영 경비도 만만치 않았을 것이다. 정부의 보조 없이는 운영이 불가능했다는 것이다.

어느 시기에는 학교 본래의 목적에서 벗어났기 때문에 정부 보조가 끊기고 폐교를 당한 적도 있다. 하지만 그것은 한때의 일탈에 지나지 않았다. 부존 자원 없이도 오랜 역사와 문화를 탄탄하게 꾸릴 수 있었던 원동력은 그래도 열정적인 교육이 뒷받침되었기 때문이다. 교육에 관해서는 철저한 지원과 후원이 있었다는 것이다.

대학을 흔히 현실과 동떨어진 학문을 한다 해서 상아탑象牙塔이라 했다. 이 말을 빗대어 1960~70년대엔 우골탑牛骨塔이란 말도 나왔다. 소를 팔아 자식 등록금을 마련한 데서 나온 말이다. 그래도 당시엔 소라도 팔면 등록금을 마련할 수 있었으니 다행이다.

최근 대학등록금 때문에 말도 많고 탈도 많다. 소값에 해당하는 등록금이라면 문제없을 텐데, 소값은 제자리고 등록금만 천정부지로 올랐기 때문이다. 학부형들의 뼈를 깎는 고통을 수반하는 것이 대학등록금이라면 대학을 인골탑人骨塔이라 할 날도 머잖다. 특단의 대책이 필요할 것 같다.

줄 세우기 교육,
과연 옳은가?

북송대 왕안석이란 뛰어난 정치가가
있다. 지방관리부터 착실히 행정을 경험한 그는 중앙 관직에 오르면서 점
차 새로운 정책으로 나라를 일신하려고 했다. 이른바 '왕안석 신법'의 추
진이다. 신법의 내용은 그동안 가중된 재정 적자를 해소하고 국력을 증강
시키려는 부국강병의 목적도 있지만, 궁극적으로는 사대부의 기풍을 일
신하고 새로운 인재를 양성하려는 취지도 강했다. 학교교육을 강화하여
졸업자를 관리자로 임명하자는 교육정책이 그 주요 항목이다.

학교교육 강화는 공시公試와 사시私試라는 시험을 매달 실시하는 일로
드러났다. 공시는 칙명에 의해 시험관을 임명하여 시행하는 시험이고, 사
시는 학관에서 스스로 시행하는 시험이다. 요즘 식으로 말하자면 공시는
중앙에서 직접 관리하는 시험이고, 사시는 학교별로 알아서 자율적으로
시행하는 시험이랄 수 있다.

새로운 법이 나오자 반대론자들도 나왔다. 특히 성리학자들의 비판이

강했다. 대표적으로 정이천은 예의가 우선 존중되어야 할 학교에서 예의는 사라지고 서열만 남았다며 강력히 반대했다. 시험제도가 생기면서 오로지 경쟁만 남고 교육의 본질은 실종되었다는 한탄 섞인 지적이다.

그는 황제에게, "시험제도로 중앙의 국학에 재학 중인 학생들이 특혜를 누리면서 국학의 정원은 오백 명까지 늘었고, 분주하게 모여든 이들 학생들은 부모 봉양을 저버리고 형제의 사랑을 잊어버렸고, (그들이) 길을 오고가며 타향에 머물면서 인심은 날로 각박해졌습니다"라며 신법을 강력히 비난하는 상소를 올렸다.

신법 때문에 그간 내려오던 효제 윤리가 무너졌고, 인심도 흉흉해졌다는 것이다. 지나친 시험으로 인한 교육열 조장이 당연히 돈독해야 할 부모 형제 관계를 멀어지게 했고, 주변 인간관계도 소원하게 만들었다는 지적이다. 마치 오늘날 지나친 교육열 때문에 기러기 가족이 생기고, 기러기 가족은 부모 형제간의 관계는 물론 이웃 간의 관계도 멀어지게 했다는 소리와 달라 보이지 않는다.

정이천은 또한 국학이 있는 중앙으로만 인재가 몰리면서 지방 공동화 현상이 심화되었다고 지적하며 다음과 같은 대책을 내놓았다.

"만약 국학의 정원을 백 명으로 하고 나머지 사백 명을 나누어 정원이 적은 지방에 배치하면 좋겠습니다. 그러면 자연히 선비들이 각자의 고향에서 편안하게 효도와 사랑의 마음을 기르고 타향으로 떠돌아다닐 뜻을 버려서 풍속이 점점 아름답게 될 것입니다."(근사록)

신법 반대 이유가 효제와 윤리의 붕괴 때문이라면, 그 대안은 효제와 윤리 회복하는 것이다. 교육의 본질을 아름다운 인간관계의 회복에 두었기 때문에 가능한 발언이다. 인간관계의 회복을 위해서는 그에 걸맞은 환경이 조성되어야 하는데, 시험제도는 경쟁을 통한 서열의식만 조장한다는 것이다.

그런데 흥미로운 것은 당시 신법에 주로 반대했던 계층이 성리학자는 물론 대지주와 관료 등 주로 부호 계층의 기득권층이란 점이다. 오늘날 학생 서열화를 반대하며 시험제 폐지를 주장하는 세력이 민주노동당 등 진보 세력이란 점과 비교한다면 재미난 점이 아닐 수 없다. 옛날에는 기득권층에서 시험제 폐지를 주장했다면 요즘에는 그 반대 계층에서 시험제 폐지를 주장하고 있는 셈이다. 아마도 옛날 기득권층의 시험제 반대는 보장된 미래에 시험이 오히려 장애가 될 수 있다는 판단일 것 같고, 요즘 진보 계층의 시험제 폐지 주장은 시험이 기득권층에게만 유리할 수 있다는 판단에서일 것 같다.

그러나 시험제 유무를 떠나 무엇보다 중요한 것은 학교교육이 교육의 본질을 해소하고 있는가의 문제일 것이다. 옛날 기득권층에서 시험제 폐지를 주장한 것이 효제 교육을 위한 것이었다면, 요즘 진보 진영의 시험제 폐지 주장은 학생들 인권과 사회적 평등에 초점이 맞춰져 있다. 어느 시대, 어느 계층에서의 시험제 폐지 주장이든 교육의 본래 목적과 본질 회복이란 차원에서 한번쯤은 깊이 토론해야 할 과제임은 분명하다.

공공의
심부름꾼에게
바라는 것

조선 초기 왕자의 난 때 큰 공을 세워 태종의 총애를 받은 사람 가운데 이숙번李叔蕃(1373~1440)이란 이가 있다. 그는 날아가는 새도 떨어뜨릴 정도의 세도가였다. 자신의 공만 믿고 포학한 성격을 그대로 정사에 펼친 것이다. 그러나 세종이 등극하면서 그의 세도는 땅에 떨어졌고, 결국 경상도 함양 땅으로 귀양 가는 신세가 되었다.

유배지에 있던 이숙번은 당시 문관이자 과학자였던 김돈金墩(1385~1440)이 세종의 사랑을 받는다는 것을 알았다. 그는 김돈에게 접근해서 황금으로 만든 허리띠를 선물했다. 김돈은 황금 허리띠가 상징하는 바를 잘 알았다. 그때부터 김돈은 전과 다른 행동을 보이기 시작했다. 황금 허리띠를 받기 전에는 궁궐로 들어가는 발걸음이 가벼웠는데, 그 후로는 무거운 발걸음이 되었다. 어디서나 소신 있던 언행도 슬슬 눈치나 보는 소인배가 되었다. 이숙번의 포학한 성격을 잘 아는지라 제때 문제를 해결하지 못하면 어떻게 될지도 잘 알았다. 때문에 그는 그럴 듯한 구실로 세종대왕께 간청할 것을 마음먹고 궁궐로 들어가 세종께 아뢰었다. 이숙번은 나이도 많고 귀양살이도 할 만큼 했으니 이제 풀어주는 게 어떻겠느냐고 주청했다. 그러나 세종은 풀어줄 수 없다고 한마디로 거절했다. 김돈은 눈앞이 캄캄해졌다. 김돈은 황금 허리띠를 만지며 이런저런 생각을 했다. 돌려주자니 아깝고 갖고 있자니 이숙번이 가만있지 않을 것이고, 만감이 교차하며 밤잠을 이루지 못했다. 하지만 결국 돌려주기로 결심했다. 이후로 그는 숙면할 수 있었다. 부정한 물건을 대하는 관리의 태도를 교훈하는 내용이다.

조선 전기의 문신 유관柳灌(1484~1545)은 당시 황희, 맹사성, 허종과 더불어 대표적인 청백리로 꼽힌다. 음식은 배를 채우면 그만이고 의복은 추위를 막으면 그만이지 호의호식하는 걸 사치로 여겼던 사람들이다. 그야말로 황금을 돌같이 여긴 것이다. 청백리 유관은 남을 대접할 때에도 전혀 거리낌 없이 탁주 한 사발에 무쪽 안주로 접대했다. 도성 밖에 있던 집은 비만 오면 지붕이 샜다. 그럴 때마다 유관의 부인은 우산을 들고 새는 지붕을 막았다. 그런 부인을 보고 유관은 "우산이 없는 백성은 어찌 할꼬"라며 걱정했다고 한다.

요즘 같은 자본주의 사회에서 청백리가 반드시 옳은가 하는 이론異論은 또다른 문제다. 하지만 관직을 이용한 축재는 정당하지 못하기 때문에 쉽게 넘길 사안은 아니다. 특히 정해진 임기에 다음을 기약할 수 없는 선거제도의 특성상 '이번에 얼마를 썼는데'란 보상심리가 작동하면 문제는 달라진다. 보상심리는 뿌리 뽑아야 할 부정부패의 근원인 것이다. 여기서 옛날 청백리로 뽑힌 이들을 대했던 사회제도를 돌아볼 필요가 있다. 청백리의 후손에게는 음서의 혜택을 주어 특채한 것도 있지만, 무엇보다 한번 청백리가 되면 대대로 가문의 영광이 되었다. 실리와 명분을 동시에 보상한 것이다.

하지만 처음에는 관리에게 급여가 지불되지 않았다. 이로부터 관직사회에는 부정부패가 끊이지 않았다. 청백리는 귀해지고 "청관淸官 삼 년이면 십만금十萬金"이라고 비아냥거리는 소리도 나왔다. 관리에 대한 무급제도가 탐관오리를 낳은 것이다. 결국 탐관오리를 방지하기 위한 제도로 관리들에게 봉급을 지불하기 시작했다.

오늘날 관리들에게 어느 직종 못지않은 녹봉을 책정하는 것도 같은 취지다. 또한 안정적인 직업이 되어주는 것도 그만한 이유가 있다. 그들에게 요구되는 것은 일반 사람 이상의 도덕성과 헌신 봉사일 것이다.

발해는
발해일 뿐

중국에 교환교수로 있을 때의 일이다.
간혹 택시를 탈 때면 한국인임을 안 택시기사가 "옛날에는 한국도 중국이
었다"는 말을 하곤 했다. 그것이 친근감의 표시였는지는 모르지만 한국인
에게는 대단히 민감한 발언이 아닐 수 없다. 근대 이전 국제관행상 정치
적으로 책봉 문제와 경제적으로 조공관계가 이런 오해를 불러온 것이다.

이런 일은 한두 사람만이 겪은 게 아니다. 중국에서 생활하는 수많은
한국 사람들이 다반사로 경험하는 일이다. 결코 기분 좋을 리 없는 이런
소리를 들은 몇몇 다혈질 유학생들은 논쟁을 넘어 다투기까지 했다.

중국 대학의 역사과 교수 한 사람과 한·중 고대사 문제, 특히 한국의
고구려와 발해 역사에 대해 토론한 적이 있다. 비록 나의 전공이 역사학
은 아니지만 애당초 역사과목을 좋아했고 관심도 많았기에 가능했던 토
론이다.

토론은 중국 교수가 내게 던진 "한국에서는 고구려·백제·신라의 영토

가 중국 대륙에 있다고 가르치느냐?"는 질문에서 시작되었다. 당시 한국의 극히 일부 학자들이 고구려는 오늘날 동북3성의 대부분 지역을, 백제는 산둥과 허난, 허베이 지역을, 신라는 산둥과 장쑤, 저장 지역을 관할했다는 주장을 하고 있었다. 이를 접한 한국 유학생이 중국 교수에게 의기양양하게 주장했고, 중국 교수는 이런 얘기가 진짜로 한국에 있느냐고 나에게 확인한 것이다.

당시 한국은 중국에 비해 축구와 국민 1인당 GDP 말고는 대부분 밀리기 시작할 때였다. 그나마 믿던 주머니 사정도 IMF 체제가 들어서면서 위축되었으니 축구 말고는 자랑할 만한 게 없었다. 그러던 차에 삼국시대의 주무대가 한반도가 아닌 중국 대륙이란 소릴 들었으니 얼마나 통쾌했을까? 거기다 유학생들 사이에선 산둥성 동쪽 일부 유적 발굴현장에선 고대 한국과 관련된 유물이 쏟아져 나오면서 발굴에 참여한 중국 학자들이 쉬쉬하며 현장을 슬금슬금 덮어버렸다는 확인 안 된 얘기도 나오던 때였다.

그저 우리끼리 한 얘기 갖고 누가 뭐라 하겠는가마는, 그리고 또 그것이 공인된 이야기도 아니었으니 넘어갈 수도 있었다. 하지만 이런 얘기가 막상 기록물로 나돌면서 문제가 달라졌다. 이를 접한 중국인이 펄쩍 뛰는 건 당연한 일 아닌가? 오늘날 고구려를 중국 역사라고 주장하는 데 따른 우리의 격앙된 모습과 다를 바가 없다.

중국 교수의 질문은 고구려와 발해사 문제로 옮겨갔다. 이미 동북공정에서 나온 주장과 별반 다를 게 없으니 자세히 소개할 것도 없다. 다만 그의 발언 가운데 한 가지만은 지금도 기억이 생생하다.

"한국의 주장처럼 발해가 고구려를 계승한 나라라면 한 가지 묻겠다. 당신들도 인정하듯 발해는 고구려 유민과 말갈족 및 기타 소수민족들로 이뤄진 연합정권이다. 그런데 일부 지배층이 고구려인이라고 해서 발해를 한국 역사라고 할 수 있는가? 페루의 대통령이 일본 출신 후지모리라고 해서 페루를 일본이라고 할 수 있는가? 하와이 주지사와 주민 상당수가 일본 출신이라고 하와이를 일본이라고 말할 수 있는가?"

속사포처럼 쏘아대는 그의 질문 공세에 이렇게 답했던 기억이 난다.

"역사란 지나온 사실에 대한 기록이지 주장에 대한 기록이 아니다. 그래서 역사의 기록은 냉정하고도 객관적이어야 한다. 거기에 어떤 민족적 감정이나 국가 간의 이해관계가 개입되어서는 곤란하다. 자랑스러운 역사만 역사가 아니라 치욕스러운 역사도 역사다. 발해의 역사는 냉정하고도 객관적으로 기술되어야 한다. 당시 발해는 중국도 한국도 아니다. 발해는 발해일 뿐이다. 따라서 발해의 역사는 발해라고 하는 엄존했던 고대 국가의 사실적 기록이고 또 그래야만 한다. 그리고 그 후손들은 이를 잘 보존하고 관리해야 할 책무가 있다. 그런데 막상 고대 발해지역의 역사에 대해 중국은 그간 어떻게 관리해왔는가?"

사실 중국은 한족 포함 56개 민족으로 이뤄진 다민족국가다. 말이 56개이지 이보다 더 많은 민족들이 분포해 있고, 그들은 각기 다른 문화와 풍속과 언어를 갖고 있다. 다는 아니더라도 상당수 소수민족들이 각기 다른 국가 체제로 군림하기도 했다. 그것이 통일 국가를 이루면서 일국다민족체제가 된 것이다. 그렇기 때문에 변방지대의 이미 독립된 국가 형태를 취한 소수민족의 역사는 늘 논란의 여지가 될 수밖에 없다.

현시점에서 발해의 역사를 두고 내 것 네 것 논란하는 것은 한·중 양국 모두에게 이롭지 못하다. 고구려 유민과 말갈인들이 이룩한 인류 공동의 자산인 발해의 역사를 두고 서로 자기 것이라 갈등하는 것은 바람직하지 않다. 함께 발굴하고 연구 보존함이 우리의 책무일 뿐이다. 현재의 주장으로 과거의 엄연한 사실을 덮을 수는 없다.

단군릉은
어디에?

신라의 고도 경주에 들어서면 수많은 고분군이 보는 이의 눈을 휘둥그레지게 만든다. 무덤의 주인공이 알려진 것도 있지만 대개는 알 수 없는 무덤들이다. 백제의 고도 공주도 마찬가지다. 무덤의 주인공을 모르기 때문에 릉陵이라 하지 않고 총塚이라 했다. 고구려의 고도 집안의 무덤도 마찬가지다. 대표적인 것이 장군총임은 말할 것도 없다. 이렇게 기원후 시작된 삼국시대의 왕릉도 제대로 밝혀지지 않았다.

그런데 북한에서는 고조선의 주인공 단군의 무덤이 발굴되었다고 호들갑을 떨었다. 1500년 전 삼국시대 무덤군도 그 주인공이 불확실한데, 5000년 전 단군릉이 발굴되었다는 소식이다. 먼저 북한에서 보도한 발굴 내용을 요약해보자.

첫째, 이번 발굴에선 일제강점기 일본인들의 도굴이 있었기 때문에 유물이 많이 나오지는 않았다. 발굴된 유물은 금동 왕관의 세움 장식과 돌림띠 조각, 그리고 금으로 도금한 청동판이 나왔다. 둘째, 두 사람 분의 뼈가 발굴되었는데, 정밀조사 결과 남자와 여자였다. 남자는 키가 170센티미터 정도로 장수였고, 여자는 163센티미터 정도로 젊은 여자였다. 연대측정 결과 5011년 전의 것으로 단군 부부의 뼈인 것 같다. 셋째, 무덤 앞에는 1936년 단군릉 수축기성회가 세운 표지석이 발견되었다. 비문에 "단군은 중국 삼황오제와 맞먹는 성인이므로 단군까지 합하여 사황육제라고 해야 한다"는 내용이다.

이 같은 북한의 단군릉 보도를 접한 한국의 고고학계에서는 놀라움보다는 의심하는 눈초리가 강했다. 여기서는 최몽룡 서울대 교수의 기록(『한국상고사학보』 15, 1994)을 참고해서 정리해본다.

북한이 단군릉 발굴을 주도한 것은 북한의 지리적 정통성 확보를 위한 것이다. 이른바 3고의 시조무덤, 즉 고조선의 단군·고구려의 동명왕·고려의 왕건 무덤이 모두 북한지역에 있다.(그런데 고구려 주몽이 도읍했던 곳은 졸본[지금의 요령성]인데 무덤은 어떻게 평양이 있는지 이에 대한 의문이 남아 있다.)

단군조선이 평양에 존재했다는 것은 아직 역사적 사실로 받아들이기에는 여러모로 검토해야 할 사안들이 많다. 첫째, 시기적으로 문제가 많다. 구체적인 고조선의 시기를 나눠보자면 단군조선은 기원전 2333~1122년, 기자조선은 기원전 1122~194년, 위만조선은 기원전 194~108년(한사군 이전)이다. 그렇다면 단군조선이 한반도에서 출발했다면 신석기 중기(기원전 3000~2000)에서 후기(기원전 2000~1000)에 해당된다. 아직은 부족국가 형태를 갖추지 못한 시절이다. 단군조선이 청동기 문물을 사용한 부족국가였다면, 시기적으로 그것은 한반도가 아닌 현재의 중국 요령성이나 길림성 지역이었을 것이다.

둘째, 연대측정 결과의 문제다. 북한은 두 사람 분의 뼈를 발굴하고 연대측정 결과 5011년이라는 말만 하고 더 자세한 설명은 하지 않았다. 여기에 뭔가 석연치 않은 점이 있다. 아마도 기원전 3061년에 해당되기 때문인 것 같다. 만일 그렇다면 기원전 2333년과는 728년의 차이가 난다. 또한 측정 방법에 사용한 전자스핀공명법은 대략 100년에서 1000년 정도, 그것도 유물 상태가 양호한 것만을 분석하는 데 사용한다. 더 오래된 유물 분석은 상식적으로 방사성탄소연대측정법을 써야 한다. 위에서 사용한 방법으로는 단군 부부의 뼈를 확인할 수 없다. 또한 5000년 전의 뼈가 유독 단군 부부의 것만 남아 있을까 하는 점도 의문점이다.

셋째, 무덤의 양식 문제다. 북한에서 발굴했다는 단군릉은 고구려의 6~7세기 양식이다. 고구려 말기의 무덤을 단군릉이라 주장한 것 같다.

넷째, 출토 유물의 문제다. 어떻게 단군 시대였던 신석기시대(평양지역)의 유물로 도금된 금동관이 나올 수 있겠는가? 아무리 기자조선이나 위만조선까지 소급한다 해도 무덤은 6~7세기 것이니 800~900년의 오차가 있다. 보통 부족국가 시절 강력한 지배 집단의 존재를 확인하는 데 세형동검의 유무를 말한다. 세형동검이 평양에서 사용되었다면 아무리 빨리 잡아도 기원전 3~4세기다. 고조선이 그 이전부터 있었다면 세형동검의 사용지를 찾으면 드러난다. 하지만 그 지역은 요동지방이다.

이렇게 무리해가면서 북한이 단군릉을 발굴한 것은 김일성의 교시와도 무관하지 않다. "우리 인민은 반만년의 오랜 역사를 가진 인민이며 찬란한 문화를 가진 슬기로운 인민입니다." 이 한마디는 북한의 고고학자들로 하여금 사실성이 희박한 단군릉을 만들게 했다. 그래서 그들은 사실보다는 전설이나 설화에 의지해서 이런 주장을 한 것 같다.

북한이 단군릉을 발굴했다고 말하는 지역은 평양시 강동군 강동읍 대박산 동남쪽이다. 이곳은 옛날부터 단군과 관련된 이야기가 많았다. 대박산의 '박산'은 '밝은 산'이란 뜻이다. 옛날에는 '박달'이라고도 했다. 단군을 박달임금이라 한 것과 관련 있다. 또 단군릉 동북쪽에 '아달산'이 있는데, '아달산'은 『삼국유사』의 '아사달'과 관련 있다. 또 단군릉이 있는 동네 명칭이 '단군동'이다. 결국 이런 지명들이 근거가 되어 그곳을 단군 성지로 만든 것 같다. 거기다 단군릉 주변에 동굴이 하나 있는데, 거기에 단군의 발자국이 있다는 전설도 있다. 따라서 북한이 단군릉이라고 하는 곳은 과학적·역사적 사실에 기초하기보다는 신비적·설화적 전설에 근거한 것이라 할 수 있다. 같은 논리라면 남한의 강화도나 태백산도 단군릉의 적지가 될 수 있을 것이다.

동방예의지국,
서방예의지국

       예로부터 우리나라를 '동방예의지국'이라 했다. 예절을 잘 지키는 나라라는 것이다. 그것이 자칭 그런 것이 아님은 '동방'이란 표현에서 알 수 있다. '동방'이란 중앙을 기준으로 동쪽이란 뜻이다.

  우리를 '동방'이라 표현한 나라는 말할 것도 없이 중국이다. 중국은 지정학적으로 세계의 중심, 한복판이란 뜻을 갖고 있다. 문화적으로도 그들은 세계의 중심이자 뛰어남을 자처하며 자신들이 이룩한 문화를 중화문화라고 했다. 바로 이 같은 중국을 기준한 관점에서 우리나라는 '동방'이고, '동방예의지국'인 것이다. 물론 그것이 '동이'로 표현되면서 '동쪽 오랑캐'라는 비속어도 나왔다.

  '동방예의지국'이 되었든, '동쪽 오랑캐'가 되었든 우리나라는 늘 문화민족임을 자부하며 살아왔다. 중국을 의식하며 소중화 사상에 빠진 적도 있다. 중화의 나라로부터 군자의 나라란 칭송도 들었다.

사신도. 당나라 시절 꿩 모양의 깃을
달고 있는 고구려 사신의 모습.

그러면서도 우리나라는 수천 년 동안 반복된 수난을 겪으며 살아왔다.
지정학적으로 강대국 틈바구니에서 늘 고초를 겪으면서도 고유한 역사와
문화를 이룩했다. 그런데 이렇게 수많은 외침을 이겨내며 버텨온 것은 어
찌 보면 강인해서라기보다는 지혜로움 때문이란 생각도 든다.

비굴할 수도 있지만 약자의 생존 법칙은 몸을 숙이는 데서 찾을 수 있
다. 제국주의 시절이 아니더라도 인류 역사는 강자가 약자를 잡아먹는 약
육강식의 반복이었다. 강대국 중국에 이웃하고 있으면서 그들에게 조공
할 수밖에 없었고, 남들 한 번 할 때 우리는 두세 번을 자청해서 조공한
역사도 갖고 있다. 오죽하면 3년에 한 번만 오라는 황제의 명을 무슨 소리
냐며 1년 3회를 고집한 것은 '동방예의지국'이 아니면 불가능한 일이었다.

그러나 고개 숙인 이 나라의 이면사를 이해하지 못하면 그것은 겸손
아닌 비굴함의 표상일 뿐이다. 우리에게 조공은 단순 생존의 몸부림이 아
닌 엄청난 경제적 이득을 챙기는 무역 관행이었다. 그래서 조공은 강한
상대를 대하는 하나의 예의이면서 동시에 경제 행위라는 것이다. 조공을
통해 우리는 두 가지 실리를 얻었다. 강대국에 대한 예의 표시에 따른 국

가 보호가 그 하나고, 선진 문화와 문물을 수용해서 나라를 부강케 했다는 경제적인 실리가 다른 하나다.

그런데 이것은 아무나 그렇게 할 수 있는 건 아니었다. "작은 나라이기 때문에 큰 나라를 섬기는 것은 하늘의 이치[天理]를 두려워하기 때문이다. 천리를 두려워하는 사람[畏天者]은 그 나라를 보전할 수 있다." 전국시대 제후국들의 생존 법칙을 설명한 맹자의 말이다. 송대 주희는 지혜로운 자만이 그것을 행할 수 있다고 했다.

예전 미국 버지니아 공대 참사를 이겨내는 한국인과 한국 정부의 신속한 태도에서 자꾸 이 문장이 떠올랐다. 역시 우리는 '천리를 두려워할 줄 아는 민족'인 것 같다. 세계 최강 미국에서 한국인과 관련된 사건이 일어나자 우리는 아주 신속한 태도로 겸손과 예의를 표시했다. 이것은 오랫동안 몸에 밴 긍정적인 의미의 사대[事大]가 아니고서는 불가능한 일이다. 그것은 강자를 대할 줄 아는 한국인의 예의이자 지혜라는 것이다.

그러나 그것이 강자에 약하고 약자에 강한 한국인의 모습이라면 이보다 추한 것도 없을 것이다. 상대가 누가 되었든 그들 모두에게 겸손하고 예의를 갖춘다면 그야말로 자랑스러운 '예의지국'의 모습이 될 것이다. 만일 우리의 예의와 겸손이 강대국 미국만을 상대하는 태도였다면, 그것은 미국의 서쪽 '서방예의지국'에서 나온 일종의 사대의 예로 비춰질 것이다.

"큰 나라를 가지고도 작은 나라를 섬기는 것은 하늘의 이치를 즐거워하기 때문이다. 천리를 즐거워하는 사람[樂天者]은 천하를 보전한다." 역시 『맹자』에 나온 내용이다.

경제적으로 우리보다 못사는 나라에서 벌어지는 한국인의 추태는 우리나라가 아직 세계국가[保天下]와는 거리가 있음을 실감케 한다. 코리안 드림을 꿈꾸며 찾아온 경제적 약자들을 여전히 천대하는 풍토에서는 천하국가 주역의 모습을 찾을 수 없다. 그런 모습으로는 작은 나라 사람으로서 그저 생존하기 위해 강대국에 사대하며 하늘의 이치를 두려워하는 사람은 될 수 있을지언정 겸손한 낙천자로서 천하를 보전할 자격은 없다는 것이다.

세계 국가의 주역은 비록 남을 움직일 수 있는 돈과 권력이 있어도 낮은 자리에서 겸손과 예의를 베푸는 자들일 것이다. 또 그런 사람들이야말로 하늘의 이치를 즐거워하는 사람들일 것이다.

군자 같은 소인,
소인 같은 군자

군자君子란 글자 그대로 임금과도 같은 지도자를 가리킨다. 그렇다고 지도자를 누구나 군자라고 말한 건 아니다. 지도자로서의 덕망과 능력을 골고루 갖추어야만 군자라고 할 수 있다. 오히려 군자는 정치 지도자적 의미보다는 도덕적으로 완성된 사람을 말한다. 정치적인 지위가 전혀 없는 사람도 군자가 될 수 있고, 정치적인 지위가 아무리 높아도 군자가 될 수 없는 건 이 때문이다. 따라서 정치적인 지위에 있으면서 도덕적으로도 완벽하다면 군자 중의 군자라 할 것이다.

'군자불기君子不器'란 말이 있다. 군자는 그릇처럼 국한되지 않아야 한다는 뜻이다. 그릇은 각기 용도가 있다. 용도에 맞게 쓰이는 것이 그릇이다. 한 용도로만 쓰이는 사람은 군자가 될 수 없다는 뜻이다. 그런 사람을 우리는 전문가라고 말한다. 큰 지도자는 다양한 능력과 재주를 갖추어야 한다. 정치만 잘한다고 최고 지도자가 되는 건 아니다. 정치·경제·종교·문화·과학·기술 등 모든 사회문제에 능통해야 한다는 것이다.

군자의 상대되는 표현은 소인小人이다. 직역하면 작은 사람이니, 키가 작고 체격이 작은 사람을 말한다. 글자만 보면 소인의 상대 말은 대인大人이다. 그런데 우리는 소인의 상대어로 대인이란 말 대신 군자를 썼다.

표면적인 뜻보다는 내면의 숨은 뜻을 더 소중히 여긴 문화의 특성이다. 체격이 작은 군자도 있고 체격이 큰 소인도 있다. 내면성을 중시하기 때문이다.

그럼 어떤 사람이 군자이고, 어떤 사람이 소인일까? 『논어』에 "군자는 널리 화통하면서 무리 지으며 편당하지 않고, 소인은 무리 지어 편당하면서 널리 화통하지 못한다"고 했다. 내외피아를 가리지 않으면서 모두와 화통한 사람을 군자라 하고 끼리끼리 편당하며 자신들만의 소굴을 파는 자들을 소인이라 한 것이다.

또 『논어』에 "군자는 도덕적 의리에 밝고 소인은 경제적 이익에 밝다"고 했다. 이렇듯 군자는 도덕적이고 소인은 경제적이라면, 오늘날 우리 사회가 추구하는 것은 소인이고, 군자는 아닐 것이다. 큰 틀에서 전혀 틀리지 않다. "경제적 이익을 보면 도덕적으로 의로운가를 따져보라見利思義"고 한다면 돈 있는 사람들 가운데 몇이나 떳떳하다고 생각할까? 이렇게 까다로운 도덕의 잣대로 경제를 논한다면 차라리 소인으로 살지언정 군자가 되려고 하지 않을 것이다.

그래도 우리는 지도자만큼만은 군자이기를 원한다. 비록 나는 그렇지 못해도 그들만은 군자이기를 바란다. 내가 버는 돈이야 어찌 되었건 그들의 재산만은 도덕적이어야 한다. 내가 짓는 무리는 눈감을 수 있지만, 그들만은 편당해서는 안 된다고 생각한다. 선거 정국으로 흐를 때면 이런 현상은 더욱 심해진다. 대선 출마자들을 대하는 군자 아닌 군자들의 평가는 군자이기를 원하는 이들을 완전 소인배로 몰아간다. 평자의 뾰족한 창끝이 자신 이외의 모든 이들을 향하고 있는 것이다. 엄격한 잣대로 최고의 군자를 이 땅의 지도자로 세운다면 모두가 환영할 일이다. 또 그리해서 우리 사회가 밝아지고 나아진다면 더할 나위없는 일이다.

그러나 그것이 필요 없는 상처를 만드는 공연한 일이라면 생각해볼 일이다. 그간 우리 사회는 우리가 뽑은 최고 지도자들에 대한 불신의 골이 너무 깊었다. 그 때문에 지역 간, 계층 간 갈등도 심화되었다. 거기다 새로운 지도자들에 대한 부정적인 평가는 우리 사회 지도자 모두를 불신하는 방향으로 나가게 했다. 긍정의 힘이 아닌 부정의 힘이 우리 사회를 좌우하는 것이다. 부정적인 힘은 사회를 멍들게 할 뿐 사회를 바로 가게 할 수 없다.

인간은 자신이 하는 모든 행위가 도덕적이길 바라지만 반드시 도덕적인 것은 아니다. 하는 일마다 경제적 대박이 터지기를 바라지만 도덕적 한계에 부딪혀 자중할 때도 있다. 군자처럼 행동하지만 소인이고, 소인처럼 보이지만 군자 같은 이들도 있다는 것이다. "군자는 배부름을 구하지 않고 편안한 거처를 찾지 않고 일에는 민첩하고 말에는 신중하다"(『논어』「학이」)고 했다.

자신에게는 군자의 도덕적 잣대로 엄격하면서 경제적 이득에 적극적인 국민들을 위해서는 민첩하게 행동하는 지도자, 허황된 말로 국민을 유혹하는 소인 같은 지도자보다는 말은 어눌해도 국민을 위한 일에는 발 빠른 군자 같은 지도자는 불가능한 것일까.

배고픈 소크라테스(군자)와 배부른 돼지(소인) 가운데 하나를 고르라는 이분법적 선택의 시대는 갔다. 배부른 소크라테스를 추구하는 사회가 되었기 때문이다. 도덕적(군자)이면서도 경제적(소인)이고, 경제적이면서도 도덕적인 지도자가 필요한 이유다.

|스물아홉|
현대판
합종연횡

　　전국시대 말기는 일곱 제후국들이 자웅을 겨루던 시절이 있었다. 이른바 연燕·제齊·한韓·위魏·조趙·진秦·초楚 등 전국칠웅의 시대다. 각 나라마다 부국강병책을 경쟁적으로 도모했는데, 나 홀로 정권으로는 거의 국가 생존을 기약할 수 없던 시절이었다. 합종연횡이란 말도 이때 나왔다.

　　합종연횡책은 제후국 간의 연합전선으로 국가의 생존을 도모하는 피 말리는 외교전이었다. 누구와 손을 잡느냐에 따라 국가 간의 희비와 존망이 결정되는 상황이 연출된 것이다. 자칫 파트너를 잘못 선택하면 나라가 망하는 그야말로 살얼음판 같은 형국이었던 것이다.

　　합종은 진나라를 제외한 동쪽의 여섯 나라, 즉 초·제·연·위·한·조나라가 남북의 세로로 동맹해서 강대국 진나라에 대항하는 외교정책이었고, 연횡이란 이 여섯 나라가 동서의 가로로 연합해서 진나라에 의존하는 외교정책이었다. 다시 말해 합종이란 여러 약소국들이 힘을 합쳐서 강대한 진나라를 공격하자는 것이고, 연횡이란 강대국 진나라를 섬기며 자국을 보호하고 자신과 비슷한 약소국을 견제한다는 것이다.

그런데 각 제후국에 속한 신하들은 합종과 연횡, 어느 쪽이 나은가를 두고 당파가 나뉘어 갈등의 골이 깊어져만 갔다. 국가 간의 분열 이전에 국가 내부의 갈등이 더 큰 문제로 대두한 것이다. 모두가 국가 생존을 위한 몸부림이었던 것만은 분명하지만, 그 방법상의 차이에 따른 내적 갈등이 외부의 적 못지않은 심각한 위험인자로 작용한 것이다.

강대국 진나라에 대항하기 위한 합종책은 약소국끼리의 탄탄한 신뢰와 헌신을 전제하지 않고서는 이뤄내기 힘든 정책이었기 때문에 만일 성사된다 하더라도 오래가지 않을 가능성이 매우 높았다. 한편 강대국 진나라를 섬기며 비슷한 주변 나라를 견제·공격하자는 연횡책은 결국 힘없는 자신도 언젠가는 진나라에 복속될 수도 있는 위험한 정책이었다. 이래저래 약소국의 판단은 어떤 것이 되었든 난감하지 않을 수 없었다.

하지만 그 틈바구니에서도 잇속만은 분명히 챙기는 사람들이 있었다. 연횡책으로 강대국을 섬기면 발 빠르게 강대국의 권력을 이용해서 벼슬자리에 나아가고, 합종책으로 주변 약소국을 도우면 국내 권력에 의지해서 잇속을 챙기는 이들이 그들이었다. 나라는 합종이다 연횡이다 생존의 몸부림을 치고 있지만 약삭빠른 사람들은 오히려 부귀영화를 누리게 된다는 것이다. 『한비자』에서 가장 경계한 내용이다.

중국 속담에 "소매가 길면 춤을 잘 추고, 돈이 많으면 장사를 잘한다"는 말이 있다. 자질이 뛰어나고 능력이 많으면 일을 쉽게 이룬다는 것이다. 강한 나라는 일 도모하기가 쉽고, 약한 나라는 일 도모하는 게 어렵다. 전국시대 말기 강대국 진나라는 도모하는 일마다 뜻에 맞아 떨어졌고, 나머지 여섯 나라는 도모하는 일마다 주변의 눈치를 봐야 했던 것이 이를 증명한다.

약소국 주나라는 진나라를 떠나 합종책을 쓰다 일 년 만에 망했고, 위나라는 위魏나라에서 분열하여 연횡책을 펴다 반년 만에 망했다. 주나라는 합종을 하다 망했고, 위나라는 연횡을 하다 망했으니, 합종책·연횡책 어느 게 낫다고 말할 수 없는 이유다. 다만 약소국의 내분은 멸망을 재촉한다는 교훈만 주었을 뿐이다. 여기서 한비자가 주장하는 "나라가 강하지 못하면서 내부적으로 분열하면 망한다"는 사실을 상기하지 않을 수 없다. 외적의 침입으로 망하는 게 아니라 내부의 분열로 망한다는 것이다. 적대관계가 되었든 경쟁관계가 되었든 우리 주변 나라들은 이를 부추기고 즐긴다는 사실도 새겨두어야 할 것이다. 대외정책보다 대내적인 결속의 중요성을 알려준 대목이다.

아시아적
가치의 경쟁력

1997년 홍콩이 중국에 반환되던 해에 동아시아 각국은 경제 혼란에 빠졌다. 21세기 동북아 시대를 외치며 아시아적 가치를 부르짖던 목소리도 쑥 들어갔다. 마치 21세기의 주인공은 동아시아이고 그 이념은 아시아적 가치가 대신할 것 같은 분위기도 삽시간에 수그러들었다. 오히려 경제 혼란의 원인이 아시아적 가치의 중심인 유교문화에 있다는 탄식만 늘었다. 유교적 문화 요소가 동양사회의 부정부패를 양산했고, 그것이 경제를 망치는 결과를 가져왔다는 진단이다. 합리주의에 입각하지 않고 정감주의와 가족주의의 전통에 의존하던 기업 경영 방식의 결과가 경제위기를 자초했다는 것이다.

그러나 눈에는 눈, 이에는 이라고 했던가? 말레이시아의 마하티르 총리는 풍비박산된 동아시아 경제를 살리는 데 유교문화, 곧 아시아적 가치는 계속 유효하다고 항변했다. 또 그 방식을 고집했다. 반면 한국은 미국을 중심으로 한 서구의 자유주의와 합리주의 방법으로 문제를 해결하려고 했다. 아시아적 가치 때문에 망한 경제를 아시아적 가치로 풀 수 없다는 생각에서다. 아시아적 가치의 유효성을 더이상 인정하지 않은 것이다.

IMF 체제 이후 우리 사회는 수많은 모순과 갈등, 그리고 분열을 경험했다. 기존의 가치체계가 무너지고 새로운 윤리 패러다임이 요청되었다. 오랫동안 우리의 삶 가운데 깊이 뿌리 내린 가족주의까지 도전받았다. 가족주의는 우리 사회의 기반이고 생명력이다. 그런데 IMF 체제는 이런 가족의 해체를 부채질했다. 전혀 상이한 문화에서 태동한 방법으로 사회의 문제를 해결하라는 강요였다.

우리의 정신세계는 가족문화가 지배한다. 그런데 우리에게 강요된 시스템은 가족의 해체를 부채질한다. 구조조정이란 명분 아래 안정된 직장은 사라지고 계약제 사원이 직장과 사회의 주역이 되었다. 긍정적 의미야 나무랄 것도 없다. 하지만 오랫동안 몸에 배어온 정신적 사유 방식을 한순간에 고치는 건 무리가 따른다. 그로 인한 사회 구성원들의 엄청난 시련과 불안은 말할 수도 없다. 제도 자체만을 놓고 볼 때 계약제는 결코 문제될 게 없다. 그러나 그 제도 속에서 살아가야 할 사람들의 생활 습관은 하루아침에 바꿔지지 않는다. 그로부터 정신적 갈등과 실제적 삶 속에서의 고통은 엄청나다.

전통문화적 사유 패턴 속에서는 난관을 극복할 수 없을까? 대동사상이라고 하는 공동체주의와 가족주의를 지탱하면서 난관 극복은 불가능할까?

구조조정이란 차원에서의 해고와 감원은 인간관계를 파멸로 이끌고 불신을 조장하며 가족을 파괴하는 데 이른다. 사실 이것은 신자유주의 경제의 요구이고, IMF 체제에서 강제된 권고이자 강요였다. 우리 사회와 기업은 이를 성실히 이행했다. 이런 점에서 한국은 IMF와 신자유주의의 요구에 성실했던 학생이다.

문제는 이런 방식 때문에 고통받는 이들이 급증했다는 점이다. 가뜩이나 골칫거리였던 '부익부 빈익빈'은 더욱 심화되었다. 중산층도 무너졌다. 전쟁의 와중에서 떼돈 버는 사람이 있듯이 경제 불안을 틈타 부유층으로 새롭게 편성된 사람들을 보면서 대다수 국민들은 한숨지었다.

기존의 조직을 줄여야 할 상황이라면 해고·감원 등의 사형선고와도 같은 극단적인 처방은 피해야 한다. 비록 적지만 함께 나눠 쓰는 방식의 고통 나누기와 같은 문제 해결 방법도 충분히 가능하기 때문이다. 해고나 감원으로 아무것도 없어진 상태에서는 나눠 쓸 것도 없다. 그런데 기업은 고통 나누기를 강요하며 무작위 해고·감원을 단행했다. 이 방식은 고통 분담이 아니라 해고·감원된 자들을 사경으로 내모는 것이다. 가장에 대한 의존도가 높은 나라에서 가장을 몰아내는 것은 한 개인의 파경이 아니라, 가족의 파괴와도 같다. 따라서 일련의 구조조정 방식은 단순한 고통 분담이 아니다. 자신은 물론 가족의 장래를 망치는 일이다.

대동사회의 이상은 많은 사람이 함께 공유하고 즐기는 것이다. 여기서 많고 적음이 문제될 게 없다. 오히려 부족한 것을 나눠 쓰면서 형제와 이웃 간에 사랑과 우정을 싹 틔우며 사는 것이 대동사회. 『예기』 「예운」 편을 살펴보자.

"큰 진리가 시행되는 시대에는 천하를 자기 사유로 생각하지 않고 공공의 것으로 보았다. 그래서 임금은 천하를 자기 자손에게 전하지 않고 현명하고도 유능한 사람을 선택해서 전수했다. 신뢰와 화목을 밝히고 닦아서 사람들이 홀로 그 부모만을 친애하지 않고, 다른 사람의 부모까지 친애했다. 홀로 그 자식만을 자애하지 않고, 다른 사람의 자식까지 자애했다. 노인들이 수명을 다하게 하고, 장년들이 능력을 발휘할 수 있도록 했다. 어린이들이 건전하게 자랄 수 있게 하며, (이런 저런 사유로) 불쌍하게 된 이들이 스스로 자신의 몸을 부양할 수 있게 했다. 남자들은 일정한 직업이 있어서 생활하는 데 궁핍하지 않게 했고, 처녀들은 각각 시집갈 곳이 있어서 때를 놓칠 것을 근심하지 않도록 했다. 재물은 사람들의 삶 속에서 하루도 없어서는 안 되는 것들이기 때문에 이것을 거두어 땅에 버려지는 것을 싫어했으며, 자기를 위해서 몰래 감추지도 않았다. (…) 사람마다 풍습이 이와 같기 때문에 간특한 계략과 음모가 없어져서 다시 일어나지 못하고, 강도와 도적이 절멸하여 일어나지 못했다. 그렇기 때문에 사람들은 대문을 잠그지 않고 편안히 살 수 있었다. 이것이 대동의 세상이다."

구구절절이 옳은 말이다. 이것은 이상처럼 보이지만 충분히 실현 가능한 것들이다. 정치 지도자의 공복의식에 따른 현명한 판단과 양심 있는 사람들의 협조만 있다면 전체 사회로 확산시키는 데 문제될 것이 없다. 불과 얼마 전 지진과 쓰나미로 폐허가 된 일본 해변의 마을들은 담장도 없고 평소에 문도 잠그지 않고 살아가던 마을들이었다. 우리의 시골도 마찬가지다. 이웃끼리 서로 의존하고 가족처럼 지내는 게 대동사회다. 풍전등화의 국난을 여러 차례 겪으면서도 꿋꿋하게 살아온 민족적 에너지를 돌이켜 볼 때 불가능한 것도 아니다. 역사를 살펴보면 사람들은 어려울 때 단합하고, 넉넉할 때 오히려 분열됐다. 남북 분단과 IMF 체제는 오히려 단결의 기회이기도 한 것이다. 문제는 해결 방식이다. 원칙은 섰는데, 구체적인 방법이 문제다. 앞에서 이미 대동사회의 이상을 말했지만 여기서 반문해본다.

왜 반드시 미국식·서구식 신자유주의인가? 서구적 합리주의는 문제해결의 만능키인가? 전통적인 우리 방법으로는 문제 해결이 불가능한가? 아시아적 가치를 앞세운 몇몇 나라는 현재 경제위기에서 계속 허덕이고 있는가?

아시아적 가치를 옹호하는 이들은 지금도 외친다. 아시아적 가치로 성공적인 국가와 기업을 이룩한 것은 왜 언론에서 다루지 않는가? 1990년대 한창 잘 나가던 일본 기업의 특수성을 동양적·아시아적·가족적 가치관념에 입각한 것이었다고 보도했던 내용은 모두가 오보였는가? 서구적 합리주의만이 보편성을 지닌단 말인가? 아시아적 가치를 끝까지 고수하면서 국가와 기업을 이끌고 경제위기를 극복했던 말레이시아는 실패했는가? 경제위기를 빗겨간 대만·홍콩·싱가포르의 시스템은 아시아적 가치를 포기했기 때문인가?

실제로 한국과 함께 경제위기를 맞았지만 성공적으로 극복해가고 있는 말레이시아의 사례는 눈여겨볼 만하다. 양국은 같은 위기를 극복하면서 전혀 다른 방법을 선택했다. 어느 쪽이 옳았는가를 진단하는 것은 결코 쉽지 않다. 결과를 놓고 본다면 모두 성공적이었기 때문이다. 그러나 과정을 포함해 종합적 판단한다면 서민들의 고통지수는 한국이 더 심했다는 결론이다. 여기서 고통지수는 구조조정으로 인해 발생한 실업률을 말한다. 양국 모두 초긴축 정책을 펴면서 한국은 8퍼센트, 말레이시아는 4.5퍼센트의 실업률을 보였다.

유교문화,
재활용 가능할까?

유교문화를 양반문화라고 한다. 양반문화는 노동을 꺼리고 여흥을 즐기는 것으로 생각한다. 육체적인 노동을 멀리하고 유유자적한 삶을 누리는 것이 양반문화라는 것이다. 이런 점에서 유교문화는 현대 산업사회의 경제 논리와는 맞지 않는다. 유교문화는 그래서 신분질서가 분명했던 과거 농업사회의 전형적인 문화 형태라 할 수 있다.

이렇게 노동을 거부하는 것이 유교문화 본래의 모습이라면 현대 산업사회 속에서는 필요하지 않다. 이런 문화라면 당연히 비판받아 마땅하다. 전통사회 양반의 모습을 하고서 현대 정보산업사회 속에서 살아남기 어렵다. 이것은 이미 산업사회를 주동한 근대 자본주의사회에서 검증된 바 있다. 1960~70년대 우리 사회가 급속히 경제 발전을 할 수 있었던 것은 편향된 양반 의식으로부터의 탈출에서 시작됐다. 물론 여기에는 막스 베버Max Weber가 말한 프로테스탄티즘의 자본주의 정신이 깊숙이 자리했다.

기독교의 급속한 확대 발전은 농촌사회를 자극했다. 기독교를 통해 각성된 농촌 인구는 대도시로 유입되어 엄청난 노동 인력을 양산했다. 산업화의 불을 댕기는 데 기독교가 기여한 것이다. 반면 전통문화로서의 유교문화는 상당한 침체의 길로 접어들었다. 나아가 남녀평등이란 시대적 대세를 거스른 유교문화는 설 자리를 잃었다.

시간은 흐르며, 문화의 내용 또한 시대에 맞게 흐른다. 시대에 역행하는 문화와 사상은 사멸하고 만다. 그런 점에서 변화에 둔감했던 유교문화는 근대화의 걸림돌로 당연히 제거 대상이었다. 아무리 그 옛날 제왕의 논리, 치자의 논리, 지배층의 논리, 지식인의 논리라 하더라도 그것이 시대의 요청에 능동적이지 못하다면 역사의 뒤안길로 사라진다는 것이다.

그러던 유교문화가 최근 다시 관심의 대상이 되고 있다. 단순히 전통에 대한 각성과 회고, 내지는 향수 때문만은 아니다. 사회 발전의 진행 속도가 너무 빨라 나타나는 반작용 때문만도 아니다.

중국은 서구 기독교 문화에 대한 대응 논리로 유교를 재무장시키고 있다. 하지만 중국은 20세기 초 신문화운동을 통해 이미 유교문화의 비판을 가속시켰다. 1960~70년대를 강타한 문화대혁명은 봉건 잔재인 유교문화 일소운동이었다. 홍위병을 동원하여 공자 관련 유물 유적을 부쉈고, 사당을 불태웠다. 마오쩌둥 다음가는 권력의 소유자 린뱌오도 공자 사상을 옹호한다는 이유로 처결되었다. 이른바 비림비공批林批孔이다. 그런 중국에서 유교를 복원하는 데 앞장서고 있다. 이면에는 미국의 패권주의를 더이상 방치할 수 없다는 계산이 깔려 있다. 미국의 패권주의 이면에 기독교가 있다는 판단이다. 기독교의 유일신 관념이 종교적 배타성과 폐쇄성을 낳았고, 그것이 전 세계 각 지역의 갈등과 분쟁을 일으키고 있다는 것이다.

반면 유교는 여타 종교를 포용하는 관용적인 사상이라고 주장한다. 다원주의 사회의 기본 사상으로 인仁과 예禮를 강조하는 유교만큼 좋은 게 없다고 말한다. 유교문화에 근거한 충효사상이 현대 중국의 문제를 해결할 수 있다고 생각한다. 56개 다민족, 다문화, 다종교 사회인 중국이 유교문화를 통해서 사회 안정을 도모하려는 것이다. 동시에 세계 초강대국 미국에도 도전장을 내민 것이다. 미국의 정신적 기축을 기독교로 상정하고 유교를 중국의 국가 윤리로 재구성하려는 야심찬 계획이다. 정치적 민주화와 경제적 시장 논리를 인정한 실용주의 노선의 중국 사회가 자신들이 버렸던 유교문화를 복원하는 것이다. 정신적 기초를 유교에 기반해야 한다는 현대판 '중체서용中體西用'론이다. 근대화 시기 '중체서용'의 실패를 어떻게 거울삼을지 궁금해진다.

참고로 2000년 이후 유교에 대한 중국 정부의 태도가 어땠는지 언론 보도 내용을 근거로 정리해본다.

2001년
• 장쩌민 총서기, 당 간부들에게 「중용」을 읽으라고 권고
• 인민대학 교정에 공자 동상 설치
2002년
• 중화유상국제논단中華儒商國際論壇 국가급 행사로 개최(이후 2년마다 개최)

2004년
- 공사 탄생 2555주년 맞아 산둥성 취푸에서 정부 관리가 참석한 첫 제사
- 공자학원, 서울에 처음 개원. 전 세계 81개국 256곳에서 운영
- 중화민족 고전기초교육 암송본 출시
- 〈쓰촨성 부모자식가정에 대한 규정〉 일명 효도법 입법 건의

2005년
- 중국 정부 유네스코와 함께 취푸에서 공화문화제 개최

2006년
- 저장성 개최 국제공자 문화제 겸 유학논단 행사에서 시진핑 축사

2008년
- 베이징 올림픽 개막식에 공자와 그 제자 3000명 등장
- 제1회 세계 유학대회 산둥성 취푸에서 22개국 172명이 참석한 가운데 개최

2009년
- 중국 영화그룹이 제작, 주윤발 주연 영화 〈공자〉 출시

2010년
- 공자평화상 제정. "중국의 평화관과 인권 개념을 세계에 알리는" 것이 목적

2011년
- 베이징 천안문광장에 대형 공자 동상(높이 9.5미터) 설치
- 중국어 중국 문화 교육기관 공자학원Confucius Institute, 전 세계 89개

국 500여 곳으로 확대 개설하고 공자 사상의 세계화에 적극적으로 나섬

• 후진타오 미국 국빈 방문 중 시카고 소재 공자학원 방문

(참고자료: 『중국청년보』 2004년 10월 18일, 『중앙일보』 2009년 3월 24일, 『조선일보』 2011년 1월 12일)

밥 하는 사람,
밥 먹는 사람

　　　　　　　　　　　　동아시아 국가들이 금융위기로 촉발
된 경제위기를 맞기 직전 중국을 비롯한 동아시아 국가들은 21세기는 동
북아의 세기가 될 것이라며 야단법석을 떨었다. 거기다 1997년 홍콩의 중
국 귀속은 중국을 더욱 기고만장하게 만들었다. 마치 21세기의 주인공이
중국과 동아시아라는 사실을 확인시켜주는 듯 말이다. 특히 중국의 입장
에서는 동아시아의 패자가 곧 세계의 패자라는 판단에서 더욱 흥분하고
있었다.

　이것은 홍콩 반환식 장면을 본 사람이면 누구나 느낄 수 있었다. 초라
하게 퇴장하는 영국 식민지 세력과 의기양양한 중국 지도자들의 모습은
지금도 뇌리에 생생하다.

　사실 홍콩 반환에 대한 역사적·이념적·정치적 고증은 차치하더라도,
문화적·경제적 차원에서 그 가치는 이만저만한 것이 아니다. 중국의 입장
에서 홍콩은 서양 제국주의 세력에 빼앗겼던 비운의 땅이었지만, 엄청난

효자가 되어 돌아온 것이다.

그래서인지는 몰라도 당시 홍콩 사람들은 중국 본토로부터 대단한 칙사 대접을 받았다. 홍콩인들이 가는 곳에는 불친절하기로 소문난 중국인들의 미소와 서비스가 따라 다녔고, 바가지로 들끓는 관광지에서는 특별할인 혜택이 부여되었다. 이 틈에 중국 동북과 서역으로 여행을 하면서 톡톡히 재미를 본 경험이 있다. 우리 일행을 홍콩 사람으로 착각한 중국인들이 베푼 대접을 말없이 받았기 때문이다. 어떤 열차장은 표를 구하지 못해 발을 동동 구르는 우리에게 표를 대신 구해주는 친절을 베풀기도 했다. 우리가 홍콩인으로 대접받을 수 있었던 이유는 다른 데 있지 않다. 표준어인 베이징어를 더듬더듬 사용한다는 것과 외국어를 많이 사용하는 것, 그리고 옷의 질감과 차림새가 중국 본토인들과 다르다는 것. 따라서 표정관리만 잘하면 이런 대접을 받는 데 지장이 없었다는 것이다. 중국에 편입된 홍콩의 막강한 경제력이 중국인들로 하여금 "우리도 부자다"라는 착각을 불러일으켰기 때문인 듯하다.

여하튼 중국인들에게 홍콩 반환은 단순한 경제적 이익만 가져온 것이 아니다. 마치 빼앗겼던 정신을 되찾은 듯한 인상도 주었다. 중국은 개혁개방 이후 홍콩을 영국에 할양한 문제를 가장 큰 아픔으로 갖고 있었다. 홍콩은 근대화의 굴곡 속에서 서구 제국주의 세력에 의해 짓밟힌 표상이었던 것이다.

이런 중국인의 속내는 그들이 만든 〈아편전쟁〉이란 영화에 잘 표현되었다. 임칙서는 이 영화 속에서 영웅으로 등장했다. 제국주의에 맞서 싸운 임칙서의 활약 장면이 나올 때 중국 대학생들은 기립박수를 보냈다.

그 즈음 중국 열도를 휩쓴 〈홍허꾸〉란 영화도 마찬가지다. 수려한 경치를 자랑하는 티베트에서 장족과 한족 처녀가 힘을 합쳐 영국군의 침략을 물리친다는 시나리오다. 이것은 중국인들에게 두 가지 효과를 노린 일종의 홍보영화였다.

하나는 제국주의의 상징처럼 여겨졌던 영국에 대한 저항이고, 다른 하나는 독립의 드센 항쟁을 하고 있는 티베트는 또 하나의 중국이라는 것이다. 다시 말해 티베트의 장족은 한족과 힘을 합쳐야 외세로부터 자유로울 수 있다는 내용이다.

중국 학생들과 사람들은 이 영화를 보면서도 역시 우뢰와 같은 박수를 끝도 없이 쳤다. 아무리 박수치는 데 소질 있는 중국 사람이라 하더라도 이렇게 하나가 되어 박수치는 것은 처음 보았다. 그만큼 중국인들은 외세에 짓밟힌 역사를 수치로 여기고 있다는 반증이다. 역사를 빼앗긴 것은 곧 정신을 빼앗긴 것과 다르지 않다. 그렇기 때문에 문화적 자존심이 유난히 강한 중국 사람들에게서 홍콩 문제는 곧 정신의 문제와도 같은 것이었다.

이런 문화적 자존심에 대한 경향은 홍콩 반환 직전 중국 정부가 취한 조치에서도 찾을 수 있다. 중국 정부 대변인이 외국 기자들을 향한 정례 브리핑에서 중국어와 영어를 함께 사용했다. 그런데 어느 날 갑자기 영어 브리핑을 중단했다. 여기는 중국이기 때문에 영어로 할 이유가 없다는 것이다. 그때 외교부 대변인은 이곳에서 취재하려거든 중국어를 배우라는 권고 아닌 강요도 잊지 않았다.

그들은 평소에도 세계에서 가장 많은 사람이 사용하는 언어가 중국어라며 언어에 대한 강한 긍지를 갖고 있다. 일종의 문화 우월의식이다. 중국어에 대한 그들의 강한 집념은 외래어 사용 원칙에서도 드러난다. 그들은 새로 접하는 용어나 외래어를 철저히 중국화시킨다. 예컨대 컴퓨터를 디엔나오[電腦], 팩시밀리를 추안쩐[傳眞], 모니터를 씨엔스치[顯示器], 핸드폰을 셔우지[手機]라고 한다. 최근 들어서는 폭주하는 외래어를 모두 수용하기에 벅차서인지는 몰라도 음역하는 예도 늘고 있다. 켄터키프라이드치킨을 컨떠지[肯德基], 햄버거를 한빠오[漢堡] 하는 식으로 말이다.

이 같은 문화 우월의식은 철학 사상 분야에서도 드러나고 있다. 대표적인 것이 바로 유교문화다. 그들은 사실 유교문화를 봉건사회 잔재로 치부하며 이를 배척하는 데 앞장서 왔다. 1970~80년대 이후 미국·홍콩·싱가포르 등지에서 활동하는 화교 지식인들과 한국·일본의 일부 학자들이 유교부흥 운동의 문제를 들고 나왔어도, 중국 학자들은 정부 눈치를 살피며 유교에 대해 비판·부정적이었다. 그런데 요즘 들어 완전히 달라졌다. 공자·맹자를 비롯한 유교 사상가들이 모두 자신들의 조상이라며 은근히 자랑하고 있다. 마치 한국·일본·대만 등 주변 지역의 학자들이 유교문화를 건립했던 사상가들을 흠모하고 숭배하는 것처럼 비추면서 자신들이 그 후예로서 그 대접을 대신 받으려고 하는 착각마저 들게 할 때도 있다.

하지만 대부분의 지식인들과 관료들은 여전히 유교를 봉건 잔재로 여기고 있다. 이 때문에 유교문화를 재건하는 것은 쉬운 일은 아니다. 그러나 중국인의 명분과 실리를 동시에 추구하는 습성을 놓고 볼 때, 그것은 결코 요원한 문제만도 아니다. 중국은 이미 동아시아를 묶을 수 있는 정신문화로서 유교문화를 거론하기 시작했다. 실리 차원에서도 유교문화와 그 유적은 전혀 손해볼 것 없는 효자 상품이기 때문에 유교 복원에 적극적으로 나선 것이다. 이것은 이미 몇몇 관료나 지식인들의 언행을 통해서도 확인되고 있다.

현재 중국은 살아남기 위해 발버둥치는 것이 아니라 21세기 주역이 되려고 몸부림치고 있다. 이미 G2 국가로서 그 반열에 올라섰다. 하지만 세계의 주역이 되기 위해선 정치·경제·군사력만 갖고 되는 것이 아니다. 문화적으로도 뛰어난 역량이 있어야 한다. 여기서 중국 사회과학원 서원화 교수의 말에 귀 기울일 필요가 있다.

> "미래사회는 다원문화의 시대이고, 유교문화는 일원문화로 세계 다원문화에 광채를 더해줄 것이다."

> "유교문화가 아무리 5·4신문화운동과 문화대혁명 시기에 산산조각 났어도 유교문화는 13억 중국인의 혈액 속에 흐르고 있으면서 여전히 상당한 잠재력과 활력을 지니고 있다."

이런 논의는 사실 중국 내 지식인들이 아닌 서방 진영에서 활동하는 화교 지식인들, 이른바 현대 신유가들의 활약에 기초한다. 현대 신유가의 대표자 하린은 "민족 부흥은 본질상 민족문화의 부흥이어야 한다. 민족문화의 부흥은 본질적으로 유가 사상과 유가문화의 부흥이다"라고 말했다. 이런 현대 신유가의 언급은 최근 중국의 정치·경제·문화 사상계의 동향을 주시할 때 만만하게 볼 수 없는 문제가 되었다. 비록 현대 신유가라는 밥상은 서방세계 학자들이 차려놓았지만, 그 밥상을 차지한 것은 중국인들이다.

2011년 공자의 고향이자 그를 기리는 사당 공묘 앞에 기독교의 대형 교회가 신축되는 것을 막기 위한 대단위 활동도 주목되는 부분이다. 유교의 상징인 공자의 사당 근처에 교회가 들어선다는 것은 이미 1억 명을 넘는 기독교의 확장세가 어느 정도인가를 확인해주는 상징이기도 하다. 하지만 그간 수세적 입장에 있었고 조직력도 미약했던 유교를 비롯한 중국 전통 종교들이 합심해서 이를 제지하려는 것은 그들이 전과 다름을 보여준다. 유교문화가 조직적으로 중국 내에 자리를 다져가고 있다는 반증이다. 중국은 유교문화를 단순히 사상 문화적 차원에서만 고양시킬 것 같지는 않다. 화교 자본에서 시작한 '공자기금회'와 같은 기존 조직을 최대한 활용하고, 주변 유교문화권의 도움을 받으며 유교를 일종의 종교 조직으로 만들 소지도 충분히 있다. 그리고 그것은 이미 가시화되고 있다.

몇 년 전부터 중국은 공자의 고향 취푸에서 국가 차원의 제사를 지내고 있다. 이전 중국 정부의 이념과 태도를 놓고 볼 때 엄청난 변화가 아닐 수 없다. 얼마 안 가 중국은 공자의 고향 취푸와 맹자의 고향 추성을 묶어 이스라엘의 예루살렘이나 사우디아라비아의 메카-메디나를 연상케 하는 성지순례 코스를 개발할지도 모른다. 이미 한국과 일본 관광객들은 부분적으로 그런 의미의 여행을 하고 있다. 여기에 문화 패권국을 꿈꾸는 중국 정부는 철저히 이들을 활용할 것이다.

중국 정부는 2005년 9월 28일 공자 탄생 2556주년 기념행사 때 국가 차원의 대대적인 축제를 개최했다. 중국 중앙텔레비전CCTV으로 장장 4

중국 취푸 대성전. 중국 3대 고대 건축물 가운데 하나다.

공자는 이제 존경의 대상에서 숭배의 대상으로 바뀌고 있다.

시간 동안 생중계하면서 전 세계에 이를 각인시켰다. 이것은 중국 정부의 '공자 살리기'가 어느 정도인가를 알게 하는 단적인 예가 될 것이다.

1971년의 비림비공批林批孔 구호를 돌이켜본다면 격세지감이 아닐 수 없다. 당시 홍위병들은 린뱌오의 집에서 공자 어록을 찾아냈고, 그것으로 그를 처단했다. 공자가 반동 사상가이기 때문에 그 어록을 소지한 린뱌오 역시도 당연히 반동이라는 이유였다. 이런 공자 타도는 1976년 4인방이 처벌된 이후 1990년대 초반까지 계속되다가 최근 급변하고 있는 것이다.

그러나 유교문화의 현대적 재조명은 공자에 대한 숭배 차원으로 가서는 곤란할 것이다. 또한 그 옛날 주변국들을 대상으로 사대주의를 펼쳤던 그 시절의 모습을 그리며 유교문화를 재포장한다면 실패하고 말 것이다. 유교를 종교로 생각하는 사람도 많지 않을뿐더러, 유교가 종교가 되는 데에는 여러 제약 요소가 있기 때문이다.

진시황과
베이징 올림픽

왕조 흥망사를 보다보면 시작은 늘 아름답고 말미는 늘 지저분하다는 생각을 갖는다. 대개 개국시조는 미화 일색이고, 말기의 군주는 주색에 빠진 폭군暴君 아니면 나군懶君으로 묘사되고 있기 때문이다. 중국의 하·은·주 삼대 흥망사가 대표적인 경우다. 삼대의 초반부를 장식한 요·순·우·탕·문·무·주공을 모두 성군이라 말하고, 말기의 걸·주를 폭군 중의 폭군으로 묘사한 것을 보면 알 수 있다.

전한의 유방은 농민 출신으로 백성들을 진나라의 학정에서 구제한 영웅이었고, 왕망의 학정을 잠재우고 백성을 도탄에서 구한 후한의 광무제, 당나라의 영웅 이연과 이세민, 송대의 조광윤, 원대의 테무친, 명대의 주원장, 청대의 순치황제 등이 새 왕조를 이룬 영웅이었다면, 조조의 비호를 받다가 결국 제위를 그의 아들 조비에게 상납한 한나라의 마지막 임금 헌제 유협, 연호조차 구성진 당말의 애제哀帝 이축, 이름조차 생소한 송말의 위왕 조병趙昺, 농민군에 쫓기다가 결국 오랑캐에게 주권을 내준

명말의 의종 주유검, 세 살 때 황제의 자리에 올랐다가 4년 만에 쫓겨난 청대의 마지막 황제 푸이 등은 모두가 비운의 황제들이다.

한국의 역대 왕조를 보더라도 마찬가지다. 백제의 의자왕, 고구려의 보장왕, 신라의 경순왕, 고려의 공양왕 등 망국의 군주들은 한결같이 폭군·나군 아니면 무능의 대명사다. 반면 고구려의 동명왕, 백제의 온조왕, 신라의 박혁거세, 고려의 왕건, 조선의 이성계 등 개국시조는 모두가 신비한 영웅들이다.

그런데 중국 최초의 통일제국을 이룬 진시황을 보는 시각은 크게 엇갈린다. 진시황은 전국시대 제후국의 일개 왕에서 대제국 황제로 등극한, 중국 역사의 획을 긋는 영웅적인 공업을 이루었건만, 역사의 평가는 긍정보다는 부정이 많다.

진시황은 늘 폭군의 대명사였던 것이다. 통일제국의 황제로서 지방분권적 봉건제를 혁파하고 중앙집권적 군현제를 실시했고, 지방마다 각기 달랐던 도량형·화폐·문자의 통일을 실시했으며, 심지어 수레의 바퀴통 폭까지도 통일하는 등 전에 없던 엄청난 통일 위업을 이루어놓았다. 그럼에도 그는 폭군이란 닉네임을 떼지 못했다. 그가 이룬 공적을 이후 왕조가 늘 답습하고 계승했으면서도 그에 대한 후대의 평가만은 인색했던 것이다.

명말청초를 대표적하는 사상가 황종희는 진시황의 통일정책을 사적 이익 추구의 수단이라 평가 절하하며, 걸·주의 패망은 치세의 시작이고, 진시황의 진나라는 난세의 시작이라고 했다. 진시황이 사치하고 분수에 넘치는 일을 했기 때문이란 것이다.

북송대 왕명으로 편찬된 『책부원구冊府元龜』란 역사책에서는 아예 진나라를 정통 왕조에서조차 빼버렸다. 진나라를 정통 왕조에서 뺀 것은 진시황의 피해를 입은 유자들의 속좁은 견해라는 구양수의 비판적 견해도 있었지만, 진시황을 걸·주와 함께 폭군으로 치부하는 것은 역사의 대세였다.

진시황, 그는 통일 위업을 이룸과 동시에 영원한 제국을 꿈꾸며 수많은 인명을 앗아갔다. 잔학무도했던 분서갱유가 정권 유지의 시작이었다면 죽어서도 황제의 권좌를 누리기 위한 지하궁전 축조는 전국의 죄수와 양민 70만 명을 강제 징발한 대토목공사로 훗날 세계를 경악시킨 일이었다.

연못 속 깊이 3층의 수맥을 파헤치고 그 밑에 묘실을 만들고 동판을 깔고 관을 안치하고, 부패 방지를 위해 주변에 수은의 강이 흐르도록 만들고, 무덤 내부에 백관의 좌석을 만들고 보물창고를 설치하여 진기한 보물을 옮겨놓고 훔치려는 자가 접근하지 못하도록 자동발사 장치가 달린 궁노弓弩를 설치한 진시황릉은 세기적 불가사의 가운데 하나였다. 후궁으로 자식을 낳지 못한 수많은 여인을 순사시켰고, 무덤의 비밀 유지를 위한다고 관계했던 사람들을 묘도墓道에 가두기도 했다. 이것으로도 부족해서 주위에는 무덤을 호위하는 약 6000구 이상의 병마용과 실물 크기의 전차를 실전처럼 배치했다. 모두가 『사기』에 기록된 내용이고, 또 발굴로 밝혀지기도 했다.

2008년 8월 8일 오후 8시 수십억 세계인의 이목을 집중시킨 베이징 올림픽 개막식을 알리는 장중한 북소리가 울려 퍼졌다. 진나라가 전국 통일의 위업을 이루고 축제의 장단을 맞출 때 사용했던 부缶란 악기로 개막을 알린 것이다. 뒤를 이은 문방사우와 화和를 메시지로 한 5000년 중국 역사의 파노라마가 진나라를 추동하던 강인한 북소리와 어우러지면서 강렬한 인상을 주었는데, 앞으로의 중국을 보는 것과도 같았다.

56개 다민족으로 이뤄진 중국이 세계 강국으로의 도약을 위해선 2000년 전 진시황이 펼쳤던 통일정책과도 같은 것이 필요했을 것이다. 티베트·위구르·내몽골 등지의 독립의 기운을 잠재움과 동시에 13억 중국을 하나로 묶기 위한 방편으로 진시황과도 같은 제왕적 권력과 카리스마가 필요함을 보여줌과 동시에 그것이 화해和諧임을 전 세계에 보여주고 싶었을 것이다.

| 서른넷 | 일반화된 중국의 대對한반도 인식

1997년 중국에 교환교수로 있을 때 경험한 일이다. 전원 기숙사 생활을 하는 중국 대학생들을 위한 학교 측의 배려로 주말이면 대강당에서 영화 상영을 했는데, 평소 영화 감상을 그리 좋아하지 않던 내 눈에 '항미원조抗美援朝'란 영화 포스터가 눈에 띄었다. 한국전쟁을 다룬 다큐멘터리 영화가 상영을 예고했고, 주말 짬을 내어 학생들과 함께 영화를 보게 되었다. 대강당은 학생들로 가득 차서 빈자리가 없을 정도였다.

남북한 모두와 외교관계를 맺고 있는 중국 정부가 한국전쟁을 어떻게 평가하고 다루는지 그것이 궁금했다. 북한과는 정치적 혈맹, 한국과는 경제적 동맹관계라는 특수한 처지에서 한국전쟁을 바라보는 시각이 결코 쉽지만은 않을 것란 예견도 했다.

막상 영화가 시작되자 내용 전개상 뭔가가 빠진 듯한 인상을 주었다. 나의 최대 관심사는 전쟁 도발자를 누구로 표현하는가였는데, 이 부분을

294

어물쩡 넘긴 것이다. 자막도 음성 내레이션도 없이 다만 한반도 지도상에 남북한의 군대 이동 경로만 색깔로 구별했다. 물론 전쟁 초반 남한군이 먼저 북으로 진격(북침)했다는 화살표 방향이 없었던 것은 아니지만, 순간 지나쳤기 때문에 그 부분을 민감하게 본 사람이 아니고서는 누가 침략자인지 분간할 수 없게 만든 영화였다.

이러한 태도는 한·중, 북·중 관계를 모두 고려한 중국 정부의 고뇌에 찬 배려가 아닐까 생각했다. 기록영화는 사실에 기초한 내용을 담아야 하므로 당연히 '남침'이라 표기해야 옳지만, 중국의 남다른 고민은 사실을 사실대로 전하지 못하고 남북한 대립이라는 복잡한 역학 관계 속에서 그저 양국 관계를 모두 생각해야 한다는 목적의식에 휘둘린 듯했다.

이제 영화는 온갖 화염 속에서 생사를 넘나드는 전쟁터를 주무대로 삼았다. 초반 공세를 취하며 한반도 전역을 점령하던 북한군의 등등한 기세가 미군의 개입으로 인해 곳곳에서 꺾였고, 급기야 중국 국경(압록강)까지 후퇴한다는 장면이 유난히 부각되었다.

여기서 재미난 것은 유엔군이란 표현은 거의 없고 오로지 침략자 미군이 한반도 전쟁에 참여했다는 내용만 강조한 점이다. 중공군의 개입 명분이 어디에 있는가를 분명히 보여주려는 의도가 눈에 띄는 장면이다. '항미원조'가 중공군의 한국전 참전 명분이었음을 영화 속에서 표현한 것이다.

중공군이 참전하자 중국 학생들의 열기는 달아오르기 시작했다. 중공군이 가는 곳마다 한국군과 미군이 퇴각하자 대강당은 우레 같은 박수소리로 가득 찼다. 속으로 만감이 교차함을 뼈저리게 경험하며 숙소로 돌아왔다.

다음날 강의실로 가서 어제 보았던 '항미원조'를 주제로 토론을 벌였다. 중국 대학생들은 한국전쟁에 대해서 어떻게 이해하고 있는지 궁금했기 때문이다. 먼저 침략자가 누구인가를 질문했다. 머뭇거리며 아무 말도 못하는 학생들에게 "알고 있는 그대로 말해도 괜찮다"고 하자, 곳곳에서 "한국이 먼저 쳤어요!"라는 소리가 들렸다.

"어디서 배웠느냐?"고 물었더니 "학교에서 배웠다"고 했다. 순간 한국 역사에 대한 바른 이해가 필요할 것 같아 여러 정황 증거를 들어가며 한국전쟁의 실상을 말해주었다. 시간을 연장해가면서 한국 역사와 남북한 관계를 말하자, 그다음 주부터는 누군가 밀고를 했는지 학교 당국에서 파견한 관계자가 내 수업을 참관하기 시작했다. 말이 참관이지 쓸데없는 수업 하지 말라는 충고이자 항의였던 것이다.

그렇다고 하던 이야기를 그만 둘 수 없어서 끝까지 이 문제를 짚었던 기억이 난다. 물론 그 일 이후로 학교에서 내게 어떠한 조치를 취한 것은 아니다. 또 달라진 사항도 없다. 학교 관계자의 수업 참관은 아마도 무언의 경고이자 시위가 아니었을까 생각해본다.

시진핑 중국 국가 부주석의 한국전쟁 관련 발언이 한·중 간에 파문을 일으켰다. 중국의 한국전 참전을 "침략에 맞선 정의로운 전쟁"이라 하며, 가해자 미국에 대한 정의로운 방어 차원에서 이뤄졌음을 항변했다. 그야말로 "미국에 항거하고 조선을 돕는다"는 항미원조抗美援朝다.

문제는 이것이 시진핑 한 사람만의 역사인식이 아니란 점이다. 중국인 대다수가 이런 생각을 갖고 있고, 교육 현장에서 자연스럽게 이를 가르치고 있다는 점이다. 북핵 문제가 불거지고 천안함 피격, 연평도 피폭 사건이 터진 이후로 북·중 밀월관계가 돈독해지면서 오히려 이런 인식은 확고해지고 있는 것 같아 안타깝다.

수교 이후 이들 사건이 터지기 전까지는 남북한 모두를 배려하려는, 그래서 어찌보면 애매한 태도를 견지했던 중국이 요즘 들어 친북 성향을 노골적으로 드러내고 있다. 아마도 그 어느 때보다 강조되는 한미, 한일 관계에 대한 대응 시나리오가 아닐까 생각도 하지만, 한국과 북한을 동시에 길들이려는 숨은 속셈도 없지 않아 보인다. 한국전쟁은 엄연한 역사이고, 역사는 사실에 기초한 것이어야 한다. 아무리 국가 간의 관계가 복잡하다 하더라도 관계에 기초한 물타기는 정당하지 못하다. 더욱이 대국이 취할 태도는 아닐 것이다.

|서른다섯| 문화민족의 저력

중국에 갈 때면 틈나는 대로 베이징을 비롯한 지방의 거점도시에 있는 대형 서점들을 둘러본다. 그럴 때마다 서점에는 이웃한 쇼핑몰과 백화점만큼이나 사람들로 북적거린다. 아마도 상점이나 백화점에서의 아이쇼핑보다는 독서를 통한 지적 생산에 더 큰 가치를 둔 인파가 아닐까 생각했다. 그런데 우리나라와는 좀 다른 걸 발견할 수 있었다. 다른 곳도 마찬가지이지만 베이징 시내 중심가에 있는 3층짜리 대형 서점은 1층에 문학·역사·철학과 관련된 도서들이 배치되어 있었다. 이른바 문·사·철이라 불리는 이들 학문은 기초 학문이라고는 하지만 요즘 들어 다들 어렵고 또 실용적이지 않다고 해서 등한히 하거나 아예 전공으로서는 사라져가는 분야이기도 하다. 이를 반영이라도 하듯 우리나라 서점가에서는 문·사·철 관련 도서는 아예 진열대에서 사라졌거나 아니면 구석진 곳에 배치하는 게 상례가 되었다.

하지만 중국의 대형 서점들은 한결같이 문·사·철 분야의 도서를 1층

한가운데 배치했다. 이렇게 서점 한복판에 그것도 제법 큰 공간을 문·사·철 도서로 배치한 것은 도서의 시장성과 가치성을 함께 배려한 것이라 생각했다. 아무리 문·사·철이 모든 학문의 기초가 된다 하더라도 찾는 이가 없다면 판매를 주목적으로 하는 서점에서는 푸대접할 수밖에 없을 것이다. 이렇듯 중국에서의 문·사·철에 대한 열기는 최근 불고 있는 유학열·국학열·독경열, 곧 고전읽기 붐으로 연결되었다.

글자 그대로 유학열은 유가 사상에 대한 적극적인 재평가를 말하고, 국학열은 국학에 대한 열정적인 관심을 표현한 것이며, 독경열은 경전 독해에 대한 강한 열의를 말한다. 이것은 1980년대 문화열文化熱 이후 전개된 전통문화에 대한 관심이 1990년대를 거쳐 21세기 들어 더욱 드세졌음을 증명한다.

중국의 고전들은 역사의 숱한 굴곡 속에서 탄생했다. 이렇게 모아진 고전들이 옛날부터 중국을 문화강국으로 만들었고, 그것이 오늘날 국학으로 다시 빛을 보고 있는 것이다. 중국의 국학은 진나라가 망하고 한나라가 들어선 이래 2000년 이상의 역사를 갖고 있다.

'온고지신溫故知新'이란 말을 되새기며, 21세기 무한경쟁의 시대에 그들은 국학으로서의 고전을 다시 펼쳐든 것이다. 고리타분한 고전 속에서 숨가쁜 지식정보사회의 긴장감을 해소하면서도 미래를 향한 좌표를 거기서 찾을 수 있다고 생각했기 때문이다. 고전 속에는 과거의 사실만 서술되어 있는 것이 아니라 앞을 향한 지혜가 담겨 있다는 것이다.

그간 앞만 보고 달려가던 중국인들에게 중국 지성계는 뒤를 돌아볼 것을 권하고 있다. 이것은 1980~90년대 우리나라에서도 전통문화 되돌아보기 차원에서 진행되었던 일이기도 하다. 21세기 동북아 시대, 세계의 중심 무대를 꿈꾸는 중국에서의 고전읽기 붐을 우리가 쉽게 지나칠 수 없는 것은 갈수록 책을 멀리하는 우리의 풍토에 대한 안타까움에서다. 책을 멀리하는 나라와 민족의 미래는 결코 밝을 수 없다.

중국 대륙을 한때나마 호령했던 몽골족과 만주족이 궁극적으로 중원의 진정한 주역이 되지 못한 것은 한족의 우월한 문화를 뛰어넘지 못했기 때문이다. 수천 년 축적되어온 한족 문화는 고스란히 고전에 담겨 있었고 그것을 꾸준히 읽고 활용한 그들이 문화적으로 박약했던 몽골족과 만주족을 다시 지배하게 되었던 것이다.

신시대를 대망하는 사람들에게는 앞을 향한 차분한 준비가 필요한데, 그것은 고전에 기초하고 있다. 미래학만으로 미래를 준비할 수 있는 건 아니다. 과거 없는 현재 없고, 현재 없는 미래 없듯, 과거 없는 미래는 더군다나 말할 것도 없다.

중국의
편협한 애국주의
열풍을 염려하며

중화주의는 오랫동안 중국인을 지배해온 의식구조 가운데 하나다. 그런데 그 중화주의는 우주를 바라보는 천원지방天圓地方의 사고와 무관하지 않다. 하늘은 둥글고 땅은 모가 나 있다는 천원지방적 태도가 중화주의를 싹 틔운 것이다. 입체적으로 둥근 모형에선 어디나 중심이 될 수 있다. 하지만 모가 난 형태에선 중심이 따로 존재한다. 땅이 둥글다는 지구설地球說과 지구가 움직인다는 지전설地轉說이 나오기 전까지만 해도 중국인들은 자신들이 지구의 중심이라고 생각했다.

그들은 오랜 세월 거대한 아시아 대륙에 살면서 자신들의 터전을 중앙이라 여기며 나라 이름 조차도 '한복판의 나라'란 뜻으로 중국中國이라 명명했다. 중국 고전에서 중국이란 명칭을 찾는 것은 그리 어려운 일도 아니다.

"백성들 수고로우니 조금이라도 편케 하여 주기를, 중국을 사랑하고 사방 온 세상 편케 해주기를."

　가장 오래된 문헌 가운데 하나인 『시경』에 나온 말이다. 이렇듯 중국이란 이름은 중국 역사 초기부터 사용되었다. 주변 나라들도 그렇게 불러왔다. 훈민정음 첫머리에 "나라의 소리가 중국과 다르다|國之語音. 異乎中國|"고 한 것에서도 알 수 있다. 당시 중국은 명나라가 지배하고 있었지만, 명나라를 중국이라 호칭한 것이다. 이렇게 본다면 중국이란 명칭은 결코 근대 국가 성립 이후에 비롯한 이름이 아님은 분명하다. 다시 말해 중국이란 국명은 땅의 중심이란 뜻의 중화주의의 산물이고, 그 이면에는 천원지방적 사고가 깔려 있다는 것이다.

　그런데 천원지방의 사고 구조에서 잉태한 중화사상은 단지 공간적·지역적 중심 개념으로만 작용한 것이 아니라, 정치·경제·문화의 중심이란 사고도 낳았다. 중앙의 중국을 중심으로 사방의 모든 나라는 정치·경제·문화의 변방지대로 중국과는 질적으로 다르다는 차별적 사고를 갖게 한 것이다. 이른바 반문명 상태의 미개지역으로서의 사방 오랑캐를 말한다.

　공자가 중국의 혼란상을 한탄하며 동쪽 구이九夷 지방에 가서 살고 싶다는 말을 하자, 누군가 그곳은 매우 누추한 곳인데 괜찮겠느냐고 지적한 내용이 『논어』에 있다. 구이지방이 문화적, 경제적으로 중국에 떨어진다는 지적이다. 이로부터 중국은 '스스로 일체를 이루는 국가'라는 의미의 대일통大一統 천하관을 통해 주변국을 조공 체제로 편입시켰다.

그러나 근대 이후 지구 원구설과 지전설이 등장하면서 기존의 천원지방설은 설득력을 잃었고, 중화주의 또한 엄청난 손상을 입었다. 천원지방에서나 가능했던 공간적·지역적 중심설이 깨지면서 중화주의 역시도 타격을 받은 것이다.

그런데 오랜 세월 중국인의 의식을 지배한 공간적 중심 개념은 시간개념까지도 마비시키는 결과를 초래했다. 중국인들은 천하의 중심, 중국이란 공간에서 살면서 중화주의라는 전통적 사유를 보편 논리로 인식했고, 거기서 자기 정체성이 정체되고 만 것이다. 여전한 중국인들의 중화주의와 대일통세계관이 이를 증명한다.

중국은 2008년 베이징 올림픽 개최 이후 세계의 정치·경제·문화의 중심에 우뚝 섰다. 잘 조직되고 통제된 중국의 이러한 국제적인 행사는 중국인들을 하나로 뭉치는 계기를 만들었다. 문제는 그것이 나라 사랑의 애국에 머물지 않고, 국수주의적이고도 교조적인 민족주의로 드러나면서 편협한 애국주의로 비쳐진다는 데 있다. 막상 중국 내외에서 일고 있는 애국주의 열풍은 그 옛날 스스로 세계의 중심이란 중화주의를 연상시킬 정도가 되었다.

이성적이어야 할 애국정신이 이성을 잃은 행동으로 드러나면서 더이상 애국일 수 없게 된 것이다. 비뚤어진 민족주의와 국수주의적 감정에 발로한 애국주의는 어느 나라 어느 국민이든 경계해야 할 대상이다. 애국이 국가 이기주의로 매몰된다면 결코 설득력을 가질 수 없기 때문이다.

그나마 다행스러운 것은 중국 내 일부 지식인들의 자성의 목소리다. 간혹 벌어지고 있는 중국 내외의 편협한 애국주의 열풍을 중국 정부의 일방

적 교육 풍토와 관영매체의 여론 조작이 일궈낸 작품이란 그들의 따끔한
지적은 되새겨야 할 대목이 아닐 수 없다.

|서른일곱|
중국,
희망인가
두려움인가?

중국 최초의 통일왕조 진나라는 영원한 제국을 꿈꾸었지만 14년 만에 역사에서 사라졌다. 세계 최대의 영역을 다스린 원나라는 100년을 넘기지 못했다. 200년 이상 지탱한 왕조는 서한·당·송·명·청 등 5개 왕조뿐이다. 전체 83개 왕조 가운데 60갑자를 넘긴 나라는 14개에 불과하다.

이른바 문경지치文景之治, 정관지치貞觀之治, 개원지치開元之治라고 하며 태평성세를 이루었던 시절은 모두 17번이다. 그 가운데 7번이 건국 60주년 전의 일이고, 4번은 60주년에 있었다. 태평성대는 대략 60주년을 기점으로 이룬 셈이다.

현대 신중국 건립이 1949년이니 2011년은 62주년이 되는 해다. 역사의 수레바퀴에 빗대어보자면 최고의 태평성대를 이룰 시점이다. 세계경제의 불황에도 중국의 놀라운 성장은 이를 증명한다. 일본을 이미 추월했고 미국을 넘보는 상황이다. 경제대국으로의 부상은 동시에 정치·군사·

문화강국으로의 발돋움을 의미한다.

이렇게 되기까지 중국의 눈물겨운 노력과 인내는 우리에게 시사하는 바가 크다. 개혁개방의 물꼬를 트고 급속 성장의 디딤돌을 마련한 덩샤오핑의 "실력을 갖추기 전에는 나서지 않는다"는 '도광양회론韜光養晦論'은 1만 달러 단계에서 2만 달러 소득 수준의 김칫국을 마시며 성급한 샴페인을 터트렸던 우리에게는 큰 교훈이 아닐 수 없다.

돌다리 두드리는 심정으로 조심스럽게 행동하자던 '도광양회론'은 장쩌민에 와서 "대국으로서 책임 있는 자세를 보이겠다"며 "필요한 역할은 한다有所作爲"는 적극성을 보였고, 후진타오는 한동안 "평화로운 굴기和平崛起"를 말하다가 "우물쭈물하지 않고 꿋꿋하게 간다" "쓸데없이 논쟁하지 말고 가자"는 '불절등론不折騰論'으로 바뀌었다. 그리고 최근 들어서는 "거침없이 상대를 압박한다咄咄逼人"는 말도 나왔다. 1990년대 들어서면서 그동안 절제했던 "No!"라는 말을 사용하기 시작했고, 2010년 이후로는 중국의 정책 기조에 맞지 않으면 정치·경제·군사 등 온갖 방법을 동원하며 상대를 굴복시키고 있다.

중국은 대만·티베트·신장위구르 지역에 대한 서방세계의 관심 표명에 대해서는 국내문제라며 단호하게 불간섭 원칙을 천명한다. 미국의 대만 내 무기 판매와 서방 진영의 티베트 지도자 달라이라마 초청 문제, 위구르 회족들의 분리 독립에 대한 서방세계의 태도와 처신을 내정간섭이라며 철저하면서도 분명하게 반대한다. 일본과의 남중국해 영토 분쟁에서는 희귀금속 희토류를 무기로 삼았고, 미국 국방장관 앞에서는 중국이 자체 개발한 스텔스기를 동원하며 무력시위를 벌이기도 했다.

이렇듯 분명한 의지를 표명하는 중국이 천안함 침몰과 연평도 피폭에 대해서는 어정쩡하거나 이중적이다. 유엔 안전보장이사회에서의 애매한 입장은 '우물쭈물하는' 대국답지 못한 태도이고, 서해상의 한미연합훈련에 대한 중국의 민감한 반응은 그렇게도 강조하는 국내문제 불간섭원칙에 크게 위배된다.

이익을 같이하는 한국과 피를 나눈 혈맹으로서의 북한 사이에 낀 중국의 고민을 이해 못할 것도 없다. 하지만 세계 제일의 국가를 꿈꾸며 "필요한 역할은 한다"는 그간의 태도를 돌이켜 보자면 문제가 있다. 잘잘못을 가리고 다음 해결점을 모색하는 것이 진정한 리더의 자세이고, 또 그것이 중국이 그렇게도 강조하는 화해세계和諧世界로 가는 길일 것이다.

더욱 염려되는 것은 한반도 문제를 둘러싼 미국과 중국이란 양대 강국의 이중적인 태도다. 중국의 강력한 제동에 할 말은 하면서도 '움찔하는' 미국의 분위기에서 읽힌다. "두 마리 코끼리가 싸우면 그 아래 풀이 고생이고, 또 둘이 서로 사랑해도 괴롭다"라는 스리랑카 속담이 있다. 미중관계의 악화는 우리로 하여금 "혈맹이냐 이웃이냐"를 고민하게 할 것이고, 양국의 밀월은 우리를 꿔다놓은 보릿자루 신세로 만들 가능성이 높다. 이래저래 우리는 피해자이고, 내 살 깎아먹는 국제 역학관계의 희생양이다. 남북한의 평화로운 관계 개선이 무엇보다 필요한 이유다.

통쾌한 동양학
ⓒ 김덕균 2011

초판 인쇄 | 2011년 4월 11일
초판 발행 | 2011년 4월 20일

지은이 | 김덕균
펴낸이 | 강성민
편 집 | 최연희 이은혜 김윤곤
마케팅 | 최현수
온라인 마케팅 | 이상혁 한민아

펴낸곳 | (주)글항아리
출판등록 | 2009년 1월 19일 제406-2009-000002호

주소 | 413-756 경기도 파주시 교하읍 문발리 파주출판도시 513-8
전자우편 | bookpot@hanmail.net
전화번호 | 031-955-8891(마케팅) | 031-955-8898(편집부)
팩스 | 031-955-2557

ISBN 978-89-93905-58-8 03100